한순간에 생(生)과 사(死)가 갈리는 초스피드 게임의 결정판!

정통 검도

현대레저연구회편

太乙出版社

검도의 5가지 자세중에 좌상단세를 말함 (사진제공 : 문정 검도관) ▲

대련시 상대 선수가 머리를 격자하면 받아서 격자하는 동작 (사진제공 : 문정 검도관) ▲

중단세에서 큰동작으로 머리를 격자하려고 할때 허리 빈틈을 보고 격자하는 동작
(사진제공 : 문정 검도관) ▼

머리를 격자하는 것을 후에 선으로 허리를 격자하는 동작 (사진제공 : 문정 검도관) ▲

코등이 싸움 중에 큰 동작으로 퇴격머리를 격자하는 동작 (사진제공 : 문정 검도관) ▼

한순간에 생(生)과 사(死)가 갈리는 초스피드 게임의 결정판!

정통 검도

현대레저연구회편

太乙出版社

머 리 말

'검의 이치'에 따른 올바른 검도를 터득하는 것이 우리들이 목표로 하는 검도다. 그리고 '기본에 충실한 학습이야말로 가장 빠른 실력향상의 지름길이다'라고 하는 가르침이 있다. 즉, 기본 자세를 무너뜨리는 일 없이 정확한 치고 찌르기를 할 수 있게 되는 것이 제일이다.

어떤 스포츠에 있어서도 '자세'는 기본 중의 기본으로 여겨지고 있다. 특히 검도에서는 정신면이 중요시되기 때문에 가령 죽도가 상대의 치고 찌르기 부위를 포착해도 자세가 무너져 있어서는 확실한 1개가 되지 못한다. 또한 자세가 무너진 육체에는 올바른 정신도 깃들기 어려운 법이다.

그 때문에도 여러분은 올바른 기본을 중시한 학습을 항상 유의해서 실천하고 있는 것이리라. 그러나 평소 배우고 있는 기본이라도 보는 법에 따라서는 '실제 시합에 사용할 수 없다. 기본은 진짜 기본이 아니다'라든가 '기본 치고 찌르기를 잘 할 수 있다고 해서 반드시 시합에 이길 수 있다고 할 수 없다' 등 기본과 실제 시합과의 관계에 대해서 여러 가지 생각하는 경우가 많을 것이다.

한편 충분히 수련을 쌓아온 고단자의 학습 모습이나 명선수라고 일컬어지는 검사들의 시합 모습을 보고 있으면 그 1개 1개가 기본에 따른 헛되지 않은 치고 치르기라는 사실을 알 수 있다.

그 자세는 마치 여러분이 기본 치고 찌르기의 연습을 '약속 학습'

중에서 하고 있는 듯한 느낌조차 든다.

그리고 더욱 한 걸음 나아가서 관찰해 보면 이런 치고 찌르기나 움직임은 그저 기계적으로 쳐들어 가고 있는 게 아니라 그 기술 그 1개를 치기 시작할 때까지의 준비 단계에 각각의 연구나 고심 또한 수련의 특색이 나타나 있는 듯이 생각된다.

그 움직임이라고 하는 것은, 즉 상대의 자세나 움직임, 칼끝의 고저나 간격, 상대의 강한 부분과 약한 부분 그 외 기술면은 물론 상대의 성격 등 모든 것의 관찰 등을 칼끝(교전)을 통해서 종합적으로 판단해서 그 때의 상황에 가장 어울리는 효과적인 치고 찌르기의 방법으로 기술을 발휘하고 있다고 하는 것이다.

이 책은 지금 서술한 것 같은 '기본기'라고 하는 것의 몇 겹이나 중복된 진실에 입각해서 여러분이 각각 경험해 온 학습 내용을 정리하면서 기본과 시합, 기초 학습과의 관계에 대해서 검토하고 지금까지의 반성과 다음의 비약을 위한 실마리를 발견할 수 있는 자료로서 이용해 주시기를 바란다.

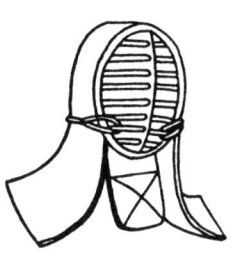

□머리말 ··· *15*

제1부──검도의 기초편

기초편의 사용 방법 ··· *43*

제1장 처음에 배우는 것 ······························· *45*

도장에 들어가기 전에 ·································· *46*
검도로 여러분은 어떻게 변하는가 ················ *46*
  □자세가 좋아지고 몸이 튼튼해진다 ················ *46*
  □집중력과 판단력이 생긴다 ························· *47*
  □적극적이 된다 ·· *48*
  □예의를 알 수 있다 ·································· *48*
  □책임감이 강한 소년이 된다 ························ *49*

도장과 학습 ··· *49*

이 약속만은 지키자 ········· 50
  □ 정확히 익히자 ········· 50
  □ 마음을 집중시키자 ········· 51
  □ 학습을 쉬지 않고 계속하자 ········· 53
  □ 혼자서도 학습하자 ········· 53
도복 입는 법, 착용법 ········· 54
  □ 도장 출입에서 잊어서는 안 되는 예의 ········· 58

예법 ········· 59
자연스럽게 서는 자세(자연체) ········· 60
좌례(座禮) ········· 62
죽도(竹刀)와 그 드는 법 ········· 65
  □ 죽도 ········· 65
  □ 제도(提刀)와 대도(帶刀) ········· 66
죽도를 쥔 입례 ········· 68
죽도를 옆에 놓고 하는 자세 ········· 69
♣ 마음을 집중해서 큰 소리를 지르자 ········· 72

자세 ········· 73
발의 자세법 ········· 73
죽도의 쥐는 법 ········· 75
  죽도의 쥐기와 자세를 아는 어드바이스 ········· 77
중단(中段)의 자세 ········· 79

제2장 기본이 되는 동작 ········· 83

발놀림 ········· 84
- 걷기 스텝 ········· 85
- 이동 스텝 ········· 85
- ♣학습 후에 도구를 조사하고 정리하자 ········· 93
- 연결 스텝 ········· 94
- 열림 스텝 ········· 95

보다 숙달하기 위한 응용 연습 ········· 99
- □제자리 비약 ········· 99
- □제자리 비약 바꿔밟기 ········· 100
- □차 올리기 ········· 102

휘두르기 ········· 103
상하 휘두르기 ········· 104
좌우 사선 휘두르기 ········· 107

| 가정에서의 복습과 연습방법 | ········· 109 |

제3장 대인 동작(對人動作)에 있어서의 기본 동작 … 111

공간 타격(중단에서 상단까지 상하로 휘두르기) … 112

정면 치기 … 113
전진 후퇴 정면 치기 … 115
제자리에서 바꿔 밟고 비약하면서 정면 치기 … 115
전진 후퇴 비약하면서의 정면 치기 … 118
내딛어 정면 치기 … 118
제자리 되찾기(좌우면 치기) … 120

보다 숙달하기 위한 응용 연습 … 120
□무릎 굴신의 정면 치기 … 120
□차 올리기의 정면 치기 … 120

간격 … 123
1족 1도의 간격(교차) … 124
가까운 간격 … 126
먼 간격 … 126

준거 … 128
♣검도에서 외다리 타법을 완성시킨 한 선수에게 배우자 … 130

차 례 21

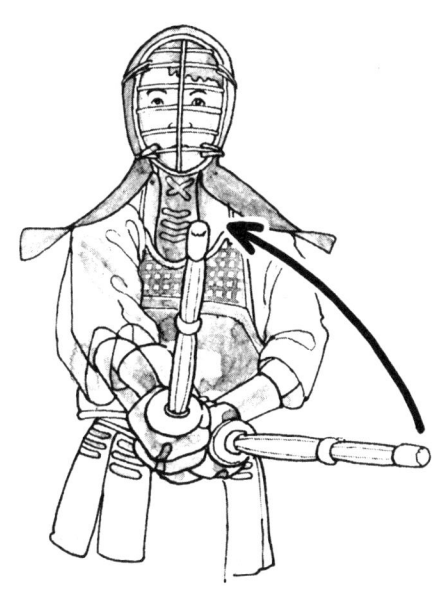

방어 자세를 취한 초보의 정면 치기 ······················ 131
  얼굴의 타격부위(치는 장소)와 타격부
  (죽도의 치는 부분) ··· 131
얼굴의 방어 방법 ··· 133
  제자리 정면 치기 ·· 134
  전진 후퇴 정면 치기 ··· 134
  바꿔 밟고서의 정면 치기 ···································· 136
  전진 후퇴 비약하면서의 정면 치기 ························ 138
  1족 1도의 간격으로부터의 내딛어 정면 치기 ············· 140
  먼 간격으로부터의 내딛어 정면 치기 ····················· 142
  실력판단 Ⅰ 당신은 초보검사에 끼일 수 있는가? ········· 145

제2부 — 검도의 수련편

□제2부의 목표와 사용법 ·· 149
□수련편의 내용과 학습법의 순서 ····································· 150

제1장 기본이 되는 치고 찌르기 ································· 153

방호구를 착용한다 ·· 154
방호구의 명칭과 착용 방법 ·· 154
□방호구의 착용 방법 ·· 154
□죽도, 호면, 호완을 들고 앉는다 ······························· 154

검도 도구의 정리 방법 ·· 161

치고 찌르기 부위(치는 장소) ·· 164
얼굴 치기 ··· 167
정면 치기 ··· 168
□정면 치기의 방어 자세 ·· 168
□제자리 정면 치기 ·· 169
□전진 후퇴 정면 치기 ··· 170
□발 바꾸어 정면 치기 ··· 171
□전진 후퇴 비약 정면 치기 ······································· 172

- □ 앞으로 내딛어 정면 치기 ················ 173
- □ 먼 간격에서의 1보 쳐들어가 정면 치기 ········ 173
- □ 앞으로 내딛어 얼굴을 치고 전진 ············ 173
- □ 몸 부딪힘 ···························· 176

| 사용하기 쉬운 방호구의 구별법 | ················ 178

되받아치기 ································ 179
- □ 되받아치기의 방어자세 ················ 180

연속 되받아치기(연속 좌우면 치기) ············ 182
- □ 제자리 되받아치기 ···················· 182
- □ 전진 후퇴 되받아치기 ·················· 182
- □ 발 바꾸어 되받아치기 ·················· 187
- □ 전진 후퇴 비약의 되받아치기 ············ 189
- □ 공격 되받아치기 ······················ 192
- □ 앞으로 내딛어 좌면, 우면 치기 ·········· 194

팔뚝 치기 ·································· 196
- □ 팔뚝의 방어자세 ······················ 197
- □ 제자리 팔뚝 치기 ······················ 197
- □ 전진 후퇴 팔뚝 치기 ·················· 200
- □ 앞으로 내딛어 팔뚝 치기 ················ 202
- □ 앞으로 내딛어 팔뚝 치고 전진 ············ 204

♣지혜를 짜내어 연구하는 연습을 생각해 보자 ····· 205

몸통 치기 ································· 206

□몸통의 방어자세 …………………………………… 207
　□제자리 몸통 치기 …………………………………… 208
　□제자리 왼쪽 몸통 치기 ……………………………… 209
　□전진 후퇴 몸통 치기 ………………………………… 210
　□앞으로 내딛어 몸통 치기 …………………………… 210
　□앞으로 내딛어 왼쪽 몸통 치기 ……………………… 213
　□앞으로 내딛어 몸통을 치고 전진 …………………… 214

제2장 기본이 되는 수 …………………………… 217

준비 수 ……………………………………………… 218
기선제압 수 ……………………………………… 218
　□기섭제압 얼굴 ………………………………………… 219
　□기선제압 팔뚝 ………………………………………… 222
　□후려치기 수 …………………………………………… 222
　□위(겉)로부터의 후려치는 방법 ……………………… 223
　□위(겉)로부터의 후려치기 얼굴 ……………………… 225
　□위(겉)로부터의 후려치기 몸통 ……………………… 227
　□아래(뒤)로부터의 후려치는 법 ……………………… 230
　□아래(뒤)로부터의 후려치기 팔뚝 …………………… 230
　□아래(뒤)로부터의 후려치기 얼굴 …………………… 235
　□아래(뒤)로부터의 후려치기 몸통 …………………… 238
　♣실력향상을 위해 혼자서도 연습을 하자 …………… 241

물러나기 수 ··· 242
- □물러나기 얼굴 ·· 245
- □물러나기 팔뚝 ·· 245
- □물러나기 몸통 ·· 248

연속 수(2, 3단 치기) ······································ 250
- □팔뚝—얼굴—몸통의 3단 치기 ························ 250

♣혼자서 할 수 있는 트레이닝을 하자 ················· 253

응용 수 ·· 254

빼기 수 ·· 255
- □빼는 법 ·· 255
- □팔뚝 빼기 얼굴 ·· 257
- □얼굴 빼기 몸통 ·· 257

비벼 올림 수 ·· 261
- □비벼 올리는 법 ·· 261
- □얼굴 비벼 올림 얼굴 ··································· 264
- □팔뚝 비벼 올림 얼굴 ··································· 268
- □팔뚝 비벼 올림 팔뚝 ··································· 272

뒤집기 수 ·· 272

실력 판단 Ⅱ 당신은 3급이 될 수 있을까? ············ 274
- □얼굴 역이용 몸통 ······································· 275

학습 ··· 277
- □1. 약속 학습 ··· 277

□2. 쳐들어 가기 학습 ……………………… 278
　　□3. 공격 학습 …………………………… 278
　　□4. 호각 학습 …………………………… 279
　　□5. 추울 때의 학습과 더울 때의 학습 ………… 279

제3장 검도에서 흔히 사용되는 말 ……… 281

　　□'심기력의 일치'와 '기검체의 일치' ………… 282
　　□'잔심(殘心)' ………………………… 282
　　□'수파리(守破離)' ……………………… 283
　　□'지심(止心)' ………………………… 284
　　□'평상심(平常心)' ……………………… 285
　　□'무아의 경지' ………………………… 286
　　□'검의 이합' ………………………… 286

제3부─검도의 완결편

제1장 중심을 잡기 위한 기초 동작 ……… 291

기본적인 치고 찌르기의 기회 ……………… 292

　　　□얼굴을 맞았을 경우 ········· 293
　　　□팔뚝을 맞았을 경우 ········· 293
　　　□몸통을 맞았을 경우 ········· 293
　　　□찌르기를 찔렸을 경우 ······· 296
　칼끝의 움직임 ···················· 296
　　　□대다 ······················ 297
　　　□누르다 ···················· 299
　　　□튀기다 ···················· 300
　　　□쳐서 떨어뜨리다 ············ 302
　　　□후려치다 ·················· 302
　　　□감다 ······················ 304
　학습에 즈음해서—죽도(竹刀)와 발놀림 ······ 307
　◢승리를 향해서—심리면의 정석1
　　심리적인 문제 ·················· 309

제2장 중심을 공격해서 친다 ········ 313

교전(交戰)의 의미 ················ 314

중단의 자세와 교전의 의미 ······················· 316
교전에서 치고 찌르기로 ························· 317
  눌러서 치다 ······························· 317
    □눌러서 얼굴 ························· 318
    □눌러서 팔뚝 ························· 319
    □눌러서 몸통 ························· 320
    □눌러서 멱 ··························· 322
  튀겨서(당겨서) 치다 ······················ 323
    □튀겨서 얼굴·팔뚝·멱 ················ 323
    □쳐서 떨어뜨리고 얼굴 ················ 325
    □쳐서 떨어뜨리고 팔뚝·몸통 ·········· 325
    □쳐서 떨어뜨리고 멱 찌르기 ·········· 325
  후려치기 ································· 329
    □후려치고 얼굴·팔뚝·멱 찌르기·몽통 ········· 329
  감아서 치다 ······························· 332
  학습에 즈음해서——학습의 마음자세 ············ 334
  ■승리를 향해서——심리면의 작성②
    감정이나 정서의 작용에 의한 인간의 반응 ········· 335

제3장 멱 찌르기로 공격해서 치다 ··············· 339

멱 찌르기로 공격한다 ·· *340*
  상대의 반응을 본다 ·· *340*
  칼끝의 위력 ·· *342*
  본능적인 공포심을 찌른다 ···································· *342*
멱 찌르기로 공격해서 얼굴 ··································· *344*
  □겉(왼쪽)에서 공격해서 정면 ······························ *346*
  □뒤(오른쪽)에서 공격해서 정면 ························· *349*
멱 찌르기로 공격해서 멱 찌르기 ······················· *349*
  □겉(왼쪽)에서 공격해서 멱 찌르기 ···················· *349*
  □뒤(오른쪽)에서 공격해서 멱 찌르기(뒤 찌르기) ········ *354*
멱 찌르기로 공격해서 팔뚝 ··································· *354*
멱 찌르기로 공격해서 몸통 ··································· *356*
  학습에 즈음해서—왕성한 기력이야말로 공격의 기본 ······ *359*
  ◼승리를 향해서—심리면의 정석③
    얼기 쉬운 사람과 얼지 않기 위한 트레이닝 ················ *360*

제4장 꾀어서 치다 ··· *363*

기회를 살피다 ··· *364*
  기회를 알다 ·· *364*

기회로 향하다 ··· 365
기회를 만들다 ··· 366

얼굴을 공격하다 ··· 367
　□얼굴을 공격해서 팔뚝(상대가 후퇴) ····················· 367
　□얼굴을 공격해서 팔뚝(상대가 전진) ····················· 372
　□얼굴을 공격해서 우측 몸통(상대가 전진) ·············· 373
　□얼굴을 공격해서 우측 몸통(상대가 후퇴) ·············· 374

팔뚝을 공격하다 ··· 376
　□팔뚝을 공격해서 얼굴(겉에서 뒤로 돌린다) ············ 376
　□팔뚝을 공격해서 얼굴(겉에서 공격해 들어간다) ······ 380

학습에 즈음해서―죄어서 칠 때의 유의점 ················· 382

◼승리를 향해서―심리면의 정석④
　연습에서 강한 선수와 시합에서 강한 선수의 심리적 특징의
　차이 ·· 382

제5장 의표를 찌른다 ··· 385

상대의 의표(意表)를 찌른다 ··································· 386
　정통의 검풍 ·· 386
　공격과 작전 ·· 386

심리적인 작전 ··· *387*
의표를 찌르는 공격 ······································ *387*
의표를 찌르는 공격의 함정 ······························ *388*

의표를 찌른 칼끝 공격 ·································· *390*

□ 과감히 아래를 공격한다──정면 ····················· *390*

□ 과감히 아래를 공격하는 경우의 유의점 ············ *390*

□ 과감히 아래를 공격한다──한 손 얼굴(옆 얼굴) ··· *395*

□ 한 손 기술의 유의점 ································· *397*

□ 과감히 아래를 공격한다──두 손 멱 찌르기1 ····· *399*

□ 과감히 아래를 공격한다──한 손 멱 찌르기 ······ *399*

□ 과감히 아래를 공격한다──오른쪽 팔뚝 ·········· *399*

□ 과감히 아래를 공격한다──두 손 멱 찌르기2 ····· *402*

□ 과감히 아래를 공격한다──정면 ···················· *402*

□ 과감히 아래를 공격한다──뛰어 들어 몸통 ······· *402*

메기 수 ·· *405*

□ 메기 수의 유의점 ···································· *407*

□ 멱 찌르기를 공격하면서 메고 얼굴 ················ *407*

□ 곁에서 눌러 크게 메고 얼굴 ························ *410*

□ 곁에서 눌러 작게 메고 얼굴 ························ *410*

□중심을 공격해서 메고 팔뚝 ·············· 410
　　□뒤에서 후려쳐서 메고 팔뚝 ·············· 414
학습에 즈음해서—의표를 찌른 공격의 공죄(公罪) ········ 416
■승리를 향해서—심리면의 정석5
　　스포츠 적성으로서의 심리적 특질 ·············· 417

제6장 변화에 따라서 치다 ············· 421

공격했을 때의 상대의 상황에 따른 치고 찌르기 ······· 422
　선수를 치다 ························· 422
　위압하다 ·························· 424
　예봉을 슬쩍 돌린다 ···················· 424
　다짐해 두다 ························ 424
　첫 일발 ·························· 424
　쉴새 없이 공격하다 ···················· 425
　상대에게 심리적인 부담을 준다 ··············· 425
　이상적인 시합 선택(자기의 페이스로) ············ 425
　무욕(無欲)으로 시합을 하다 ················ 425

상대의 움직임에 따른 치고 찌르기 ············ 426
　이쪽의 공격에 대해서 후퇴하려고 하는 경우 ········· 427
　　□쫓아가서 얼굴 ···················· 427
　　□팔뚝—얼굴(2단 수) ················· 427

- □얼굴──얼굴 ································· 430
- □팔뚝──몸통 ································· 430
- □먹 찌르기──얼굴 ····························· 430
- □팔뚝──얼굴──몸통(3단 수) ····················· 430
- □팔뚝──얼굴──얼굴 ····························· 431
- □먹 찌르기──얼굴──얼굴 ······················· 431
- □먹 찌르기──얼굴──몸통 ······················· 431

이쪽의 공격에 대해서 앞으로 나가려고 하거나, 치려고 하는 경우 ··· 432

기선제압 수 ·· 433
- □기섭제압 얼굴 ································· 434
- □기선제압 팔뚝 ································· 435
- □기선제압 먹 찌르기 ····························· 435

후려치기 수 ·· 435
- □끝에서 후려치고 얼굴 ··························· 436
- □뒤에서 후려치고 얼굴 ··························· 438
- □잡아 당기고 얼굴 ······························· 438
- □후려치고 팔뚝 ································· 438
- □후려치고 몸통 ································· 439
- □후려치고 먹 찌르기 ····························· 439
- □쳐서 떨어뜨리고 얼굴 ··························· 439

■승리를 향해서──심리면의 정석 6
  근성(根性)과 그 양성(養成) ························ 441

제7장 상대의 움직임을 보고 치다 ······ 445

공격의 3원칙 ······ 447
치고 찌르기를 건 후 상대의 움직임을 보고 치다 ······ 449
공격에 대해서 상대가 물러나는 경우 ······ 450
- □공격해서 얼굴⇨물러난다(상대)⇨얼굴~얼굴(2단 수) 450
- □공격해서 팔뚝⇨물러난다⇨팔뚝~얼굴 ······ 452
- □공격해서 멱 찌르기⇨물러난다⇨멱찌르기~얼굴 ······ 452

공격에 대해 상대가 응해서 물러나는 경우 ······ 455
- □공격해서 얼굴⇨응해서 물러난다⇨얼굴~몸통 ······ 455
- □공격해서 팔뚝⇨응해서 물러난다⇨팔뚝~얼굴 ······ 455

공격에 대해 상대가 응해서 치고 나오려고 하는 경우 ······ 458
- □공격해서 팔뚝⇨응해서 치고 나가려고 한다⇨팔뚝~몸통 458
- □공격해서 멱 찌르기⇨응해서 치고 나오려고 한다
  ⇨멱 찌르기~팔뚝 ······ 463

학습에 즈음해서—연속 수의 유의점
◢승리를 향해서—심리면의 정석⑦
- 멘틀 플랙티스의 효과 ······ 465

제8장 치고 찌르기에 대응해서 치다 ······ 467

상대의 공격에 응하다 ······ 468

- '세 가지의 공격'에 대해서 ·· 469
- 치고 찌르기에 대응해서 찌르다 ··· 470
  - **빼기 수** ··· 470
    - □ 얼굴 빼기 얼굴 ··· 471
    - □ 얼굴 빼기 팔뚝 ··· 473
    - □ 얼굴 빼기 몸통(우측 몸통) ··· 473
    - □ 얼굴 빼기 몸통(좌측 몸통) ··· 473
    - □ 팔뚝 빼기 얼굴 ··· 476
    - □ 팔뚝 빼기 팔뚝 ··· 476
    - □ 팔뚝 빼기 우측 얼굴(한 손 얼굴·옆 얼굴) ····················· 480
  - **뒤집기 수** ··· 480
    - □ 얼굴 뒤집기 우측 몸통 ··· 482
    - □ 얼굴 뒤집기 좌측 몸통 ··· 482
    - □ 팔뚝 뒤집기 얼굴 ·· 482
    - □ 팔뚝 뒤집기 팔뚝 ·· 485
  - **비벼 올림 수** ··· 485
    - □ 얼굴 비벼 올림 얼굴(겉 비벼 올림) ····························· 485
    - □ 얼굴 비벼 올림 얼굴(뒤 비벼 올림) ····························· 487
    - □ 얼굴 비벼 올림 몸통(좌측) ··· 487
    - □ 얼굴 비벼 올림 몸통(우측) ··· 487
    - □ 팔뚝 비벼 올림 얼굴 ·· 490
    - □ 팔뚝 비벼 올림 팔뚝 ·· 490
    - □ 멱 찌르기 비벼 올려 얼굴(겉 비벼 올림) ····················· 490

□머 찌르기 비벼 올려 얼굴(뒤 비벼 올림) ·············· *495*
　□쳐서 떨어뜨리기 수 ································· *495*
　　　□몸통 쳐서 떨어뜨리기 얼굴 ························ *496*
　　　□머 찌르기 쳐서 떨어뜨리기 얼굴 ···················· *498*
　　　□머 찌르기에 대한 응수 ··························· *498*
　□학습에 즈음해서—치고 찌르기에 대응하는 기술의 종류 *498*
　◼승리를 향해서—심리면의 정석⑧
　　　버릇 '습관' 나쁜 버릇과 그 예방법 ················· *499*
　◼승리를 위해서—교정해야 하는 버릇
　　　버릇의 교정 ····································· *501*

제9장 칼날 교전으로부터의 공격 ············· *503*

올바른 칼날 교전 ··································· *504*
　올바른 날밑 밀어대기의 마음가짐 ····················· *504*

칼날 교전에서의 치고 찌르기의 기회 ················· *507*
　□물러나기 수 ······································ *507*
　　　□물러나기 얼굴(정면) ····························· *507*
　　　□물러나기 얼굴(우측 얼굴) ························ *508*
　　　□물러나기 얼굴의 유의점 ·························· *508*
　　　□물러나기 몸통① ································ *511*
　　　□물러나기 몸통② ································ *511*
　　　□물러나기 몸통의 유의점 ·························· *511*

□물러나기 팔뚝① ··· *513*
　　□물러나기 팔뚝② ··· *513*
　　□날밑 밀어대기 · 몸 밀기에서의 정면 치기 ············· *517*
몸 부딪힘 ··· *517*
　　□몸 부딪힘을 할 경우의 유의점 ····························· *518*
　　□정면⇨몸 부딪힘⇨상대가 물러난다⇨쫓아 들어가서 얼굴 *518*
　　□정면⇨몸 부딪힘⇨자신이 밀린다⇨물러나기 얼굴 ········ *519*
　　□정면⇨몸 부딪힘⇨자신이 밀린다⇨물러나기 몸통 ········ *519*
학습에 즈음해서—치고 찌르기 기회의 예 ············· *524*
　　□얼굴을 치려고 하는 경우 ···································· *524*
　　□몸통을 치려고 하는 경우 ···································· *524*
　　□오른쪽 팔뚝을 치려고 하는 경우 ·························· *526*
　　□상대의 힘을 이용한 타격 ···································· *536*
　■승리를 향해서—심리면의 정석 9
　　시합에 있어서의 작전 ··· *528*

제10장 상단에 대한 공격 ························· *531*

상단에 대한 자세, 마음가짐—중단 수 ··············· *532*
걸기 수—얼굴 ··· *535*
　　□공격해서 얼굴 ·· *535*
　　□먹 찌르기를 공격해서 얼굴 ································· *536*
　　□기선제압 얼굴 ·· *536*

상단에 대한 자세 · 마음가짐—팔뚝 · 몸통 · 먹 찌르기 539

상단에 대한 팔뚝 치기 539
- □상단에 대한 팔뚝 치기의 유의점 539
- □공격해서 왼쪽 팔뚝 540
- □시작을 공격해서 팔뚝(왼쪽) 541
- □기선제압 팔뚝(왼쪽) 541
- □왼쪽 팔뚝을 막으면 오른쪽 팔뚝 541
- □칼끝이 왼쪽 비스듬한 상대에 대해서 541

상단에 대한 중단으로부터의 몸통 치기 541
상단에 대한 먹 찌르기 549
- □왼손 먹 찌르기 549
- □왼손 먹 찌르기(기선제압 먹 찌르기) 549

학습에 즈음해서—상단 공격의 전법 549
◢승리를 향해서—심리면의 정석 ⑩
스포츠 카운셀링과 자기 릴랙세이션법 552

제11장 상단으로부터의 공격 557

상단으로부터의 공격 558
상단 기술을 알다 558
불과 같은 상단 기술 558

상단의 자세 ·· 560
- □ 제수 좌상단 ································ 560
- □ 제수 우상단 ································ 560
- □ 왼손, 오른발의 상단 ························ 561
- □ 오른손 앞, 왼발 앞의 제수 상단 ············ 563

상단으로부터의 걸기 수 — 제수 좌상단 대 중단 ········ 563
상단으로부터의 얼굴 치기 ························ 563
- □ 상단 얼굴(정면) ···························· 563
- □ 상단 얼굴(좌측 얼굴) ······················ 565
- □ 상단 얼굴(기선제압 얼굴) ·················· 565

상단으로부터의 팔뚝 치기 ······················ 567
- □ 제수 좌상단으로부터의 한 손 팔뚝 ·········· 567
- □ 제수 좌상단으로부터의 제수 팔뚝 ·········· 567

상단으로부터의 몸통 기술 ······················ 470
- □ 제수 좌상단으로부터의 몸통 ················ 470

상단에 있어서의 응수 ······························ 572
- □ 팔뚝 빼기 얼굴 ······························ 572
- □ 팔뚝 쳐서 떨어뜨리고 얼굴 ·················· 572
- □ 멱 찌르기 쳐서 떨어뜨리고 얼굴 ············ 572

학습에 즈음해서 — '걸기 수'와 '응수'의 정리 ········ 576
- 상단으로부터의 '걸기 수' ······················ 576
- 상단에 있어서의 '응수' ························ 577

제12장 상단에 대한 기술 ····· 579

상단에 대한 중단 기술 ····· 580
응수(應手) ····· 580
□ 응수의 유의점 ····· 581
제수 좌상단에 대한 중단에서의 대응 ····· 581
□ 중단에서의 대응의 유의점 ····· 581
□ 얼굴 비벼 올림 얼굴(겉) ····· 583
□ 얼굴 뒤집기 좌측 몸통 ····· 585
□ 얼굴 빼기 얼굴 ····· 585
□ 팔뚝 빼기 얼굴 ····· 585
□ 팔뚝 비벼 올림 얼굴 ····· 586
□ 팔뚝 빼기 한 손 얼굴 ····· 586

제13장 실전에 있어서의 마음가짐 ····· 593

알아 두기 바라는 기본적 마음가짐 ····· 594
허(虛)와 실(實) ····· 594
공격과 방어의 확인 ····· 596
상대의 공격 방향이나 상태를 찰지하는 단서 ····· 597

정리 ····· 603

제1부

검도의 기초편

□기초편의 사용방법

이 책은 입문한 초보자가 자습, 복습할 수 있는 내용으로 되어 있도록 기본적인 타격을 배울 때까지의 단계를 사제의 지도에 맞춰서 세부적으로 해석했다.

검도는 책(머리)으로 배우는 게 아니라 몸으로 배우고, 기르는 것이다. 그렇지만 검도를 배우는 사람이 많아져서 수십 명을 한 사람의 지도자가 보는 또는 지도자의 부족때문에 지도 경험이 적은 사람이 지도에 임한다고 하는 것이 현실정이다.

따라서, 이런 지도 관계자 분들의 지도의 길잡이가 됨과 동시에 입문한 사람들 자신이 학습의 참고서로서 배울 수 있도록 알기 쉽게 진보의 단계를 쫓으면서 반복해서 해설했다.

이 기초편은 방호구를 착용하기 이전의 입문 당초의 학습이다. 검도를 배우는 목적부터 대인 관계로 이해하기 위한 기본동작까지이다. 여기에서는 특히 발의 운용(발놀림)에 역점을 두고 있다. 발의 운용은 검도에 있어서도 젊은이들의 신체 발육, 발달에도 중요하기 때문에 치기에 들어가도 그 관련을 학습 항목에 넣고 있다.

수련편은 방호구를 착용하고 나서의 기본이다. 올바른 기본 타격부터, 공격 기술, 방어 기술 등 기본적인 기술에 들어가고 있다.

이 책은 입문하고 1년 혹은 1년 반정도 사이의 초보자의 학습을 표준으로 하고 있다.

□초보자 여러분에게

검도의 학습이 즐겁고 기다려지는 것은 '좋아지는' 현상이다. 좋아지기 위해서는 검도를 계속하면 어떻게 되는지를 알고 학습을 꾸준히 계속하는 것이다. 그 학습의 조수역을 이 책은 하고 싶은 것이다.

입문할 당시에는 아무 것도 모른다. 학습이 끝나면 책을 펴 보자. 무엇을 배웠는지, 어째서 할 수 없었는지, 어떻게 하면 할 수 있게 되는지, 알 수 있을 것이다. 책을 펴고 복습해 보자. 머릿속으로 복습해서 보고, 생각해 보는 것만으로도 여러분은 일보 진보할 것이다. 그리고 지금 배우고 있는 것이 다음에 어떻게 되어 가는지도 이해할 수 있을 것이다.

제1장
처음에 배우는 것

　입문해도 곧 죽도를 들고 서로 칠수 있는 것은 아니다.
　처음에 검도란 어떤 것일까, 학습을 계속하면 여러분은 어떤 사람으로 변할까, 하는 목표를 알아야만 한다. 그리고 그것을 위해서 지켜야 할 약속도 알아 두도록 하자.
　도장에 한 걸음 들여 놓은 이후의 예의나 자세, 죽도 드는 법이나 준비자세, 발의 준비자세 등 검도의 오랜 역사 속에서 만들어진 기본의 기본이 되는 처음으로 익혀야 할 사항을 배우는 것이 입문한 여러분의 제1보인 것이다.

도장에 들어가기 전에

도장의 입문을 허락받은 여러분의 스타트는 우선 검도를 배우기 위해서는 어떤 마음 가짐이 필요한지, 검도를 배움으로서 여러분은 어떻게 변하는지를 아는 것부터 시작된다. 마음의 준비, 검도를 배우는 목적을 확실히 이해할 수 없으면 스타트는 할 수 없다. 또한 검도를 시작하기 위한 도복 입는 법을 익히는 것도 스타트 전의 필요한 준비이다.

검도로 여러분은 어떻게 변하는가

검도 학습은 여러분들의 마음과 몸을 단련해서 학교나 가정에서의 생활에 크게 도움이 된다. 여기에 그 요점을 들었다.

또한 검도를 배우는 마음을 표현한, 검도에서 사용하는 말을 응용편에 소개했다. 이 말은 도장에서 선생님으로부터 마음자세로서 항상 배우는 것이므로 응용편에 들어가기 전에 읽어 보자.

□ **자세가 좋아지고 몸이 튼튼해진다**

마음을 조용히 도장에서 정좌하고 묵상하는 모습은 등골이 척 펴지고 그리고 쓸데 없는 힘은 들어가 있지 않다.

검도를 단련하면 자세가 다르다. 친다, 찌른다, 피한다, 뛴다고 하는 움직임이 중심이 되는 검도는 자연히 올바른 자세를 만드는 운동이 되고 있기 때문이다. 또한 목줄기를 펴고 상대를 똑바로 본다고 하는 검도의 눈도 올바른 자세를 만드는 요소가 되고 있다.
　겨울의 추운 날, 여름의 더운 날, 땀을 잔뜩 흘리는 학습. 그리고 학습 후는 뭐든지 맛있게 먹을 수 있다. 이런 점이 나날이 성장하는 여러분들을 한층 더 건강한 몸으로 만들어 주는 것이다.

□집중력과 판단력이 생긴다

　검도는 상대의 움직임, 가령 손의 작은 움직임이라도 놓칠수 없는 경기이다. 통달하면 할수록 상대가 움직이지 않는 사이에 그 움직임, 마음의 움직임까지도 순간에 느낄 수 있게 된다.
　검도 학습이나 시합에서는 조금이라도 기운을 뺄 수 없다. 그리고 즉시 판단해서 행동으로 옮기는 것도 중요한 일이다.
　주의력을 집중시켜서 몸과 마음의 반사 신경으로 재빨리 판단한다, 이것은 초보자인 1년간은 1년간 나름대로 또 십년 지나면 십년 지난 것 같이 몸에 배어 가는 것이다.
　검도가 통달한 사람은 공부도 잘할 수 있게 된다고 하는 것은 이 집중력과 판단력이 몸에 배기 때문이다.
　집중하면 선생님으로부터 배우는 것이 귀에 잘 들어오고 머리에 잘 들어온다. 무엇이 중요한가라고 하는 판단도 빨라지는 것이다.
　또한 모든 일을 싫증내지 않고 계속 하는 끈기도 생긴다.
　힘든 학습도 1년간 계속했다, 쉬지 않고 열심히 학습을 했다고 하는 사실이 여러분의 마음에 뭐든지 하면 된다고 하는 자신감을 키우는 것이다.

□적극적이 된다

스스로 생각하고, 연구하고, 어려운 일을 극복해 나간다, 이것도 학습에서는 중요한 점이다.

검도는 1대 1의 경기이다. 그리고 '공격한다'고 하는 것이 이 경기의 특징이기도 하다.

자신의 힘으로 공격한다고 하는 것은 시합 뿐만 아니라 평소의 학습에서도 필요한 것이다.

생각하고, 연구하고, 어려움을 참고 해본다, 이것도 '공격한다'고 하는 것이다.

자기 멋대로인 방자한 행동과는 다르다. 학습 속에서 '공격한다'고 한 것의 의미를 차차 알게 될 것이다. 그리고 여러분은 옳은 것을 옳다고 말할 수 있는 적극적인 사람이 될 수 있을 것이다.

□예의를 알 수 있다

예의라고 하는 것은 인사를 단정하게 할 수 있다고 하는 의미 뿐만은 아니다.

검도에서는 예의를 매우 엄격하게 주의 받는다. 도장에서의 예의, 선생님이나 선배, 아버지나 어머니, 연상의 사람에 대한 예의 그리고 학습을 하는 상대에 대한 예의 등이 있다.

이런 사람에 대한 예의와 함께 자신의 마음을 올바르게 하는 것도 예의 속에 들어 있다.

시합에서나 학습에서나 상대에게 잘 부탁한다고 하는 인사와 함께 자신의 마음도 바로잡는 예의가 포함되어 있다. 감사하는 마음과 배려로 솔직한 마음을 예의에서 배울 수 있다.

□**책임감이 강한 소년이 된다**

선생님이나 견학하는 아버지나 어머니, 친구들에게 의지하고 있어서는 검도를 배울 수 없다. 자신의 최대한의 힘과 지혜를 사용해서 지금 배우고 있는 것을 터득하고 실시해 보는 것이 스타트이다. 이윽고 여러분은 검도가 좋아지고 조금이라도 숙달했을 때 스스로 할 수 있는 일을 자신의 힘으로 한다고 하는 검도의 마음을 잘 알게 될 것이다.

도장과 학습

검도는 시합에 이기기 위해서만 배우는 것은 아니다.
무도인 검도는 매일의 학습 속에서 여러분에게 건강한 신체와 올바른 마음(정신)을 가르쳐 주고 길러 준다.
기예(기술)를 연습해서, 강해진다고 하는 것이 목적이 아니라 오래 계속되는 길을 한 걸음씩 걷고, 즐거운 일을 발견하고, 피로운 일을 견디는 힘을 몸에 익혀서, 마음을 키우고 몸을 단련하고 그리고 기술을 연마해 가는 것이다. 따라서 검도에서는 하나씩의 움직임이나 기술을 반복하는 것은 '연습'이라 하고 보통 일컬어지고 있는 연습을 옛날부터 사용되고 있는 '학습'이라고 표현한다.
또한 이 학습을 하는 장소를 도장이라고 한다. 도장은 자신을 단련

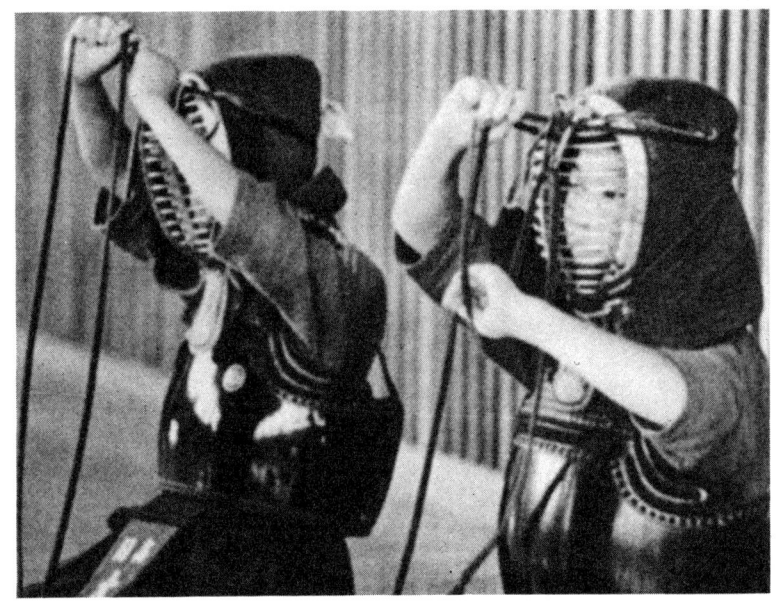

하는 장이다. 신성한 곳이다. 놀거나 더럽히거나 해서는 검도를 할 자격이 없다.

또한 체육관에서 학습을 할 때라도 도장에서와 같이 학습한다.

이 약속만은 지키자

□정확히 익히자

어떤 스포츠나 처음 배우는 것은 힘들기 마련이다. 그렇지만 야구나 축구라면 약간 정도라도 게임을 즐길 수 있다. 수영이라도 수 미터 헤엄칠 수 있는 정도로 풀에서나 바다에서나 즐길 수 있을 것이다.

그런데 검도에서는 상대와 서로 치기를 할 수 있을 때까지 수 개월, 시합을 할 수 있게 되는 것은 빨라도 1년은 걸린다.

처음 1년간은 기본의 기본이 되는 것만을 반복해서 학습한다.
 이것은 검도가 스포츠 중에서 가장 오래 계속할 수 있는 경기이기 때문이다. 큰 빌딩을 세우기 위해서는 기초 공사가 튼튼할수록 튼튼한 빌딩이 완성된다. 일생 계속할 수 있는 검도도 이 기초공사와 같이 기본을 튼튼히 확실하게 하지 않으면 안 되는 것이다.
 반복하지만 검도는 소년 시절부터 시작해서 어른이 되고 노인이 되어도 그 때 그 때 즐길 수 있고 열중할 수 있는 것이다. 소년 시절의 즐거움, 청년이 된 후의 즐거움, 어른이 된 후의 즐거움, 나이를 먹은 후의 즐거움, 각각의 즐거움을 알기 위해서는 그 출발점이 되는 기본을 정확하게 익히는 것이다.
 또한 검도는 움직임이 여러 가지로 변화하기 때문에 항상 주의하고 있지 않으면 위험한 경우가 있다. 그 때문에 기본을 확실히 익혀야 한다.
 선생님이 하시는 말을 잘 듣고 느려도 좋으니까 정확히 익힌다. 그렇게 하면 1년 지나고, 2년 지났을 때에 여러분은 검도가 진짜로 즐거운 스포츠임을 알 수 있을 것이다.

□마음을 집중시키자

 도장에 들어오면 마음을 안정시킨다. 사이 좋은 친구가 있다고 해서 떠들거나, 신경 쓰이거나, 따라 온 아버지나 어머니를 보거나 학교에서 있었던 일에 신경을 빼앗겨서는 안 된다.
 검도 선생님은 학습에 들어가면 갑자기 엄격해질 것이다. 학교 선생님이나 아버지나 어머니보다도 엄격해서 무섭다고 느낄 것이다.

만일 여러분이 선생님에게 야단맞는 것이 싫거나, 선생님의 눈이 무섭다고 해서 열심히 하고 있는 체해도 선생님은 곧 알 수 있다.

다른 일은 생각하지 말고, 보지 말고, 선생님이 하는 말에 귀를 기울이고, 선생님이 가르쳐 주는 동작을 잘 보고 그리고 호령대로 움직인다. 휴식의 호령이 내려지고 선생님이나 선배들이 연습을 하고 있을 때도 배우기 위해서 잘 보고 있도록 하자.

만일 여러분이 정말로 학습에 집중하고 있을 때 선생님으로부터 주의받았다고 해도 고분고분히 들읍시다. 그것은 여러분을 위해서 도움이 되는 일이기 때문이다. 마음을 일심으로 집중하고 있을 때에는 주의받은 것이 부끄러운 일이 아니라 고마운 일이라고 순순히 들을 수 있는 법이다. 이것이 검도의 하나의 장점이다.

□학습을 쉬지 않고 계속하자

지금 도장에 하루도 쉬지 않고 다니는 여러분들의 선배라도 처음에는 쉬고 싶다고 생각한 사람이 의외로 많다. 그렇지만 선배들은 쉬지 않고 계속했다.

겨울의 추운 날, 도복으로 갈아 입는 것은 괴로운 일이다. 전의 연습에서 선생님에게 주의 받은 것이 마음에 걸린다. 제대로 발놀림을 할 수 없다. 또 같은 주의를 받지 않을까, 라고 생각하면 뭔가 쉴 이유가 없을까라고도 생각해 버릴 것이다.

그렇지만 그런 일을 모두 잊고 도장에 가 봅시다. 학습으로 땀을 흘린 후는 '역시 오길 잘 했다'고 생각할 것이다.

쉬지 않는 것도 검도의 학습이다. 쉬고 싶다고 생각하는 마음과 싸웁시다. '지지 않는다'고 결심합시다. 학습은 '곧 능숙해지는 사람보다도 쉬지 않고 천천히 하나씩 터득해 가는 사람 쪽이 나중에 정말로 검도가 능숙해진다'고 선생님들은 말씀하신다.

'쉬지 않을 것'을 입문한 첫날에 결심한다.

□혼자서도 학습하자

도장에서 배운 것은 반드시 집에서 복습한다.

방호구는 착용하지 않더라도 학습할 수 있는 것은 많이 있다. 특히 처음에 배우는 기본은 여러분이 커져서 일류 선수가 되어도 필요하고 중요한 것뿐이다.

발의 움직임, 손의 휘두르기, 올바른 기본은 언제가 되어도 그 때의 느낌으로 되돌아 와서 점검하고 해 보는 것이다.

공부도 마찬가지이지만 배운 채로는 이해하고 터득하기가 상당히 어렵다.

집안 사람이 상대가 되어 주는 것도 좋을 것이다. 이 책을 참고로 해서 오늘 도장에서 배운 것을 반복하고 반복해서 해 봅시다. 다음 학습날이 되면 선생님이 가르치는 내용을 잘 알아들을수 있어 진보해 있음을 깨달을 것이다.

도복 입는 법, 착용법

끈을 묶을 수 없는 사람이 많아지고 있다. 도복도 그리고 나중에 착용하는 방호구도 검도에서는 끈을 묶는 일이 많이 있다. 나비 매듭이 보통 사용된다. 잘 연습합시다.

도복은 앞 옷깃을 잘 맞춰서 끈을 단단히 묶는다.

제1부──검도의 기초편 55

② 허리뼈 위에 띠가 오도록 댄다.

① 도복의 옷깃을 잘 맞춰서 끈을 묶는다.

③ 배를 납작하게 해서
끈을 뒤로 돌려
당긴다.

④ 끈을 앞에서 교차시켜
다시 뒤로 돌린다.

⑤ 뒤로 돌린 끈은 나비
매듭으로 묶는다.

제1부——검도의 기초편 57

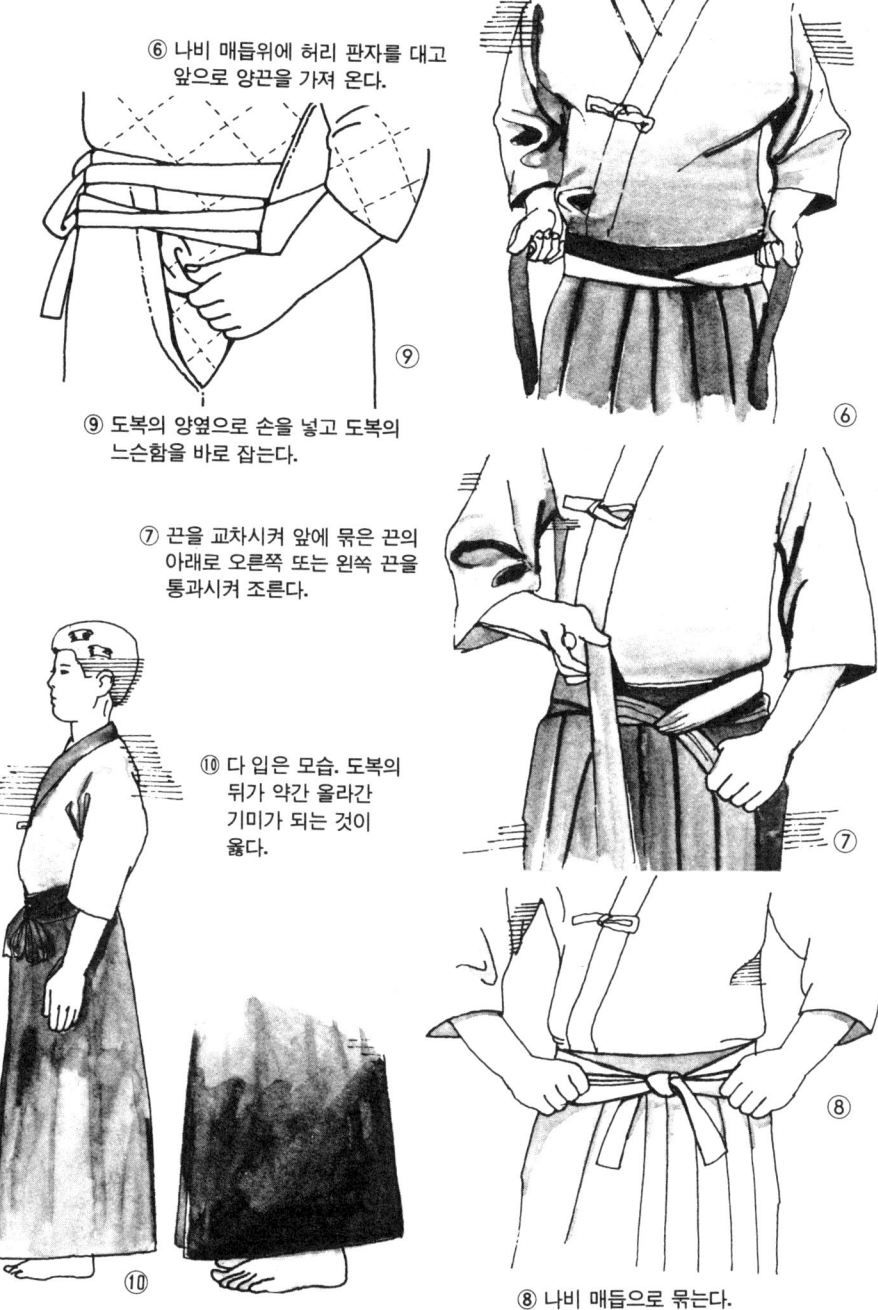

⑥ 나비 매듭위에 허리 판자를 대고 앞으로 양끈을 가져 온다.

⑨ 도복의 양옆으로 손을 넣고 도복의 느슨함을 바로 잡는다.

⑦ 끈을 교차시켜 앞에 묶은 끈의 아래로 오른쪽 또는 왼쪽 끈을 통과시켜 조른다.

⑩ 다 입은 모습. 도복의 뒤가 약간 올라간 기미가 되는 것이 옳다.

⑧ 나비 매듭으로 묶는다.

입은 후 뒤가 쳐져 있는 일이 없도록 주의한다. 왼쪽다리부터 입고, 오른쪽다리부터 벗도록 한다.

□도장 출입에서 잊어서는 안 되는 예의

도장에 출입할 때의 예의는 선생님으로부터 들었으니까 한다고 하는 것은 아니다.

도장은 여러분에게 검도를 가르쳐 주는 중요한 장소이다.

도장에 들어가기 위해서는 우선 신고 온 신발이나 슬리퍼를 단정하게 발끝을 바깥쪽으로 향해서 가지런히 놓는다. 이것은 어떤 일이 발생해도 곧 신발을 신을 수 있다고 하는 무사의 마음을 참작한 것이라고도 말할 수 있다. 벗어놓은 채로는 서둘러서 신을 때 한쪽이 저기, 또 한쪽이 여기라고 하는 상태나 입구 방향으로 발끝이 향해 있어서는 신는 데에도 시간이 걸린다.

신발을 가지런히 벗어 놓은 후 도장 입구에서 인사를 한다.

흔히 뛰어 들어 오면서 형식만 끄덕하고 머리를 숙이는 아이가 있는데 단정히 멈추어서서 다리를 모으고 인사하도록 하자.

이것은 도장을 나갈 때도 마찬가지이다. 출구에서 단정히 인사를 한다.

견학하러 찾아 오는 학부형 분들도 같은 예절을 지켜야 한다. 아버지나 어머니가 모르면 여러분이 가르쳐 주도록 하자.

또한 돌아갈 때는 선생님에게 '고맙습니다'라고 인사의 예를 갖추는 것도 잊어서는 안 된다.

예법

옛날부터 검도는 '예로 시작되서 예로 끝난다'고 일컬어져 왔다.

예의는 앞에도 썼지만 검도 학습은 이기기 위한 기술을 연마하는 것이 아니다. 또한 시합에 이기는 것이 목적도 아니다. 마음과 몸을 강하고, 올바르게 단련해서 인간으로서 부끄럽지 않은 삶을 살 수 있도록 수업하는 것이다. 그 하나의 형태로 나타난 것이 예법이다. 따라서 검도에서는 이 예법이 중요시 여겨지고 엄격하게 일컬어진다.

상대가 되어 주는 사람, 싸우는 상대, 그리고 가르쳐 주시는 선생님에게 진심으로 '부탁합니다' '상대가 되어 주셔서 감사합니다'라고 하는 감사의 마음 그리고 자신의 마음속에도 '그럼 확실히 하자' 고 결심하는 이것을 태도로 나타낸 것을 예법이라고 말할 수 있을 것이다.

따라서 이것은 형식만 배우면 된다고 하는 것이 아니다. 머릿속으로 여러 가지 생각을 하고 있거나 어떤 일이 걱정이 되거나 하면 올바른 예법이 서지 않는다. 아무 것도 생각하지 않고 마음을 조용히 가라앉힌 후 시작한다. 예법은 올바른 자세로 앉아서 상대에게 인사를 하는 좌례, 선 채 상대에게 인사를 하는 입례가 있다.

자연스럽게 서는 자세(자연체)

처음에 정확한 올바른 자세로 서 봅시다.

등을 똑바로 펴고 턱을 가볍게 당긴다. 시선은 앞에 자신과 같은 정도의 상대가 있다고 생각하고 그 상대의 전체를 보듯이 한다. 턱을 너무 당기거나 턱이 너무 나오거나 하지 않도록 주의한다.

발은 61페이지의 사진에 있듯이 양발의 뒤꿈치 사이가 주먹을 세워서 들어가는 정도로 벌리고 발가락끝을 조금 벌린다.

양손은 양옆구리에 붙인다. 이 때 양손을 가볍게 앞뒤로 흔들다가 양옆구리에서 멈춰 봅시다. 그 멈춘 정도의 모습으로 좋은 것이다.

이 자세를 검도에서는 자연체(自然體)라고 한다.

•자연체

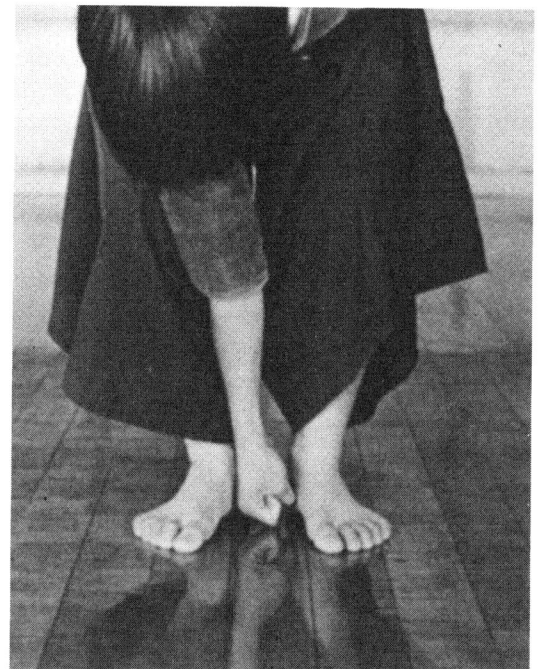

양뒤꿈치를 주먹 정도 벌리는 것이 자연체에서의 발의 자세

중요한 점

선 자세가 흔들흔들 움직이지 않는가. 장난감 병정이나 버킹검 궁전의 병사와 같이 힘이 들어가 있지 않은가. 어깨에 힘이 들어가거나 몸이 딱딱해져 있어서는 자연체라고 말할 수 없다.

검도의 자세는 부동의 정확한 자세이지만 다음으로의 동작, 예를 들면 앉거나, 자세를 취하거나 곧 할 수 있는 것 같은 자세가 아니면 안 된다. 따라서 이것을 자연체라고 하는 것이다.

좌례(座禮)

자연체에서 정좌하고 인사를 하는 것이 좌례이다.

가정에서도 정좌를 하는 일이 적어져서 정확하게 앉을 수 없는 사람이 많은 것 같다. 특히 도장을 마루방으로 익숙치 않은 동안은 괴롭지만 정좌하고 십 분간이라도 그 자세를 유지할 수 있게 연습해 보자.

앉은 자세도 서 있을 때와 마찬가지로 자연스런 자세가 아니면 안 된다.

그리고 앉는다, 인사를 한다, 일어선다고 하는 각각에 정확한 단락이 없어서는 안 된다. 마음에 빈틈이 없는 긴장한 자세가 중요하다.

① 자연스럽게 선 자세. 사진은 오른쪽 페이지이다.

② 양무릎을 가지런히 앞으로 붙인다. 이 때 옆에서 본 사진과 같이 상반신은 똑바로 하고 발가락은 세운다.

③ 양쪽 발의 엄지를 겹치고 그대로 허리를 낮춘다. 양쪽 뒤꿈치 위에 허리를 낮추고 가슴을 당기면 자연히 양무릎 사이는 주먹 정도로 벌어진다. 양손을 입자(立姿)와 마찬가지로 가볍게 흔들어서 자연스럽게 넓적다리 위에 놓는다. 이것이 정좌이다. 옆에서 보면 등골이 똑바로 펴져 있는 올바른 자세를 알 수 있을 것이다.

④ 인사를 한다. 천천히 상반신을 앞으로 숙이고 동시에 양손을 양무릎 앞에 놓는다. 놓은 손은 손가락 끝을 가볍게 붙여서 여덟 팔자(八)로 한다.

⑤ 천천히 머리를 숙인다. 양손의 여덟 팔자(八)로 벌린 삼각 속에

제1부——검도의 기초편 63

❶ 좌례

②⑧⑨ 때는 발끝을 세운다.

코나 입이 들어가는 것 같은 기분이다. 그렇지만 머리를 마루까지 숙이는 것은 아니다. 사진과 같이 등은 똑바로.

⑥ 이대로 조금 가만히 있은 후 역시 천천히 몸을 일으킨다.

⑦ 양손도 동시에 넓적다리 위로 되돌린다. 상대가 있는 듯이 눈은 똑바로 봅시다.

⑧ 양무릎을 붙인 채 허리를 든다. 발가락은 세운다.

⑨ 오른쪽 무릎을 세운다. 이 때 왼쪽 발끝은 그림과 같이 세워져 있다.

⑩ 일어서서 왼발을 오른발에 끌어 당기고 원래의 자세로 되돌아 온다.

중요한 점

인사를 할 때는 ⑤의 옆에서 본 자세와 같이 된다. 상대에게 목덜미를 보이지 않는 것 같은 인사 방법이다. 목이 탁 꺾이는 일이 없도록 주의합시다.

죽도(竹刀)와 그 드는 법

죽도는 무사의 칼과 같다. 죽도를 든 예법에 들어가기 전에 죽도의 각부 명칭과 그 드는 법을 배웁시다.

□죽도

죽도는 대나무로 되어 있지만 옛날 칼과 같은 의미이기 때문에 '대나무 칼' 이라고 쓴다.

칼과 같기 때문에 베는 부분이나 칼등도 정해져 있다. 베는 부분, 타격부(打擊部)라고 일컬어지는 부분. 또 칼등이 되는 활시위 쪽

• 진짜 칼과 죽도의 각부의 명칭.

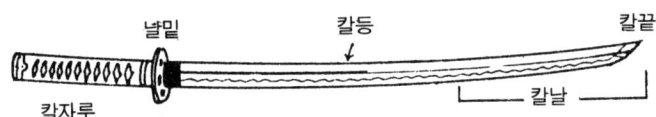

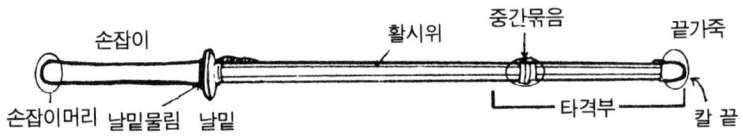

등 그 역할과 명칭도 확실히 기억합시다.

죽도의 길이는 중학생 이하는 112센티(약 3.7척)이내로 정해져 있지만 어린이의 경우는 109센티(3.6척), 103센티(3.4척), 98센티 (3.2척) 등으로 어깨의 높이 이하라고도 일컬어지고 있다. 이것은 도장의 선생님이 정해줄 것이다.

□ 제도(提刀)와 대도(帶刀)

죽도는 왼손에 든다. 칼등에 해당하는 활시위를 밑으로 해서 약 35도의 각도로 내린다. 축 늘어뜨려서 쥐는 게 아니라 손의 손잡이는 힘을 주어 꽉 쥔다.

대도　　　제도

제도(提刀)

날밑에 가까운 곳을 꽉 쥐고 팔이나 어깨의 힘은 빼고 자연체로 선다.

대도(帶刀)

죽도를 쥔 왼손을 허리 부근에 댄다.

죽도를 쥔 입례

죽도를 쥐고 선 채의 인사이다.
① 제도한 자연체.
② 상반신을 앞으로 45도 쓰러뜨려서 인사를 한다. 이 때 죽도를 쥔 손은 자연체의 제도 자세이다. 그리고 상반신을 일으킨다.
③ 대도한다.

❶ 죽도를 든 입례 ❷

중요한 점

인사를 할 때에 여기에서도 목이 타격이지 않도록 하고 등이 휘어지지 않게 인사를 한다.

죽도를 옆에 놓고 하는 자세

죽도를 쥐고 앉아서 인사를 하고 나서 죽도를 쥐고 일어선다. 앞의 '좌례'와 마찬가지이지만 죽도 놓는 법, 쥐는 법에 주의합시다.

① 제도 자세.

② 양무릎을 붙인다.

죽도를 옆에 둔 좌례

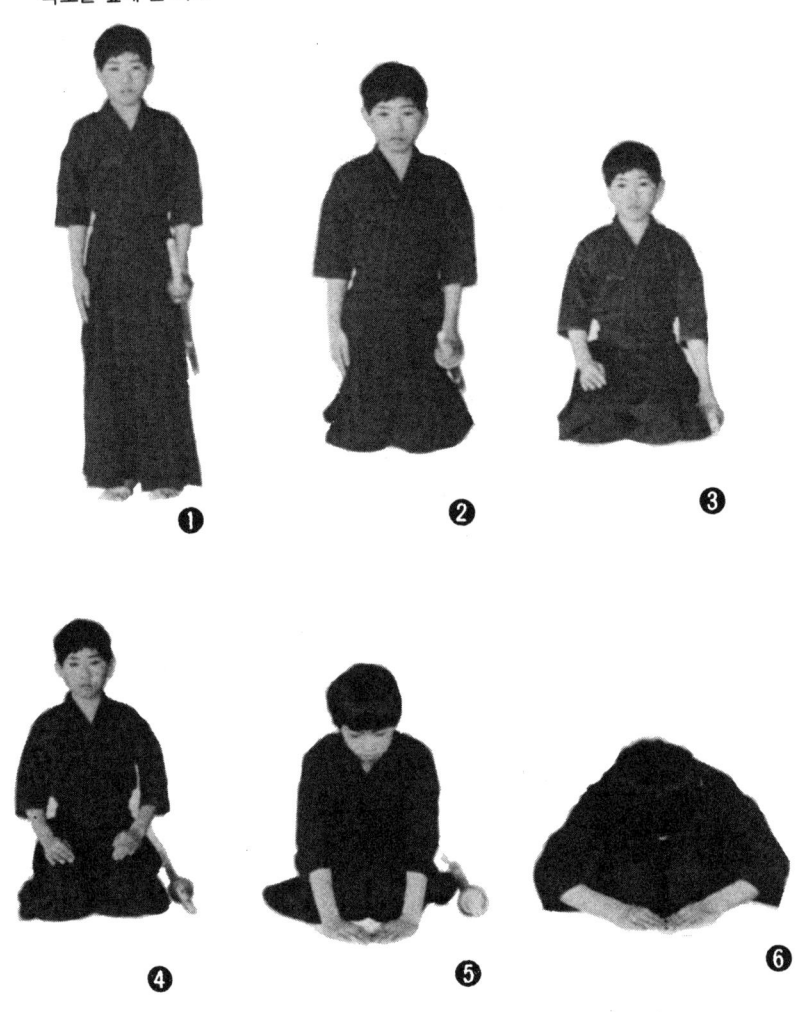

③ 앉으면 왼쪽 옆에 조용히 죽도를 놓는다.
④ 양손을 넓적다리 위에 놓고 정좌한다.
⑤ 양손을 앞으로 내민다.
⑥ 인사를 한다.

⑦ 정좌로 되돌린다.
⑧ 죽도를 쥐고 허리를 올린다.
⑨ 오른발을 앞으로 내민다.
⑩ 일어서서 왼쪽발을 끌어 당겨 제도 자세가 된다.

중요한 점

죽도는 다 앉고 나서 조용히 놓는다. 놓는 곳은 사진⑦의 측면과 같이 앉아서 몸을 움직이지 않고 손이 미치는 곳, 자연히 쥘 수 있는 장소이다.

마음을 집중시켜서 큰 소리를 지르자

처음 도장의 문을 빠져 나갔을 때 학습을 하고 있는 선배들이 큰 소리를 지르고 있는 데에 놀랐을 것이다.

소리를 지른다고 하는 것은 검도에서는 빼 놓을 수 없는 일이다.

배 밑바닥에서부터 큰 소리를 지르면 마음이 다른데로 흩어지지 않고 마음이 집중한다.

또한 마음이 집중하면 기운이 담긴 기합 소리가 저절로 나오는 법이다. 기합이 담기지 않고 그저 입에 발리게 고함치듯이 큰 소리를 내도 그것은 개의 짖음과 같이 단지 시끄럽고 듣기 거북한 기합 소리가 되어 버린다.

처음에는 큰 소리를 내는 것도 부끄러워서 선생님으로부터 주의받는 경우도 있다. 배에 힘을 주고 주변의 일에 신경을 뺏기지 않고 큰 소리를 질러 봅시다. 틀림없이 마음이 시원해지는 것을 깨닫게 될 것이다.

학습의 처음이나 나중에 실시하는 도장의 맹세의 말 복창도 마음을 진정시키고 한번 숨을 쉬고 나서 큰 소리로 복창한다.

학습 중에서는 발놀림 연습에서도 '1, 2, 3' 하고 기합소리를 지른다.

치기가 되면 '이야—' 라든가 '야—야—야' 라고 하는 기합 소리를 지르거나 치는 장소를 '얼굴' '몸통' '팔뚝'이라고 말하면서 친다.

이것은 상대에게 지지 않는다고 하는 마음을 나타냄과 동시에 자신의 리듬을 맞춘다고 하는 것이기도 하다.

소리를 지르고 학습을 하면 10회의 운동이라도 20회의 운동을 한 것과 같아진다. 따라서 큰 소리를 마음을 집중해서 지른다고 하는 것은 잊어서는 안 될 것 중의 제1보이다.

자세

자세라고 하는 것은 '자, 이제부터 시작한다'고 하는 마음과 몸의 스타트를 나타낸 것이다. 올바른 자세로 죽도를 준비하지 않으면 학습도 시합도 시작되지 않는다.

검도의 자세는 중단(中段), 상단(上段), 하단(下段), 팔상(八相), 옆구리 자세의 5가지가 있지만 가장 흔히 사용되는 것이 중단의 자세이다. 이것은 상태를 공격하는 데에도 또 자신을 지키는데에도 좋고 검도의 기본이 되는 자세이다.

이 중단의 자세를 배우기 위해서는 처음에 발의 자세법, 죽도의 쥐는 법부터 시작한다.

발의 자세법

검도의 움직임의 기본이 되는 발의 모양이다. 중단의 자세를 취할 때도 이 발의 모양으로 준비한다.
다음 페이지의 사진을 보자.

① 자연체로 선 발. 발뒤꿈치의 사이는 주먹을 세로로 넣은 만큼 벌린다.

② 벌린 발끝을 한 발(1족장) 앞으로 내민다. 그리고 왼발 뒤꿈치를 가볍게 올린다.

발의 준비자세법

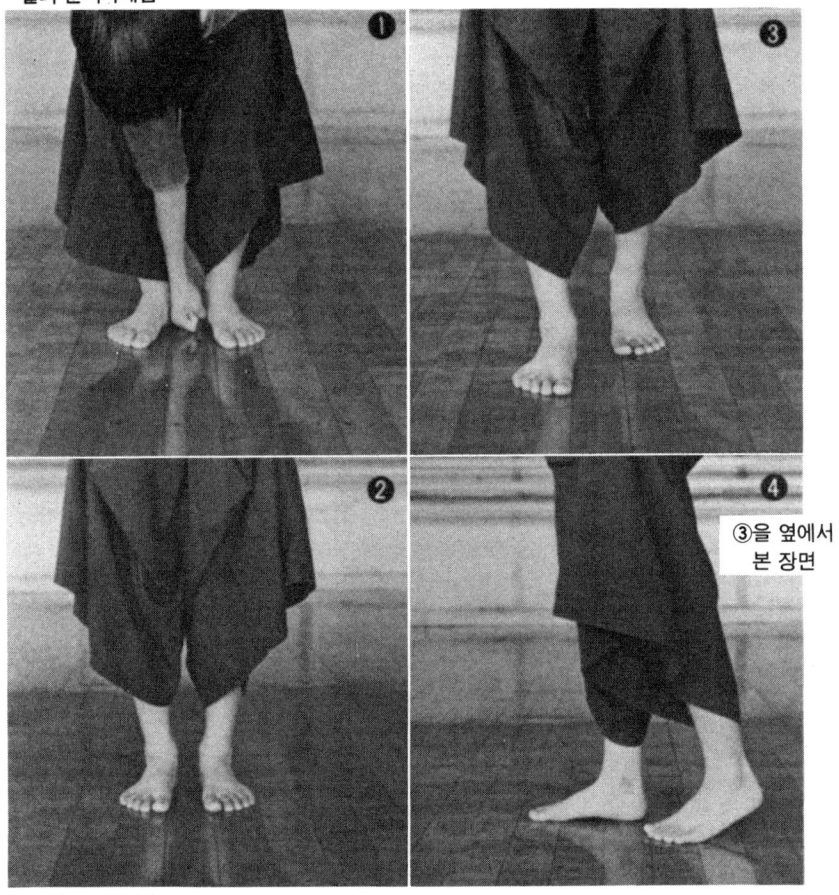

③을 옆에서 본 장면

중요한 점

뒷발이 되는 왼발의 뒤꿈치를 가볍게 올려도 체중은 양다리에 싣지 않으면 안 된다. 오른발에 체중이 실려서 앞으로 기울어 지지 않도록 합시다. 그러기 위해서 허리에 손을 얹고 그 발 자세인 채 무릎을 가볍게 굴신(상하로 구부린다) 해 봅시다. 양발에 똑같이 힘이 실려 있지 않으면 굴신은 할 수 없다. 굴신을 그만 두었을 때의 모양이 발 자세이다. 뒷발의 뒤꿈치는 가볍게 올라가 있을 것이다.

죽도의 쥐는 법

'죽도'에 있는 명칭과 그 역할을 기억하고 있지 않으면 쥐는 방법은 배울 수 없다.

올바른 자세의 쥐기는 칼자루의 머리를 왼손으로 날밑에 가까운 곳을 오른손으로 단단히 쥐고 활시위가 메워 있는 쪽이 위가 되지 않으면 안 된다.

쥐는 법은 사진①이 올바른 쥐기이다. 행주 짜기 즉, 타올을 짜듯이 양손을 안쪽으로 비트는 방법으로 쥔다고 하지만 하나씩 설명해 봅시다. 왼손은 사진②와 같이 새끼 손가락을 칼자루의 머리 가득히 얹어 위(활시위가 메워 있는 위치)에서 쥔다. 새끼 손가락과 약지, 중지 세 개로 조르고 검지와 엄지는 가볍게 거들도록 한다.

양손의 쥔 부분(사진④)을 봅시다. 양손의 쥔 엄지와 검지 사이가 떨어졌지만 똑바로 활시위에 펴져 있는가, 사진④와 같이 줄을 당기면 일직선이 되도록 쥐지 않으면 안 된다.

이렇게 해서 쥐어도 양손의 팔꿈치가 당기거나 힘이 너무 들어가서 펴져 있어서는 아무 소용도 없다. 따라서 '손을 조른다'고 하는 표현이 되는 것이다. 손으로 짜듯이 한다. 특히 왼손의 쥐어 짜기는 중요하다.

이 쥐는 법은 처음에는 어렵고 선생님에 따라서 가르치는 방법은 조금씩 다르지만 쥔 모습은 똑같다.

중요한 점

처음에는 흔들기 위해서 쥔다고 생각하고 쥐는 법을 배운다. 너무

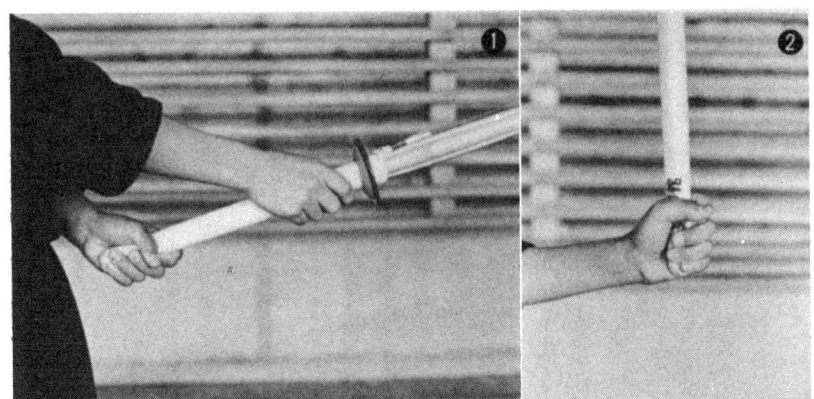

① 올바른 쥐는 법   ②왼손의 쥐는 법

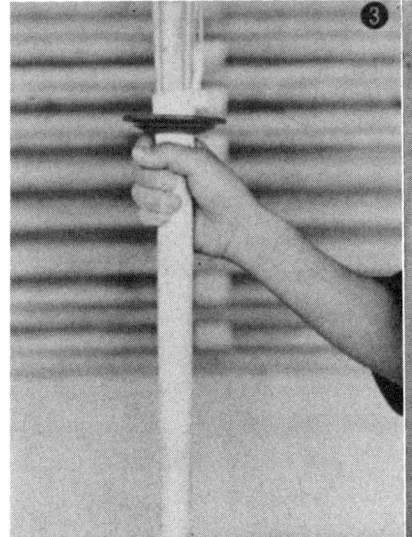

③ 오른손의 쥐는 법

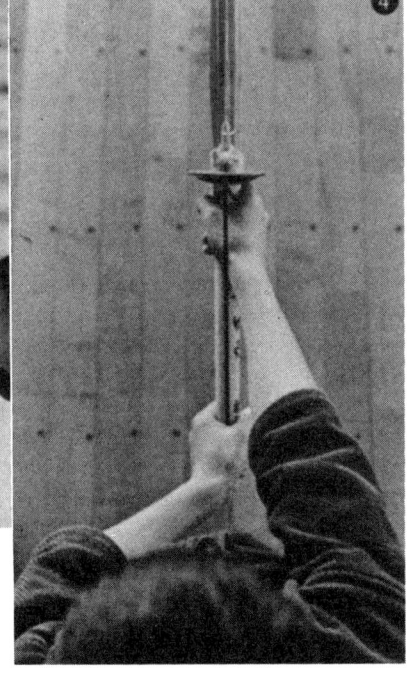

④ 죽도의 쥠을 위에서 본다

 힘을 주어 쥐면 어깨에 힘이 들어가거나 팔꿈치가 당기거나 해 버린다. 또한 손의 손잡이는 실제로 죽도를 휘두르거나 치거나 할 때에 왼손의 이 손잡이가 축, 즉 움직임의 중심이 되기 때문에 단단히 쥘 수 있게 될 것이다. 익숙치 않은 동안은 쥐어 짜는 듯 한 손바닥은 괴롭기 마련이다. 가벼운 손잡이부터 차차 강한 손잡이가 되도록 집에서 타올로 이 쥐어 짜는 법으로 짜는듯한 연습을 해 보는 것도 좋을 것이다. 또한 칼과 비슷한 목도를 사용한 연습도 손의 조르는 법을 잘 알 수 있을 것이다.

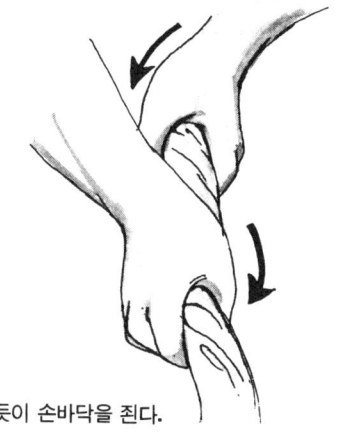

• 타올을 짜듯이 손바닥을 죈다.

죽도의 쥐기와 자세를 아는 어드바이스

우산과 같이 들어 보는 방법

자세로도 이어지는 쉽게 쥐는 법의 요령을 아는 하나의 방법을 소개한다.

이것은 죽도를 우산으로 생각하고 쥐는 법을 배우는 방법이다.

왼손으로 우산을 똑바로 세워서 들듯이 해 본다. 쥐는 부분은 칼자루의 머리이다. 오른손으로 역시 우산을 똑바로 세워서 든다. 쥐는 부분은 날밑에 가까운 곳이다.

이번에는 쥔 왼손을 한가운데로 내려서 들어 보자. 죽도의 끝이 조금 쳐질 것이다. 그러면 오른손을 앞의 사진①과 같이 위에서 **살짝** 받치고 양손으로 들어 봅시다. 이것으로 상하로 흔들어 보십시오.

처음에는 가볍게 쥐는 정도로 좋다. 마음대로 흔들 수 있느냐 어떠냐가 중요한 것이다.

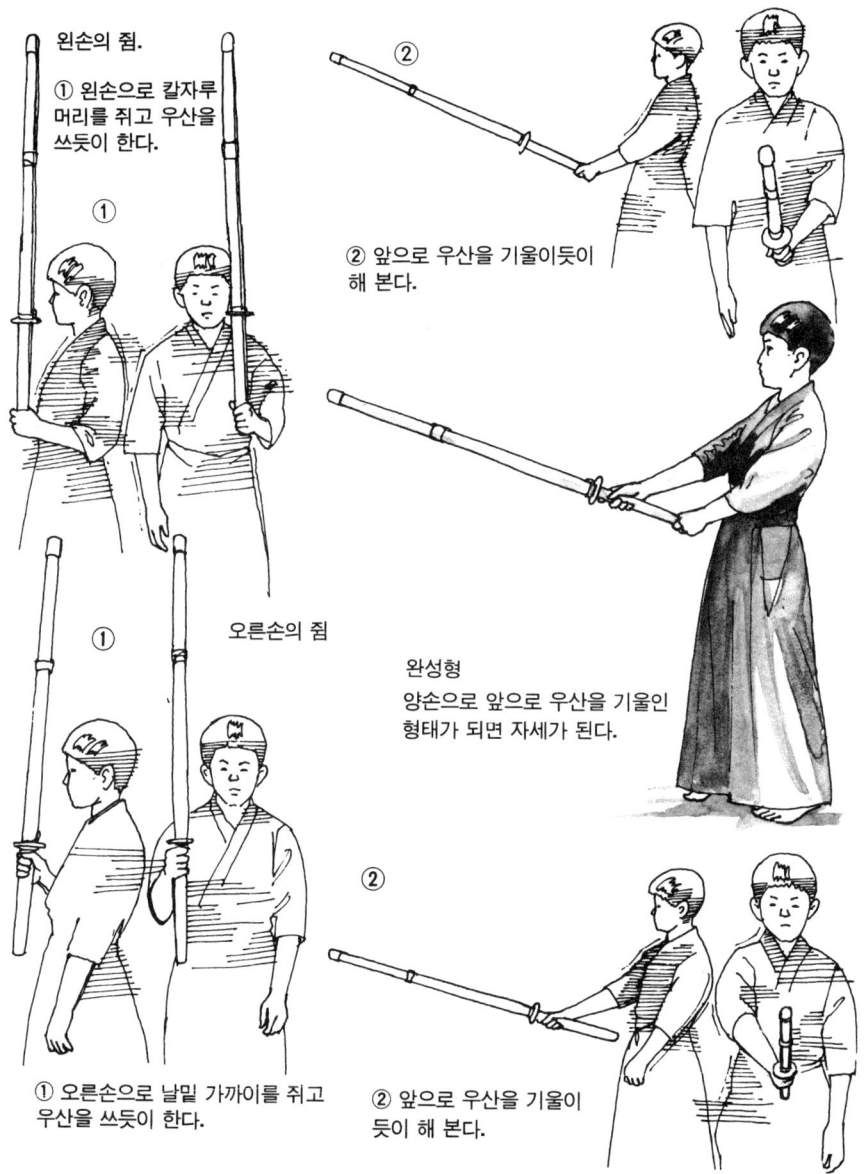

왼손의 쥠.
① 왼손으로 칼자루 머리를 쥐고 우산을 쓰듯이 한다.

② 앞으로 우산을 기울이듯이 해 본다.

완성형
양손으로 앞으로 우산을 기울인 형태가 되면 자세가 된다.

오른손의 쥠
① 오른손으로 날밑 가까이를 쥐고 우산을 쓰듯이 한다.

② 앞으로 우산을 기울이듯이 해 본다.

중단(中段)의 자세

올바르게 죽도를 쥘 수 있으면 이것을 중단으로 준비한다.

왼손으로 쥔 칼자루의 머리와 문사이는 한줌의 주먹이 들어갈 정도로 떼고 배꼽 앞쪽에서 준비한다. 검 끝은 상대의 눈을 향하고 혼자서 준비했을 때는 자신의 목 높이이다.

대도(帶刀)한 자세부터 중단으로 준비할 때까지의 순서를 쫓아 봅시다.

① 대도 자세.
② 오른손으로 날밑의 칼자루를 밑에서 쥔다.
③ 오른발을 약간 내딛으면서 오른손으로 죽도를 비스듬히 위로 뺀다.
④ 왼손으로 칼자루의 머리를 쥔다.
⑤ 중단 부근에 준비한다.

중요한 점

②의 오른손으로 죽도를 쥘 때에 밑에서 쥐지 않으면 준비했을 때에 활시위는 위가 되지 않는다. 쥘 때에 왼손으로 죽도를 조금 오른

중단의 자세

• 위의 사진②부터를 옆에서 본 장면

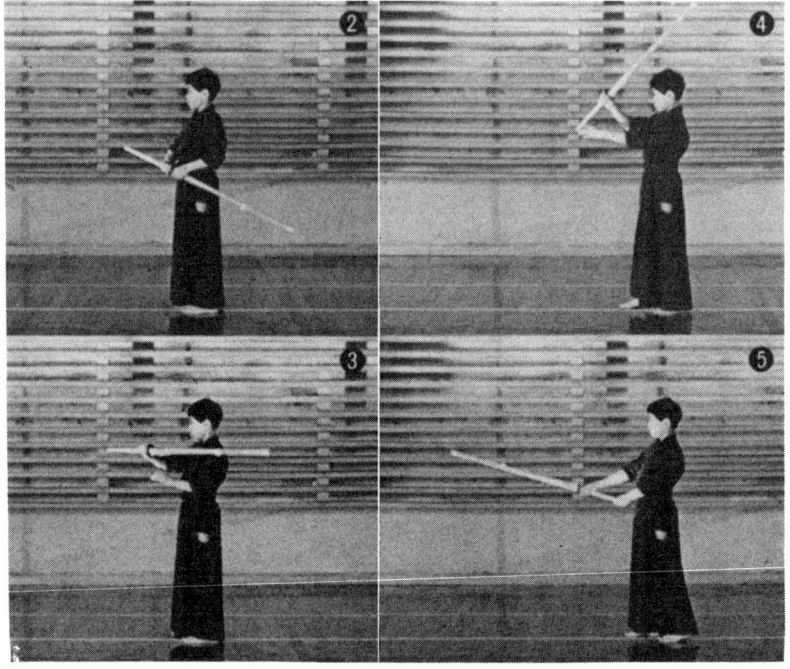

쪽 앞으로 밀듯이 해서 쥡시다.

상대의 눈을 가리킨다. ← ---- 목의 높이

정중선(正中線)

푼다(자세를 푼다)
도중에서 쉴 때는 이 자세이다.

칼끝
준비했을 때의 칼끝은 자신의 목 높이이지만 그 칼 끝은 상대가 있을 경우는 상대의 눈을 가리키도록 한다. 따라서 상대의 키가 클 때에는 칼끝은 자신의 목보다도 높은 곳이 된다.

제2장
기본이 되는 동작

움직임의 제1보에 들어간다. 여기에서는 발의 움직임, 죽도의 휘두르는 법을 배운다.

특히 발의 움직임(운용)을 크게 문제 삼는 것은 검도에 있어서 발의 움직임이 생명이기 때문이다. 처음에 발의 움직임을 확실히 몸에 익히지 않으면 치기의 기본에는 들어갈 수 없다.

발놀림

　검도는 죽도로 치는 것이기 때문에 팔의 휘두르기가 중요한 것이다라고 생각하고 있지는 않은가. 아니, 가장 중요한 것은 발의 움직임이다. 그러므로, 손 2분, 발 8분이라고 일컬어지고 있다. 손으로 격파하는 게 아니라 여러가지 발의 이동, 몸의 이동이 가능한 발로 상대를 받고, 피하고, 치는 것이다.

　따라서 초보중에 기본이 되는 발놀림을 반복해서 연습해서 마음대로 움직일 수 있게 됩시다. 이것이 학습의 출발점이다.

　발놀림의 기본이 되는 움직임은 걷기스텝, 이동스텝, 연결스텝, 열림스텝의 4가지가 있다. 첫연습에서는 죽도를 들지 않고 허리에 손을 얹고 해 봅시다. 발의 이동을 알 수 있도록 발밑에는 흰 선을 그었다. 또한 그림의 발모양의 이동과 움직이는 법, 방향을 참고로 해 주십시오.

　또한 스타트가 되는 자세의 발은 '자세'에 있었듯이 오른발 앞, 왼발 뒤이다.

걷기 스텝

보통으로 걸을 때와 같은 발의 이동이다. 단, 검도에서의 걷기스텝에서는 보통으로 걷거나 달리거나 할 때와 같이 발을 올리거나 하지는 않는다. 쿵쾅쿵쾅도 하지도 않는다. 조용히, 가볍게, 재빨리, 앞으로 뒤로 걷는다. 발끝이 바닥에 닿을 정도 하듯이 해서 걷는다. 이것이 걷기 스텝이다. 전진하거나 물러나거나 할 때에 사용된다.

□걷기 스텝(=전진)

앞으로 나아가는 걷기 스텝이다. 오른쪽 페이지의 사진을 보라.
① 오른발 앞. ② 왼발을 앞으로 내민다. ③ 오른발을 앞으로.

□걷기 스텝(=후퇴)

뒤로 물러나는 걷기 스텝이다. 사진은 오른쪽 페이지이다.
① 오른발 앞. ② 오른발을 당긴다. ③ 왼발을 당긴다.

이동 스텝

많이 사용되는 발놀림이다. 준비자세의 발에서 움직일 방향의 발을 일보 내딛고 재빨리 남은 발을 끌어 당겨서 준비자세의 발이 되는 것이 이동스텝이다.

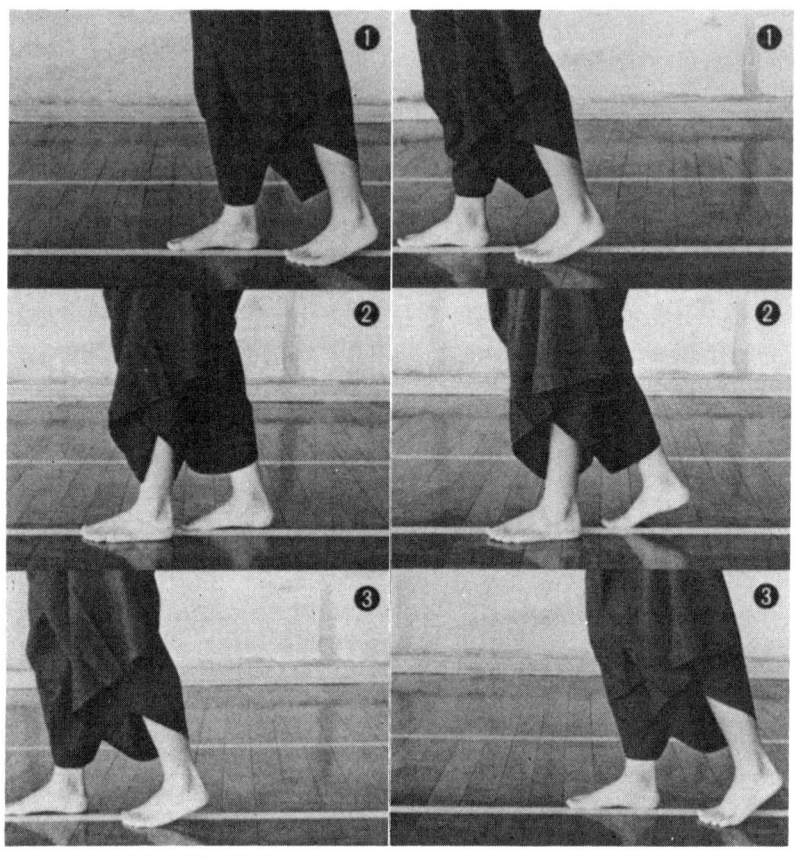

걷기 스텝(=전진)　　　　　걷기 스텝(=후퇴)

　이동스텝에는 앞으로 나아가는 것, 뒤로 물러나는 것 외에 오른쪽이나 왼쪽 그리고 사선으로 사방, 팔방으로 수많은 움직임이 있다.
　어느 방향으로 이동해도 준비자세의 발 때와 같은 방향, 정면을 향하고 있다. 이것은 특히 사선으로의 이동 때에 주의한다.
　발의 이동 방법은 움직일 방향의 발이 제1보이기 때문에 앞으로 나아갈 때는 오른발이지만 뒤로 물러날 때는 뒷발인 왼발을 앞으로 당기고 오른발을 당겨서 준비자세의 발로 한다. 오른쪽과 왼쪽도

제1부——검도의 기초편　87

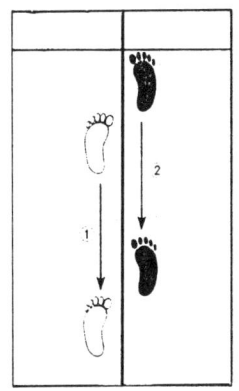

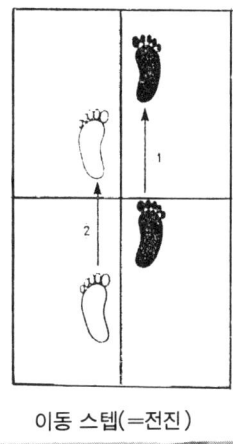

이동 스텝(=후퇴)　　　　　　　　이동 스텝(=전진)

역시 움직일 방향의 발이 제1보이다.
특히 뒷발을 앞으로 움직일 때에는 보폭 잡는 법에 주의한다.

□이동 스텝(=전진)

앞으로 나아가는 이동 스텝이다. 사진은 87페이지이다.
① 준비자세의 발. ② 오른발을 앞으로 내민다. ③ 재빨리 왼발을 끌어 당긴다.

□이동 스텝(=후퇴)

뒤로 물러나는 이동 스텝이다.
① 준비자세의 발. ② 왼발을 끌어 당긴다. ③ 재빨리 오른발을 당겨 준비자세의 발이 된다.

□이동 스텝(=오른쪽)

오른쪽 옆으로 옮기는 이동 스텝이다.

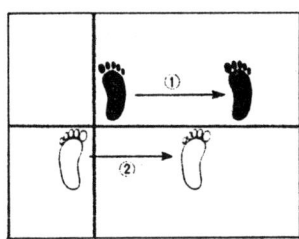
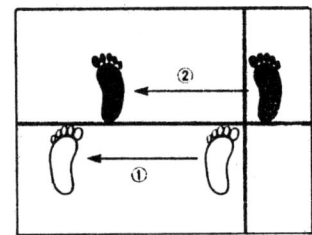

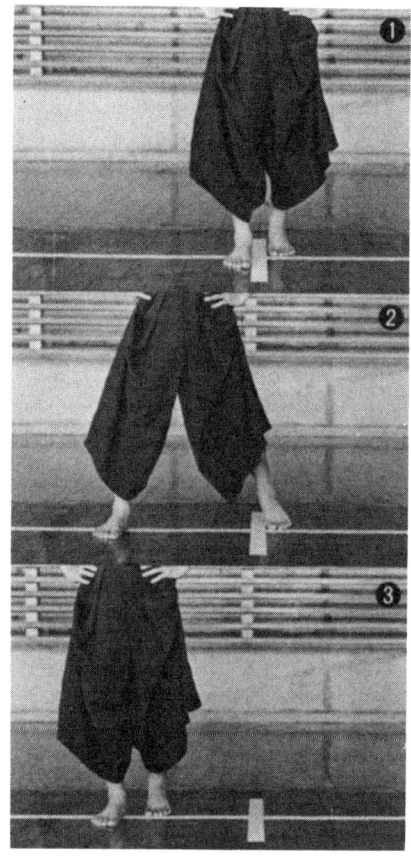

이동 스텝(=우측)   이동 스텝(=좌측)

① 준비자세의 발. ② 오른발을 오른쪽 옆으로 옮긴다. ③ 왼발을 재빨리 옆으로 끌어 당긴다.

□이동 스텝(=왼쪽)

왼쪽 옆으로 옮기는 이동 스텝이다.

① 준비자세의 발. ② 뒷발인 왼발을 왼쪽 옆으로 옮긴다. ③ 오른

발을 재빨리 끌어당겨 준비자세의 발이 된다.

□이동 스텝(=오른쪽 비스듬히 앞)

오른쪽 비스듬히 앞으로 옮기는 이동 스텝이다. 사선으로의 이동은 움직인 발이 정면을 향하고 있는 점에 주의한다.

① 준비자세의 발. ② 오른발을 오른쪽 비스듬히 앞으로 내민다.

이동 스텝(=왼쪽 비스듬히 앞)　　이동 스텝(=오른쪽 비스듬히 앞)

제1부——검도의 기초편 91

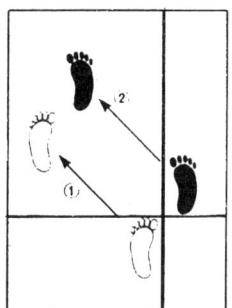 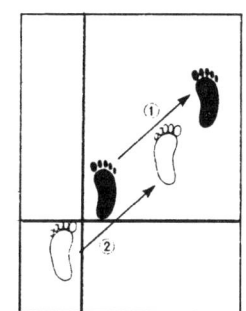

 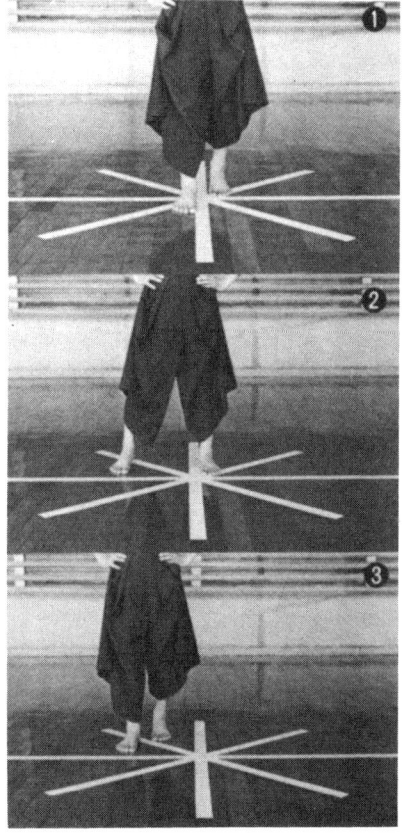

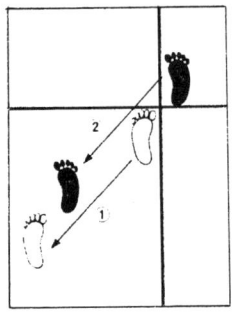 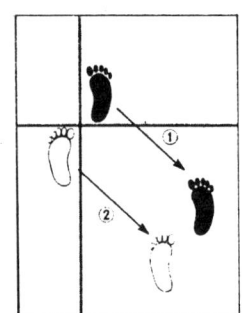

③ 재빨리 왼발을 끌어 당긴다.

□이동 스텝(=왼쪽 비스듬히 앞)

왼쪽 비스듬히 앞으로 옮기는 이동 스텝이다.
① 준비자세의 발. ② 뒷발인 왼발을 왼쪽 비스듬히 앞으로 내민다. ③ 준비자세의 발이 되도록 오른발을 끌어 당긴다.

□이동 스텝(=오른쪽 비스듬히 뒤)

오른쪽 비스듬히 뒤로 옮기는 이동 스텝이다.
① 준비자세의 발. ② 오른발을 오른쪽 비스듬히 뒤로 당긴다. ③ 왼발을 끌어 당겨서 준비자세의 발로 한다.

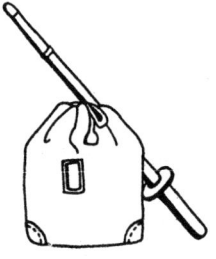

학습 후에 도구를 조사하고 정리하자

도장에 도착하고 나서 도복의 끈이 떨어져 있거나, 꼬깃꼬깃하거나 해서는 학습을 할 자격이 없다.

학습 후 도복을 둘둘 말아서 자루에 쑥 넣는 사람을 흔히 보는 경우가 있다. 이래서는 다음 학습 때에 주름 투성이의 도복이며 단정치 못한 모습이 되어 버리는 것도 당연한 일일 것이다.

도복은 바닥에 펴고 주름을 펴서 옷깃을 정확히 맞추어 좌우가 겹치도록 소매도 함께 세 번 접는다. 좌우를 꺾어 구부리고 이번에는 세로로 3번 접는다.

도복은 금을 정확히 가다듬는다. 천으로 싼 판자 조각이 있는 뒤에서부터 앞으로 금 안쪽부터 접는 것이 요령이다. 단, 접은 후 끈을 묶는데 이것은 선배나 선생님으로부터 잘 배웁시다.

도복이나 하까마를 스스로 정확히 접는 것도 학습의 하나이다. 도장 마루에 앉아서 정확하게 접어서 넣을 수 있도록 노력합시다.

또한 죽도는 사용하고 있는 동안에 손거스러미가 생기거나 중간 묶음이 느슨해져서 쳤을 때에 끝가죽으로부터 대나무가 나와 버리거나 한다.

죽도의 손질은 처음에는 할 수 없기 때문에 학습이 끝난 후 자신의 죽도를 잘 조사해서 선생님에게 고쳐 받읍시다.

학습 후에 자신의 도구를 조사하는 것은 다음 동작으로 곧 이동할 수 있는 마음과 몸의 준비를 끊임없이 잊지 않는다고 한 검도의 마음 자세와 같은 것이다. 그냥 그대로 놓아 둔다고 하는 일이 없도록 합시다.

연결 스텝

이것은 치는 상대가 멀 때(뒤에 나오는 먼 간격), 내딛기 전에 사용되는 발놀림으로 앞방향뿐이다. 뒷발을 끌어 당김과 동시에 재빨리 앞의 오른발을 내민다고 하는 빠른 움직임이 필요하다. 처음에는 천천히 해 봅시다.

① 준비자세의 발. ② 뒷발인 왼발을 오른발 장심부근처까지 끌어 당긴다. ③ 끌어 당김과 동시에 오른발을 앞으로 1보 내딛는다. ④ 왼발을 끌어당겨서 준비자세가 된다.

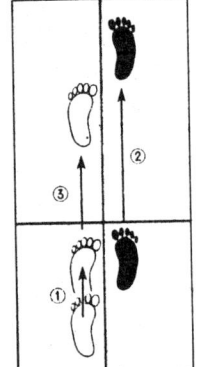

연결 스텝

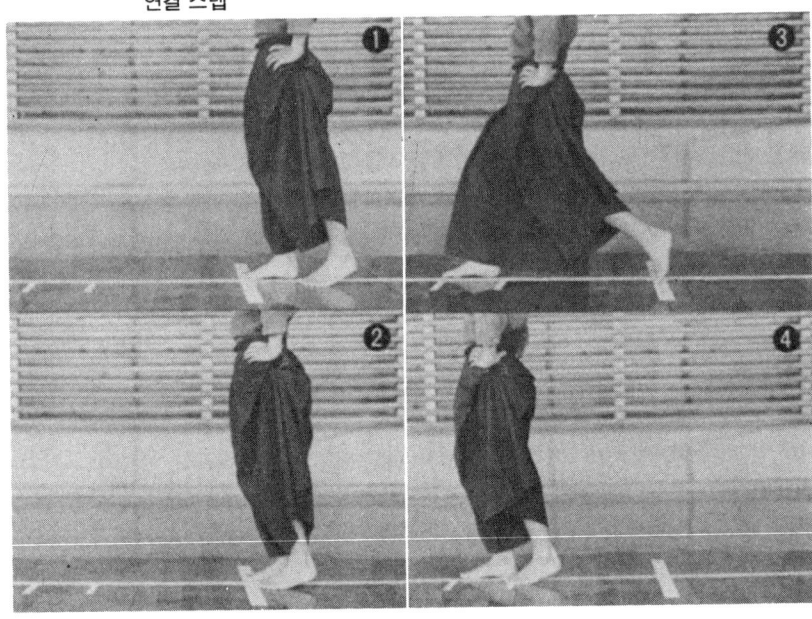

열림 스텝

상대의 움직임에 재빨리 응해서 몸을 피한다, 또는 맞아 치는 자세가 된다고 하는 것은 실전에서는 중요한 일이다.

어떤 상대의 움직임에도 곧 정면으로 향한다, 또는 달려 들어 치는 것을 피해서 상대에게 달려들어 친다고 할 때에 사용되는 몸 이동의 기본이 이 열림 스텝이다.

사방 팔방, 어떻게도 자세를 바꿀 수 있는 이 발놀림은 처음에 천천히 기본대로 해 봅시다.

어느 방향으로 옮길 때나 처음에 내딛는 1보는 발끝을 정면(준비하고 있던 발의 방향)으로 내밀고 남은 발을 끌어 당김과 동시에 발의 방향, 즉 몸이 상대의 방향으로 향한다. 이것이 몸을 피한다고 하는 것이다. 또한 왼쪽으로 옮길 때는 왼발이 앞이 된다.

□ **열림 스텝(=오른쪽 비스듬히 앞)**

오른쪽 비스듬히 앞으로 옮기는 열림 스텝이다. 97페이지의 사진을 참고 해 주십시오.

① 준비자세의 발. ② 오른발의 발끝을 오른쪽 비스듬히 앞으로 내민다. ③ 왼발을 오른발 뒤로 끌어 당김과 동시에 발의 자세(몸)는 반 좌향으로 향한다.

□ **열림 스텝(=왼쪽 비스듬히 앞)**

왼쪽 비스듬히 앞으로 옮기는 열림 스텝이다. 사진은 97페이지이다.

① 준비자세의 발. ② 왼발의 발끝을 왼쪽 비스듬히 앞으로 내민다. ③ 오른발을 재빨리 왼발 위로 끌어 당김과 동시에 몸을 반 우향으로 향한다. 이 때 왼발이 앞이 된다.

□열림 스텝(=오른쪽 비스듬히 뒤)

오른쪽 비스듬히 뒤로 옮기는 열림 스텝이다. 사진은 98페이지이다.

① 준비자세의 발. ② 오른발을 오른쪽 비스듬히 뒤로 당겨서 발끝을 내민다. ③ 왼발을 오른발에 끌어 당겨서 준비자세의 발이 됨과 동시에 몸은 반좌향으로 향한다.

□열림 스텝(=왼쪽 비스듬히 뒤)

왼쪽 비스듬히 뒤로 옮기는 열림 스텝이다. 사진은 98페이지이다.
① 준비자세의 발. ② 왼발을 왼쪽 비스듬히 뒤로 당긴다. ③ 오른발을 재빨리 끌어 당김과 동시에 몸은 반우향으로 향한다. 이 때는 왼발이 앞이다.

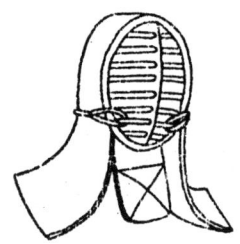

제1부——검도의 기초편 97

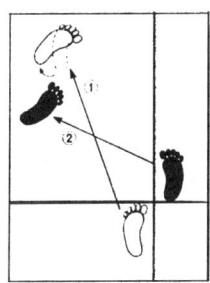 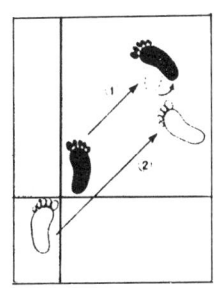

열림 스텝(=왼쪽 비스듬히 앞)　　　열림 스텝(=오른쪽 비스듬히 앞)

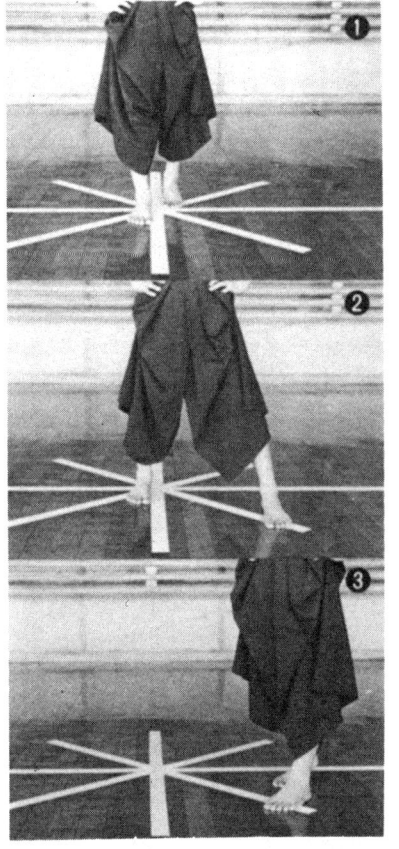 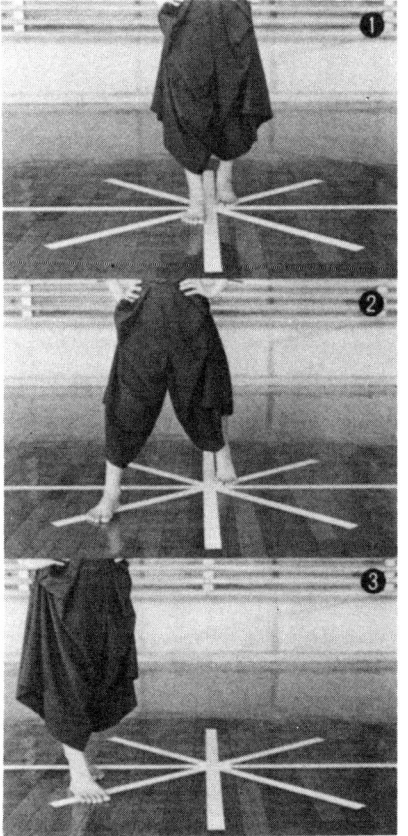

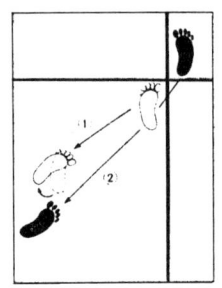 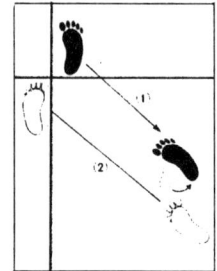

열림 스텝(=왼쪽 비스듬히 뒤)   열림 스텝(=오른쪽 비스듬히 뒤)

 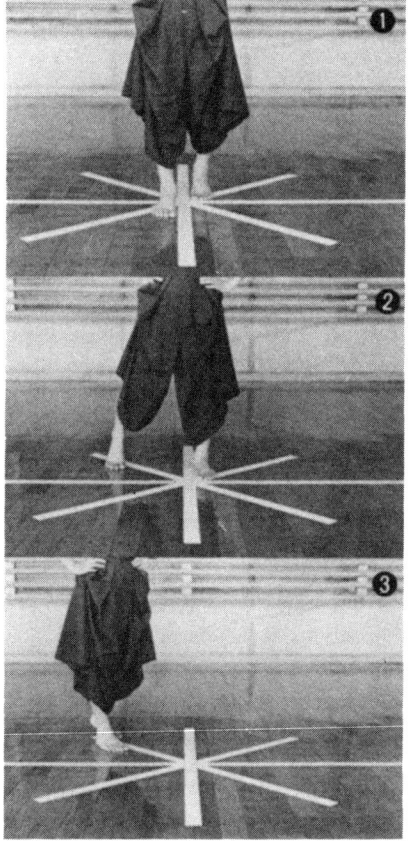

보다 숙달하기 위한 응용 연습

기본이 되는 4가지 발놀림을 확실히 자신의 것으로 만들기 위해서는 또는 이 발놀림을 실제의 학습에서 마음대로 구사하기 위해서 다음과 같은 발의 운동을 해 봅시다.

이것은 앞으로의 죽도를 들고 하는 연습에도 흔히 나오는 것이다.

□**제자리 비약**

• 제자리 비약

준비자세의 발 채 그 자리에서 뛰어 봅시다. 몇 번인가 뛰고 멈추어 본다. 양발의 체중 싣는 법은 기본대로 똑같이 되어 있는가. 뒷발이 조금 올라가 있는가. 이것은 강하고 확실한 올바른 발의 자세를 훈련하는 연습이다.

□제자리 비약 바꿔밟기

이번에는 비약했을 때에 발을 바꾸는 즉 바꿔밟기이다. 제자리에서 뛰어 왼발이 앞, 또 뛰어 오른발 앞의 반복이다. 이 운동은 어느쪽의 발이 앞이 되어도 체중은 똑같이 양발에 싣고 발이 향하는 방향이 바뀌지 않으며, 강하고, 빠른 스텝을 만드는 훈련이다. 특히 검도에서는 당목족이라고 해서 뒷발이 벌어지고 앞발이 앞쪽을 향하는 나쁜 발 자세가 되기 쉽다. 이것을 고치고 또한 당목족이 되지 않기 위해서 이런 비약 운동은 효과적이다.

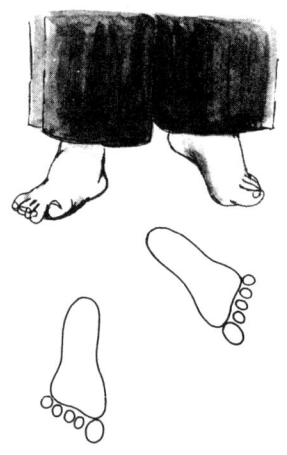

• 이와 같은 당목족은 안된다.

제1부――검도의 기초편 101

▶ 제자리
비약
바꿔
밟기

□차 올리기

육상 경기에서 달릴 때와 같이 스타트 대시의 기본이다. 검도에서는 내딛는 속도를 낸다고도 한다. 자세를 무너뜨리지 않고 멀리 뛰어드는 것이다. 발을 올리는 각도는 그림과 같이 수평보다 약간 아래 정도로 올린다. 올리는 발의 발끝이 올라가지 않도록 주의합시다.

● 차 올리기 다리는 45도 각도로 올린다.

휘두르기

옛날부터 검도에서는 상단에서 중단까지 상하로 휘두른다고 하는 말이 자주 사용되고 있다.

죽도나 목검을 사용해서 공간을 치는 것인데 이것은 치는 감각, 느낌을 몸으로 익힌다, 몸과 휘두르기가 일체가 되도록 한다, 그리고 학습전의 준비 운동이나 끝난 후의 정리 운동이 되는 등의 목적이 있다. 야구에서도 배터가 배터 박스에 들어가기 전에 배트를 휘두르는 경우가 흔히 있으며 '스윙을 하고 있다'고 하는데 이 말은 검도에서 온 것이다.

검도에서의 상하 휘두르기는 원래 상대(적)가 공간에 있다고 가정하고 치는 것이 정확하고 소년 검도에서는 지금 이 상대가 있는 것으로서 치는 것을 공간 타격(打擊)이라고 부르고 있다. 따라서 정확하게 말하자면 휘두르기와 '상단에서 중단까지 상하 휘두르기'는 다르다. 휘두르기는 치는 것이 아니다.

공간 타격에 들어가기 전에 죽도의 휘두르기 법, 몸(발)과 죽도의 휘두르기가 잘 맞도록 휘두르기 훈련을 시작합시다.

휘두르기에는 상하 휘두르기, 좌우 사선 휘두르기가 있다. 우선 제자리에서 휘두르고 다음에 발의 이동과 함께 실시한다. 특히 좌우 사선 휘두르기는 손 뒤집기를 배울 수 있어 나중에 나오는 '되치기'에도 관계가 있는 것이다.

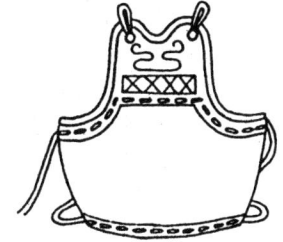

상하 휘두르기

제자리에서 상하 휘두르기를 한다. '죽도의 쥐는 법'에서 배운 확실한 손바닥으로 중단에 준비한다. 105페이지 사진을 참고해 주십시오.

처음은 사진 ①②③과 같이 작게 상하로 휘두른다.

다음에 조금 크게 상하로 흔들고 그리고 사진 ④⑤와 같이 크게 칼자루의 머리를 쥔 왼손이 배 밑에 닿도록 휘둘러 내린다.

이번은 발의 움직임을 붙여서 해 본다(사진 6~8). 이동 스텝이다. 휘둘러 올리면서 오른발을 내밀고 휘둘러 내렸을 때에 왼발이 당겨지고 있다.

정중선

제1부——검도의 기초편 105

▲ (큰 휘두르기)

◀
제자리 상하 휘두르기
(작은 휘두르기)

중요한 점

휘둘러 올렸을 때도, 휘둘러 내릴 때도 양손이 정중선(자신의 몸의 중심선)을 통과해야만 한다. 이때, 똑바로 죽도가 휘둘러지고 있다고 할 수 있다.

크게 휘둘러 올렸을 때에 왼손의 손잡이는 정확히 쥐어져 있는가. 새끼 손가락이 칼자루에서 떨어져 있지는 않는가. 사진과 같이 쥐지

▲ 크게 휘둘러 올려도 왼손의 쥠은 정확하게.

▶ 발의 동작을 붙인 상하 휘두르기

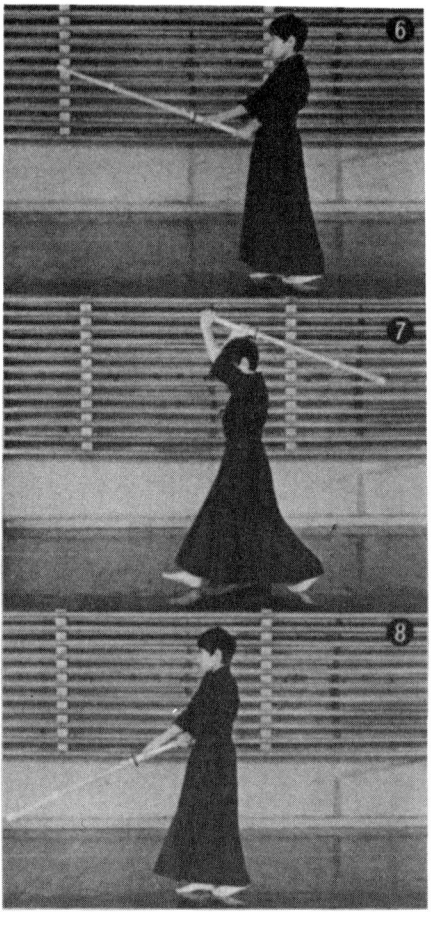

않으면 안 된다. 아무리 크게 휘둘러 올려도 왼손의 쥠이 정확하고 확실하지 않으면 강한 휘두르기는 불가능하다. 또한 휘둘러 내린 죽도는 칼 끝이 자신의 무릎 부근 정도의 위치에서 멈추도록 한다. 양팔에 똑같은 힘을 주어 정중선상으로 올리고 죽도가 흔들리지 않도록 몇 번이나 반복합시다.

좌우 사선 휘두르기

 비스듬히 X를 그리듯이 휘두르는 것이 좌우 사선 휘두르기이다. 큰 휘두르기는 X의 중심을 배꼽에 두고 작은 휘두르기는 위(胃)가 중심이 된다. 사진은 108페이지이다.
 중단의 자세에서 사진①과 같이 크게 휘둘러 올리고 손의 쥠을 바꾸지 않고 머리 위에서 손을 뒤집어 오른쪽 비스듬히 위에서 사진②와 같이 왼쪽 비스듬히 아래로 휘둘러 내린다. 그리고 다시 죽도를 휘둘러 올리고 머리 위에서 손을 뒤집어 왼쪽 비스듬히 위에서부터 오른쪽 비스듬히 아래로 휘둘러 내린다. X표시를 할 수 있었는가. 이것을 몇 번이나 반복합시다.

중요한 점
 여기에 나오는 휘둘러 올려서 손을 뒤집는다고 하는 것은 치기에서

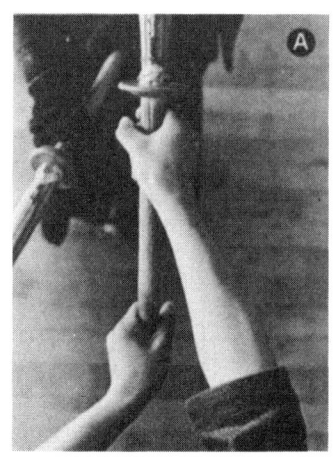
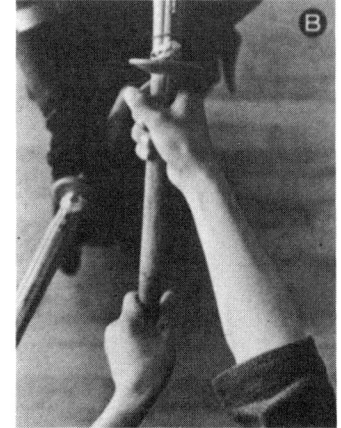

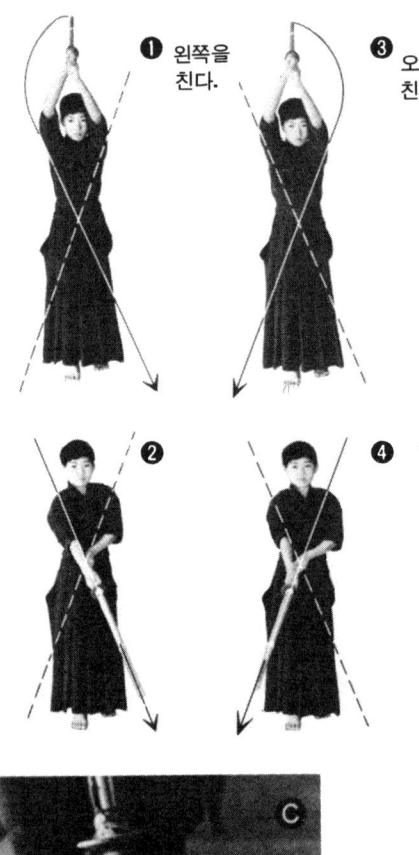

• 좌우 사선 휘두르기

흔히 사용된다. 공간 타격에서도 얼굴이나 몸통을 실제로 칠 때도 좌,우로부터의 치기에서는 이 손을 뒤집는다고 하는 말이 나온다.

위의 그림과 같이 Ⓐ의 올바르게 쥔 자세에서 Ⓑ의 왼쪽을 치는 손의 뒤집기 Ⓒ의 오른쪽을 치는 손의 뒤집기를 반복해서 연습하고 그 요령을 익혀 주십시오.

◀ Ⓐ 올바른 쥠
Ⓑ 왼쪽은 치는 손바닥의 뒤집기
Ⓒ 오른쪽을 치는 손바닥의 뒤집기

가정에서의 복습과 연습 방법

학교 공부와 마찬가지로 복습은 여러분의 실력을 향상시키는 비결이다.

동작 처음에 배우는 발놀림은 집에서도 연습할 수 있는 것이다. 처음은 스스로 '전진 후퇴 이동 스텝' 등이라고 암송하면서 해 봅시다. 천천히 움직이는 것부터 차츰 빠르게 템포를 붙여서 해 본다.

아버지나 어머니에게 이 책을 들게 하고 '오른쪽 비스듬히 뒤 이동 스텝' '왼쪽 비스듬히 앞 열림 스텝' 등의 명령을 받는 것도 복습의 효과가 오른다.

이것은 죽도를 들고 하는 치기 동작의 경우도 마찬가지로 아버지나 어머니의 여러가지 명령에 곧 동작을 할 수 있게 되면 여러분은 이런 동작들을 터득할 수 있었다고도 할 수 있다.

치기에서는 휘두르기를 자신 혼자서 실시하는 습관을 기르자.

매일 아침 일어나서 30회의 휘두르기를 한다는 목적을 세우는 것이다. 작심 삼일이 되면 아무 소용도 없다. 반드시 매일 계속한다,

이것이 중요한 점이다.

어른이 되어 일이 바빠서 검도 학습에는 갈 수 없지만 매일 목검의 휘두르기는 빼놓지 않는다고 하는 사람도 많이 있다. 휘두르기는 건강을 위해서도 또한 마음을 안정시키기 위해서도 매우 효과가 있다.

오른쪽 팔꿈치를 1회 1회 휘두를 때마다 펴도록 유의하자.

또한 아버지나 형님 등에게 죽도로 방어를 하게 하고 정면 치기의 연습도 해보자. 부모가 검도를 몰라도 이 책의 방어항목을 읽으면 방어자세는 취할 수 있다.

대인 동작(상대와 서로 치는)으로 이동하기 위한 기본 동작

드디어 치기에 들어간다. 그렇지만 처음부터 서로 치는 것은 아니다.지금까지 배운 죽도의 쥠, 휘두르는 법을 발의 움직임을 살려서 공간을 공격하는 공간 타격, 그리고 방어자세를 취하게 하고 공격에 들어간다.

제3장

대인 동작(對人動作)에 있어서의 기본 동작

공간 타격 (중단에서 상단까지 상하로 휘두르기)

타격(打擊)이라고 하는 것은 검도에서 사용되는 용어이다. 치고, 찌른다 즉 상대를 쓰러뜨리는 것이다. 소년 검도에서는 현재는 찌르기는 위험하기 때문에 시합에서의 사용은 금지되어 있지만 검도 용어의 '타격'은 그대로 사용한다.

공간 타격은 말 그대로 상대가 있다고 목표를 만들어서 공간을 공격하는 것이다. 따라서 휘두르기와는 다르다.

치는 장소에 정확히 죽도의 타격부가 닿지 않으면 안된다.

공간 타격은 얼굴을 공격한다. 정면, 좌면, 우면과 같이 상대는 보이지 않지만 정확하고 확실하게 공격합시다.

또한 이제부터 지금까지 반복해서 연습한 발놀림이 들어가게 된다.

좌면, 우면 치기는 맞는 쪽에서의 좌면, 우면으로 부른다. 그리고 좌면부터 친다.

휘두르기와 달리 죽도는 아래까지 휘둘러 내리지 않는다. 친 면(面)의 지점에서 멈추도록 주의한다.

정면 치기

정면 치기

제자리에서 정면으로 공격한다. 정확하게 정면을 치는 훈련이다.
휘둘러 올렸을 때의 손의 쥠에 주의한다.
① 중단의 자세.
② 휘둘러 올린다.
③ 정면으로 공격한다.

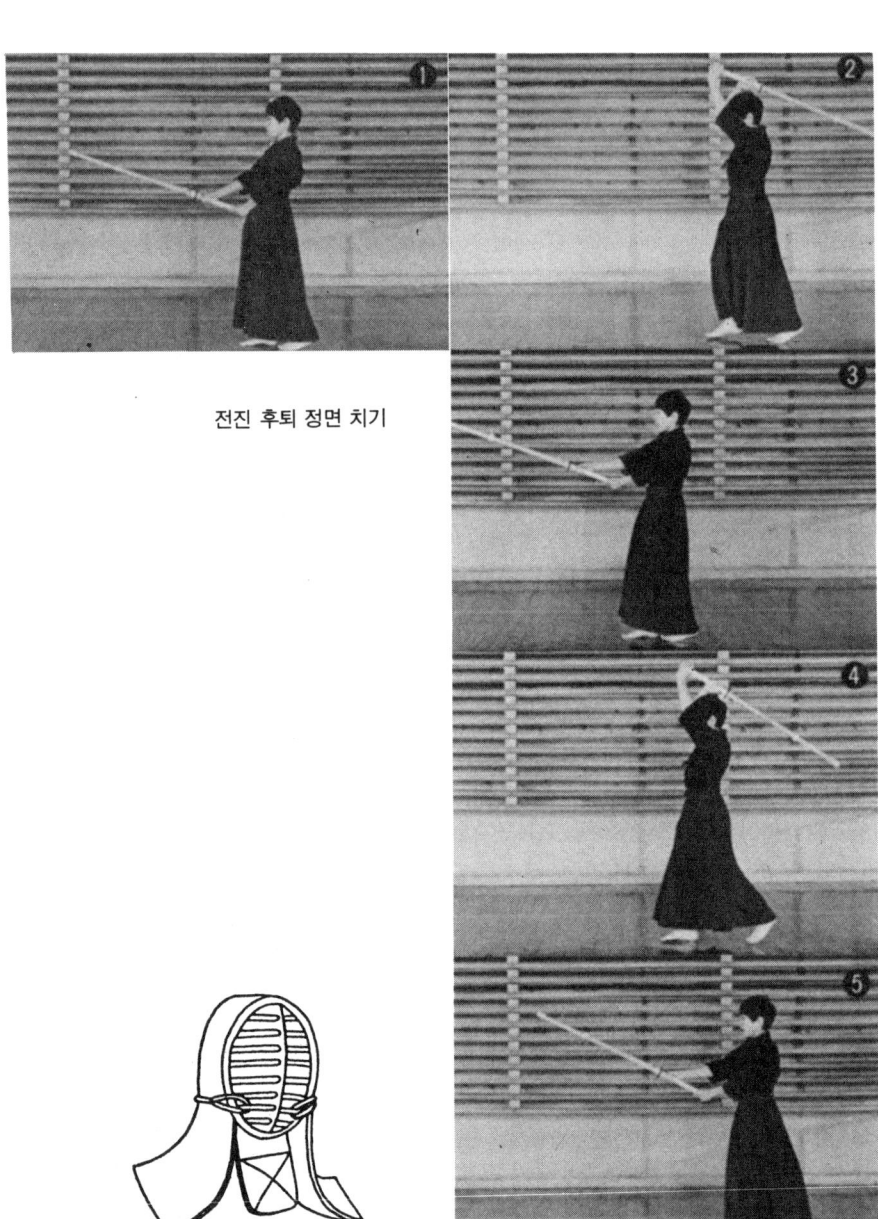

전진 후퇴 정면 치기

전진 후퇴 정면 치기

앞으로 나가서 정면을 치고 물러나서 정면을 친다. 전진 후퇴의 이동 스텝을 사용한다.
① 중단의 자세. ② 1보 오른발을 내밀면서 휘둘러 올린다. ③ 왼발을 끌어 당기고 친다. ④ 휘둘러 올리면서 일보 왼발을 당긴다. ⑤ 오른발을 끌어 당기고 친다.

제자리에서 바꿔 밟고 비약하면서의 정면 치기

발놀림의 '보다 숙달하기 위한 응용 연습'에서 배운 제자리 바꿔 밟기 비약을 하면서의 정면 치기이다.

준비 자세의 발에서 제자리 뛰어 발을 좌우 앞으로 바꿔 밟았을 때에 죽도를 휘둘러 올리고 다시 뛰어 바꿔 밟고, 원래의 준비 자세의 발로 되돌리면서 친다고 하는 동작이다. 그 타이밍을 익힙시다. 사진은 116페이지이다.

① 중단의 자세. ② 제자리에서 뛰어 바꿔 밟으(왼발 앞)면서 휘둘러 올린다.

• 제자리에서 바꿔 밟고 비약하면서의 정면 치기

③ 뛰어 바꿔 밟으면서(준비자세의 발) 정면을 친다.

전진 후퇴 비약하면서의 정면 치기

전진 후퇴 비약하면서의 정면 치기

앞, 뒤로 비약하면서의 정면 치기로 학습에서 흔히 사용되는 공간 타격이다.

앞이나 뒤로 뛰는 비약은 실제로 해보면 잘 알 수 있지만 양발을 가지런히 해서 뛰는 것과는 다르다. 앞으로 뛸 때는 약간 뒷발이 늦고 뒤로 뛸 때는 앞으로 나와 있던 발이 늦어서 이동 스텝의 빠른 움직임이라고도 말할 수 있다.

이 전진 후퇴 비약하면서의 정면 치기도 뒤로, 앞으로 비약하는 동작은 2동작이지만 앞으로 뛰었을 때에 일격한다. 뛰면서 치기 때문에 동작은 빠르고 계속해서 실시하여 발 자세와 올바른 치기를 배운다.

① 중단의 자세. ② 뒤로 뛰어 물러나면서 휘둘러 올린다. ③ 앞으로 뛰면서 정면을 친다. 이것을 반복한다.

내딛어 정면 치기

내딛으면서 세게 정면을 친다.

① 중단의 자세. ② 크게 휘둘러 올린다. ③ 오른발을 앞으로 크게 내딛으면서 치기의 자세가 된다. ④ 정면을 쳤을 때 뒷발은 끌어 당겨진다.

제1부―― 검도의 기초편 119

제자리 되치기   내딛어 정면치기

제자리 되치기(좌우면 치기)

대인 동작에 들어가서 나오는 되치기의 기본이 되는 공간 타격이다. 휘두르기에서도 배운 좌우 사선 휘두르기와 같이 머리 위에서 죽도의 쥠을 바꾸지 않고 손을 뒤집어서 좌면을 치고 휘둘러 올려 손을 뒤집어서 우면을 친다.

① 자세에서 휘둘러 올린다. ② 손을 뒤집어서 좌면을 친다. ③ 휘둘러 올린다. ④ 손을 뒤집어서 우면을 친다.

보다 숙달하기 위한 응용 연습

발의 움직임과 치기가 일체가 되기 위한 연습이다.

□무릎 굴신의 정면 치기

몸 전체로 친다고 하는 것을 알기 위한 연습으로 준비 자세에서 휘둘러 올림과 동시에 무릎을 구부리고, 휘둘러 내림과 동시에 원자세로 되돌린다. 계속해서 몇 번이나 실시한다.

□차 올리기의 정면 치기

제자리에서 실시한다. 내딛어 정면 치기를 위한 보조 동작이다. 준비하고 오른발을 차 올리며 친다.

차 올려서 정면치기

무릎굴신의 정면치기

간격

방호구를 착용하지 않는 단계에서의 상대가 있는 치기에 들어간다.

방호구를 착용하고 있지 않기 때문에 여기에서는 서로 치는 쪽과 치기를 받아내는 쪽이 되어 정확하게 공격하기 위한 학습을 시작한다.

처음 상대가 있는 학습에 들어가는 것이기 때문에 우선 상대와 서로 준비하는 서로의 사이(간격)을 알아야 한다.

이 서로 맞선 사이를 검도에서는 간격이라고 부른다.

간격은 거리라고 하는 의미 뿐만 아니라 기(氣)의 사이, 몸의 사이, 검의 사이라고 하는 세 가지의 사이를 의미하고 있지만 처음은 상대와의 거리로서 기억하고 있어도 괜찮을 것이다.

간격에는 1족(足) 1도(刀)의 간격을 중심으로 해서 가까운 간격, 먼 간격의 세가지가 있다.

가까운, 먼 가격에 대해서는 그 거리에 대해서 선생님에 따라 견해가 조금씩 다른 것 같지만 여기에서는 알기 쉽게 설명하기로 한다.

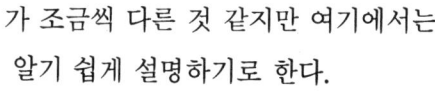

1족 1도의 간격(교차)

옛날에 일컬어졌던 칼을 맞대고 싸운다 라고 하는 가장 기본이 되는 간격이다. 아래의 사진을 참고로 한다.

죽도의 칼 끝을 합친다. 즉, 얕게 교차시키는 거리이다. 말 대로 이 간격에서는 1보 앞으로 나가서 한번 휘두르기로 상대를 칠수 있는

1족 1도의 간격

1보 앞으로 내딛으면 얼굴을 칠 수 있다.

가까운 간격

제자리에서도 팔을 뻗으면 얼굴에 닿는다.

것이다. 실제로 쳐 보면 잘 알 수 있다.

도장에서 선생님으로부터 '교차'라는 호령이 떨어지면 이 1족 1도의 간격을 취한다.

가까운 간격

1족 1도의 간격으로부터 1보 상대에게 다가가서 죽도가 깊게 교차한 것이 가까운 간격이다. 사진과 같이 제자리에서 상대를 칠 수도 있다. 치는 것에서는 유리하지만 반대로 상대로부터도 맞기 쉬우므로 위험한 간격이라고도 말할 수 있다.

먼 간격

1족 1도의 간격으로부터 1보 뒤로 물러난 거리이다. 죽도의 사이가 좀더 떨어진 먼 간격도 있지만 준비했을 때의 먼 간격은 죽도의 사이가 약간 떨어지는 정도가 좋을 것이다.

먼 간격

· 1보 앞으로 내딛어도 닿지 않는다.
· 연결 스텝을 하면 얼굴을 칠 수 있다.

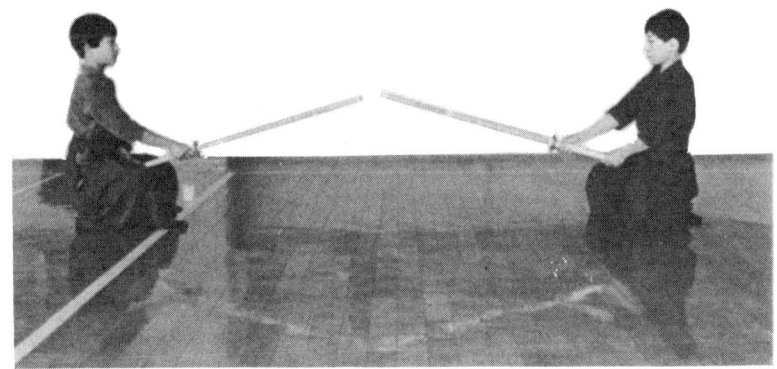

준거

준거라고 하는 것은 시합이나 학습을 할 때에 상대에 대한 예법의 하나이다. 좌례나 입례 후 드디어 상대와 맞섰을 때 이 준거를 한다. 따라서 마음을 진정시키고 당당한 태도를 취한다.

① 대도 자세이다. ② 죽도에 오른손을 얹는다. ③ 비스듬히 위로 빼면서 왼손을 거둔다. ④ 양손으로 죽도를 쥐고 자연스럽게 무릎을 구부린다. ⑤ 정확한 준거 자세이다. 다리는 발끝으로 서고 발뒤꿈치 위에 엉덩이를 얹고 양무릎은 넓게 벌린다. 칼 끝은 자신의 목 높이이다. ⑥ 그대로의 자세에서 죽도를 허리에 거둘 준비를 한다. 죽도를 약간 몸 가까이에 세우면서 왼손을 떼고 오른손으로 죽도를 허리에 댄다. ⑦ 왼손으로 죽도의 칼날 가까이를 쥐고 오른손은 넓적다리 위에 놓는다. ⑧ 그대로 천천히 일어선다.

중요한 점

⑤의 정확한 준거 자세는 아랫배에 힘을 주어야 한다. 흔들리지 않도록 어깨의 힘을 빼고 등을 폅시다.

제1부──검도의 기초편 129

준거

검도에서 외다리 타법을 완성시킨 한 선수에게 배우자

이 선수의 외다리 타법은 검도와 거합(한쪽 무릎을 꿇은 채 재빨리 칼을 뽑아 베는 검법)으로 완성시켰다.

겨울의 이른 아침, 도장에서 죽도 휘두르기, 치기 후 진짜 검으로 휘두르기를 반복했다.

이것은 배트의 쥠을 확실히 해서 정확하고 빠르고 강한 배팅의 임팩트를 몸에 익히기 위해서였다.

처음에 죽도로의 휘두르기나 진짜 검으로의 상하 휘두르기로 쥠을 익혔다.

진짜 검으로 중단에서 상단까지의 상하 휘두르기를 하자 좋은 쥠일 때는 윙하고 공기를 가르는 소리가 났지만 쥠이 나쁠 때는 윙소리가 나지 않는다.

그 때는 배트 쥠에 있어 힘이 세게 너무 들어가서 처음에는 죽도나 진짜 검을 가볍게 쥐는 데에 저항이 있었던 것 같다. 그러나 가볍게 쥔다는 의미가 쓸데없는 힘을 주어 딱딱해져 있어서는 좋은 스윙을 할 수 없다고 깨닫는데 그다지 시간은 걸리지 않았다.

그리고 '상대를 벨 때 손목을 뒤집어서는 벨 수 없다, 손목을 꽉 짜내는 것이다'라는 선생님의 지도로 볏단의 시험 베기를 계속했다.

이렇게 해서 그는 스윙으로 단련한 팔과 손목의 조르기로 시속 133킬로미터라고 하는 배트 스윙을 완성시켰다.

이 선수의 남 갑절의 노력과 고분고분한 마음, 꼭 여러분도 배워 주기 바란다.

방어자세를 취한 초보의 정면 치기

정확하게 정면을 친다. 가면을 쓰고 있지 않기 때문에 스타트는 간격을 두지 않고 쳤을 때의 모양부터 시작해 봅시다.

발의 움직임이나 치기는 공간 타격과 같지만 처음 상대와 마주 섰기 때문에 사진의 설명은 반복이 되지만 자세하게 했다.

얼굴의 타격부위(치는 장소) 와
타격부(죽도의 치는 부분)

방어가 있는 대인 동작으로 이동하는 치기의 제1보도 정면 치기이다.

정면은, 좌면은, 우면은, 얼굴의 어느 장소인가. 그리고 죽도의 어느 장소를 치는가라고 하는 사실을 압시다. 죽도의 치는 장소, 칼에서 말하는 벨 수 있는 부분이 되는 것인데 이것을 타격부라고 한다.

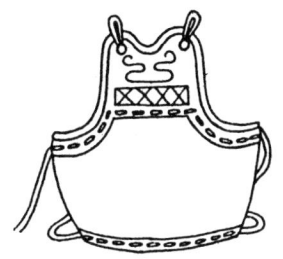

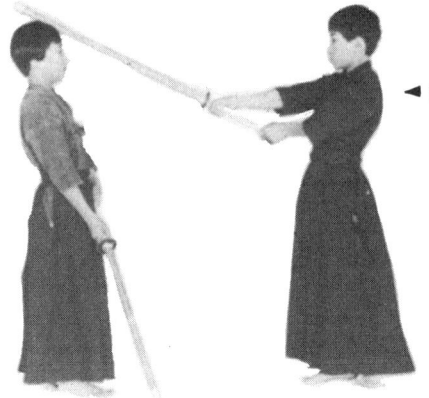

◀ 얼굴의 타격부위와 타격부

▼ 정확한 정면 치기

좌면 ◀

우면 ◀

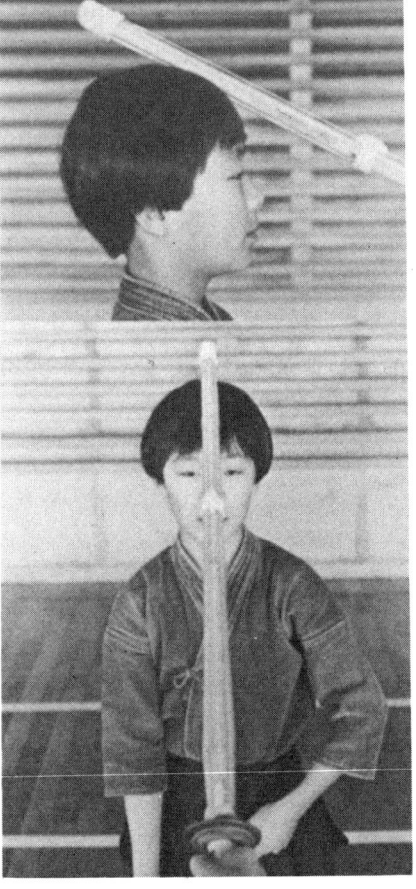

얼굴 방어법

얼굴의 방어방법

맨얼굴(얼굴에 방호구를 착용하고 있지 않는 것)이기 때문에 죽도를 직접 받을 수는 없다. 그래서 죽도를 얼굴의 약간 앞으로 내밀고 여기를 얼굴로서 받아낸다.

방호구를 착용하고 나서도 처음은 죽도로 받아내는 방법을 취한다. 그것은 몇 번이나 계속해서 공격해 오는 것을 받아내는 것은 처음에는 아파서 견딜 수 없기 때문에 그 통증을 극복할 때까지의 준비 단계로서 취해지는 방법이다.

그렇지만 방어 그 자체도 검도의 큰 훈련이 된다.

방어가 능숙한 사람은 치기도 강하고 정확하다고 한다. 받아냄으로서 쳐 올 기색을 빨리 감지하고 몸 전체가 움직이는 검도에서 중요한 반사 신경이 훈련된다. 받아내고, 되친다, 피한다고 하는 타이밍(박자)이 몸에 익어서 쳐오는 상대와 함께 움직이면 발의 훈련이 되고 몸도 단련된다.

얼굴 방어는 자신의 어깨넓이 정도의 폭으로 죽도를 든다.

또한 오래 치기가 계속될 때는 맞을 때에 얼굴의 위치로 올리고 상대의 죽도가 떨어지는 것과 동시에 밑으로 내린다.

제자리 정면 치기

제자리에서 움직이지 않고 치는 것이기 때문에 완성 모양을 취해서 치는 거리를 측정하고 시작한다.

① 치는 거리. ② 제자리에서 휘둘러 올린다. ③ 방어자세에 공격한다.

전진 후퇴 정면 치기

이동 스텝으로 치는 사람에 맞춰서 받아내는 사람도 이동 스텝으로 같은 방향으로 움직인다.

① 치는 거리. ② 오른발을 내밀면서 휘둘러 올리고 방어는 왼발을 당긴다. ③ 왼발을 끌어 당기면서 친다. 방어자세는 오른발을 당겨서 준비 자세의 발로 받아낸다. ④ 왼발을 끌어 당기면서 휘둘러 올린다. 방어자세는 오른발을 앞으로 내민다. ⑤ 오른발을 당기면서 공격한다. 방어자세는 왼발을 끌어 당겨 받아낸다.

제자리 정면 치기

전진 후퇴 정면 치기

바꿔 밟고서의 정면 치기

준비자세의 발에서 바꿔 밟기를 다시 원래의 발로 되돌아간 즈음에 서 치는 정면 치기로 제자리이니까 방어자세도 움직이지 않는다. 앞에도 언급했지만 이것은 처음 칠 때에 오른손에 힘이 들어가서

바꿔 밟고서의 정면 치기

몸이 반신(반 좌향으로 향한다)이 되거나 뒷발이 벌어지는 당목족이 되거나, 발의 방향이 분명치 않거나 하는 것을 고치기 위한 것이다.
① 치는 거리. ② 바꿔 밟으면서(왼발이 앞) 휘둘러 올린다. ③ 바꿔 밟음(준비자세의 발)과 동시에 공격한다.

전진 후퇴 비약하면서의 정면 치기

휘둘러 올리면서 획 비켜서고 뛰어 나가서 치는 것이 전진 후퇴 비약의 정면 치기이다. 처음은 느린 동작으로 타이밍, 발의 움직임과 치기가 일치하도록 연습하지만 익숙해지면 빠른 움직임으로 해 봅시다. 학습에서는 흔히 사용되며 '얼굴' '얼굴' 이라고 숨도 돌릴 틈 없는 템포로 실시한다. 강한 치기, 호흡, 체력을 키우는 동작이기도 하다.

그리고 이것은 다음에 나오는 내딛어 치기로 이어지는 것이다. 또한 당겨서 친다고 하는 치기를 몸에 익히는 데에도 도움이 된다. 사진은 139페이지이다.

① 치는 거리. ② 비켜 서면서 휘둘러 올린다. ③ 앞으로 뛰어 들면서 친다. 이것을 반복한다.

중요한 점

빠른 템포로 실시할 수 있게 되도록 한다. 리듬을 타듯이 같은 빠른 장단으로 반복한다. 어느 정도 계속해서 할 수 있게 되느냐가 하나의 목표이다. 움직임이 빠르고 격렬하기 때문에 끝나면 숨이 차고 심장이 두근두근할 정도이지만 이 격렬한 움직임이 민첩함이나 각력, 발의 세기를 기르는 것이다.

제1부──검도의 기초편　139

전진 후퇴 비약하면서의 정면 치기

1족 1도의 간격으로부터의 내딛어 정면 치기

크게 힘차게 내딛어 친다. 방어자세는 그대로이다. 간격을 두고 시작한다.

① 1족 1도의 간격. ② 준비한다. 받아내는 사람도 방어 자세가 된다. ③ 휘둘러 올린다. ④ 크게 내딛는다. ⑤ 쳤을 때에 왼발이 끌어 당겨져 있다.

1족 1도의 간격으로부터의 내딛어 정면 치기

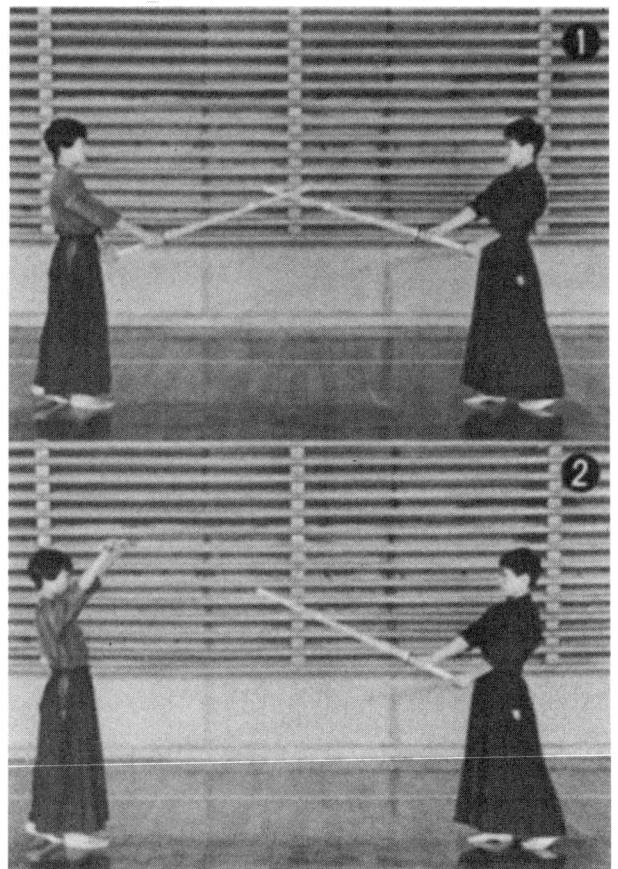

제1부——검도의 기초편 141

먼 간격으로부터의 내딛어 정면 치기

먼 간격으로부터 치기 위해서는 1보 전진하든가 연결 스텝을 하고 나서 내딛어 친다.

이것은 연결 스텝을 하고 크게 내딛어 치기이다. 방어자세는 움직이지 않는다.

① 먼 간격. ② 준비한다. ③ 연결 스텝을 한다. ④ 휘둘러 올리면서 크게 내딛는다. ⑤ 쳤을 때 뒷발이 끌린다.

▶ 먼 간격 으로부터의 내딛어 정면 치기

제1부——검도의 기초편 143

중요한 점

어느 공격이나 지금까지 배운 발놀림과 치기가 일체가 된 것이다. 치기는 발을 사용해서 전신으로 친다고 하는 점을 잊지 않도록 합시다. 발의 움직임과 팔의 휘두르기가 함께 움직임이 빠르고, 정확하게 공격할 수 있도록 연습한다. 받아내는 사람도 치는 상대와 마음이 딱 맞도록 노력합시다.

당신은 초보 검사에 끼일 수 있는가

 방호구를 착용한 치기의 학습에 들어가기 전에 지금까지의 학습에서 여러분이 초보 검사로서 어느 정도 진보하고, 변했는지 스스로 점검해 보자.

 여기에 든 18항목은 지금까지 배우지 않으면 안되는 당연한 것뿐이다. 15항목은 필수적으로 되어 있어야 한다.

 만일 실행되고 있지 않은 것이 있다면 곧 고칠 노력을 합시다.

 1. 소지품에 이름이 쓰여 있다.
 2. 도장에 들어갈 때나 집에서나 벗은 신발은 가지런히 놓는다.
 3. 큰 소리로 인사를 할 수 있다.
 4. 발랄하게 대답을 할 수 있다.
 5. 선생님의 질문에 확실히 대답할 수 있다.
 6. 도복을 스스로 입을 수 있다.
 7. 도복을 스스로 개킬 수 있다.
 8. 도장의 교훈을 술술 말할 수 있다.
 9. 십분간의 정좌가 가능하다.
 10. 호령에 따라 곧 정렬이 가능하다.
 11. 입례, 좌례를 할 수 있다.

12. 학습중에 떠들지 않는다.

13. 학습 때에 '얼굴'이라고 큰 소리로 기합 소리를 지를 수 있다.

14. 죽도를 사용해서 놀거나, 장난치거나 하지 않는다.

15. 죽도를 점검해서, 망그러지거나, 상처난 부분을 조사할 수 있다.

16. 도장 청소를 싫어하지 않고 선두에 서서 한다.

17. 물건을 잃어 버리지 않는다.

18. 집에 돌아와서 발놀림이나 휘두르기를 정확히 복습한다.

제2부

검도의 수련편

□제2편의 목표와 사용법

방호구를 착용한 대인 동작(상대가 있다)에 들어간다.
여기에서 배우는 것도 역시 기본이 되는 치고 찌르기와 기본이 되는 수이다.
1편째와 같은 움직임이 되겠지만 앞에도 서술했듯이 이 반복이 초보자 검도의 초기 1년은 매우 중요하게 된다.
방호구를 착용하고 연습에 들어가서 잘 되지 않을 때에는 1편째로 되돌아 가서 복습해 본다.
그리고 '공격해서 친다'고 하는 단계에 들어간 이 2편째에서는 처음은 천천히 확실하게 연습한다. 기본이기 때문에 모양만을 익혀서 손재주로 친다. 치는 방법의 순서를 익힌다고 하는 일이 없도록 확실히 몸에 익히도록 하자.
참고가 되도록 많은 기본 치기나 수의 포인트를 알수 있는 분해 사진과 실제의 움직임, 흐름을 알 수 있는 것 같은 연속 사진을 각각의 치고 찌르기 수에 실었다.
또한 시합에 대해서는 언급하고 있지 않다. 기본을 배우는 1년 간은 시합을 시키지 않는 곳이 많고 이것은 기본이 몸에 배지 않는 동안은 위험하다고 하는 사실과 검도를 배우는 목적이 시합에 이기는 것이 아니라는 사실을 가르쳐 주기 위해서다.

시합의 승리는 초보자에게 있어서 학습의 자극이 된다. 또한 시합은 성장하는 초보자의 몸과 마음, 기술 향상의 기준도 된다. 그렇지만 기본을 충분히 몸에 익히지 않고 시합을 목표로 하면 어떻게 될까?

예를 들면 기본 치기를 남보다 시간을 들이지 않으면 배울 수 없는 초보자가 있다고 한다. 솜씨 좋은 초보자에게 뒤떨어진다고 해도 이 별로 솜씨가 좋지 않은 초보자가 시간을 들여서 확실히 기본을 몸에 익혔다면 장래 시합에 출전 했을 때에 솜씨 좋고 대충 기본을 배운 초보자보다 반드시 좋은 결과를 낳는다.

많은 경험에서 얻은 '기본 제일'이라고 하는 점에서 2편째도 기본으로 시작되고 기본으로 끝났다.

□수련편의 내용과 학습법의 순서

기본이 되는 치고 찌르기
1. 방호구(防護具)를 착용한다.
- 방호구의 명칭, 착용방법을 배운다.
2. 치고 찌르기 부위
- 치는 장소의 명칭, 올바른 치기의 위치를 안다.
3. 얼굴 치기
- 방어자세에 대해서 정면치기를 배운다.

4. 얼굴 연속 좌우치기
  ● 연속 좌우치기를 배운다.
5. 팔뚝 치기
  ● 팔뚝 치기를 배운다.
6. 몸통 치기
  ● 몸통 치기를 배운다.

기본이 되는 수
1. 준비 수
기선제압 수
후려치기 수
물러나기 수
연속 수
  ● 기본을 응용한 수의 초보로 기선제압 수, 후려치기 수, 물러나기 수, 연속 수의 초보 수를 각각 배운다.
2. 응용 수
빼기 수
비벼 올림 수
뒤집기 수
  ● 기본을 응용한 수로 빼기 수, 비벼 올림 수, 뒤집기 수의 초보를

각각 배운다.

　학습

　　• 도장에서 하는 각각의 학습 내용을 설명한다.

　검도에서 흔히 사용되는 말

　　• 전통 속에서 탄생한 검도의 말을 설명한다.

제1장
기본이 되는 치고 찌르기

　입문해서 3개월, 긴 경우 반년 지나면 겨우 방호구(防護具)를 착용한 학습이 허용된다.

　발의 움직이는 방법, 죽도의 치는 방법, 검도의 기본이 되는 동작을 확실히 몸에 익혔으면 방호구를 착용한 기본 동작도 어려운 것은 아니다. 보다 정확하게 치는 훈련이 시작된다. 단, 처음에는 호완을 착용한 손이 일직 호면을 착용하고 치켜 올린 팔 등 호면을 쓰지 않고, 호구를 쓰지 않을 때와는 느낌이 다르기 때문에 앞에서 배운 기본대로 해 봅시다.

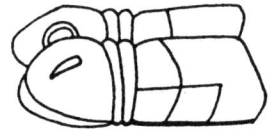

방호구를 착용한다

검도는 서로 공격해서 치는 격투기다.

방호구를 착용한다고 하는 것은 드디어 그 서로 공격해서 치는 대인(對人) 동작에 들어간다고 하는 것을 의미한다. 방호구의 착용 방법 그리고 치고 찌르기의 장소 등을 우선 배운다.

방호구의 명칭과 착용 방법

□방호구의 착용 방법

입문하고 수 개월이 지났기 때문에 끈을 묶는 데도 익숙해졌을 것이다.

방호구는 자신의 몸을 지켜 주는 중요한 것이다. 자신의 손으로 옷을 입을 수 있도록 연습하자.

□죽도, 호면, 호완을 들고 앉는다

학습이 시작되기 전에 도장에서는 갑상과 갑만을 착용하고 죽도, 호면, 호완을 놓고 선생이 말씀하시기를 기다린다. 학습 후도 호면, 호완을 벗고 죽도를 놓고 정좌한다. 이 벗은 호면이나 호완, 수건을 두는 위치는 도장에 따라 조금씩 다르지만 한 가지 형태를 소개해 보기로 한다.

• 방호구의 명칭

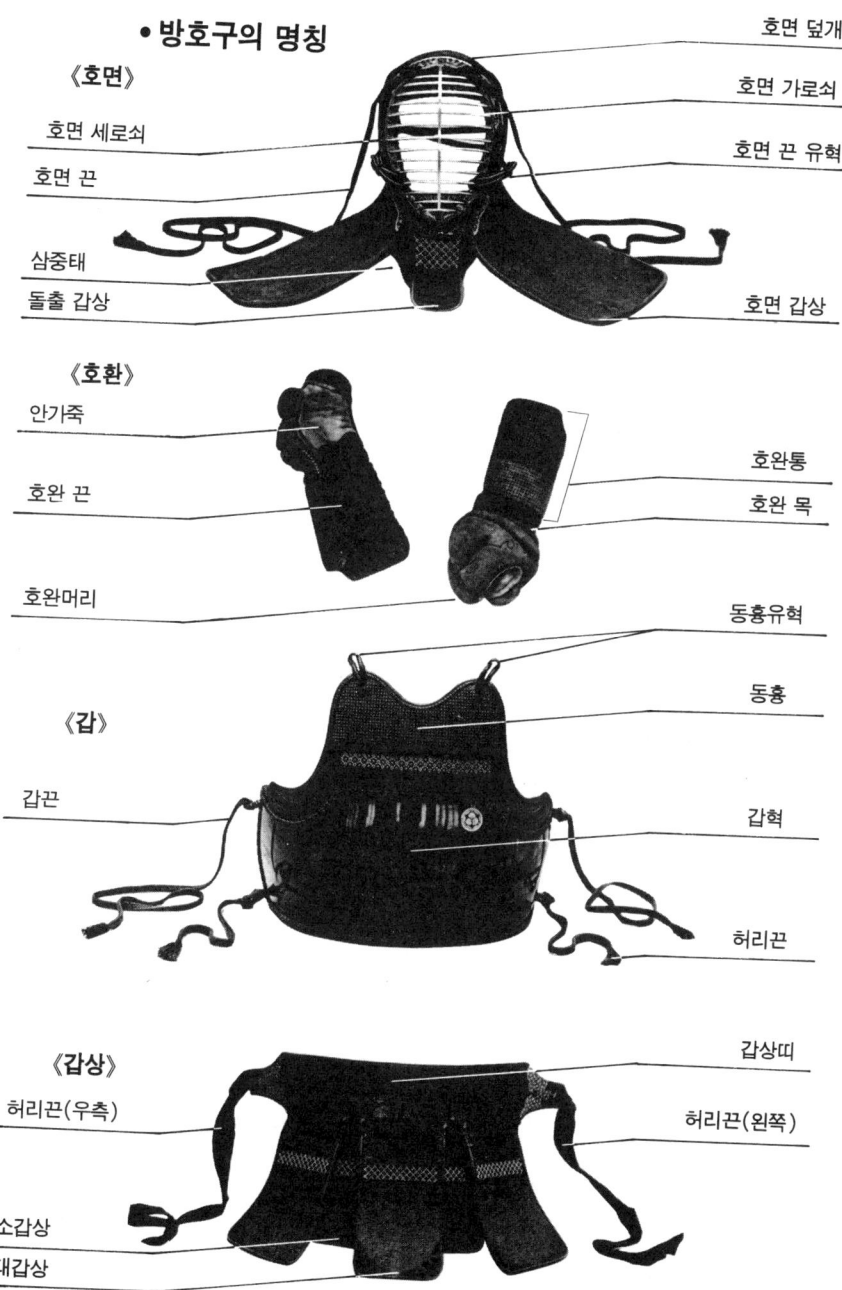

• 갑상을 착용한다

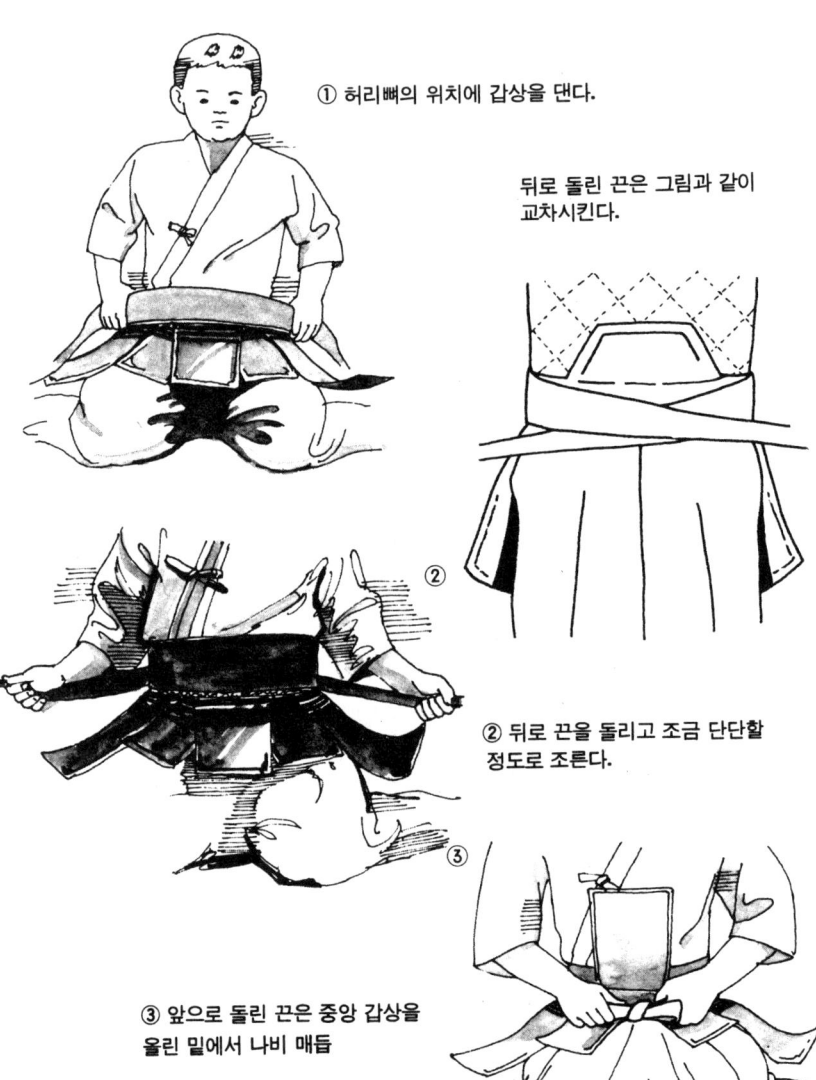

① 허리뼈의 위치에 갑상을 댄다.

뒤로 돌린 끈은 그림과 같이 교차시킨다.

② 뒤로 끈을 돌리고 조금 단단할 정도로 조른다.

③ 앞으로 돌린 끈은 중앙 갑상을 올린 밑에서 나비 매듭

•갑을 착용한다

① 갑을 들어 가슴에 댄다.

② 좌우의 갑끈을 등에서 대각선이 되도록 돌려서 어깨로 가져 온다. 등의 끈의 모양.

③ 갑의 유혁으로 끈을 통과시킨다.

• 수건을 쓴다

① 수건의 양끝을 쥐고 앞쪽으로 비켜놓듯이 쓴다.

③ 오른손으로 돌린 수건의 끈을 뒤에서 누르고 또 한쪽을 겹친다.

② 후두부에서 수건을 떼지 않도록 해서 오른쪽을 얼굴의 왼쪽으로 돌린다.

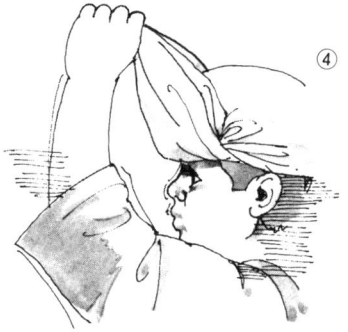

④ 겹친 수건의 끝을 위로 들어 올린다.

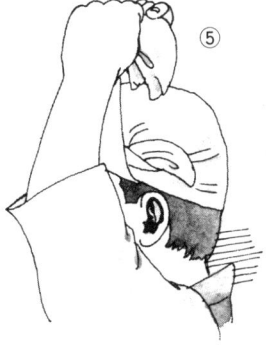

⑤ 수건의 끝을 말아 내려서 단단히 머리에 누른다.

⑥ 수건을 다 쓴 장면

• 호면과 호안을 착용한다

① 호면끈을 늦춰서 턱에서부터 얼굴을 넣고 호면의 안쪽 테에 얼굴을 밀착 시킨다.

② 후두부의 위치를 정하고 단단히 조른다.

③ 호면을 단단히 조른다.
④ 호면끈을 묶는다.

⑤ 단단히 나비 매듭으로 하고 양쪽 같은 길이가 되도록 한다.

⑥ 끈의 길이는 약 40센티, 올바른 묶는 법
⑦ 양끈을 가지런히 한다.

⑧ 호완을 오른손 부터 착용한다.

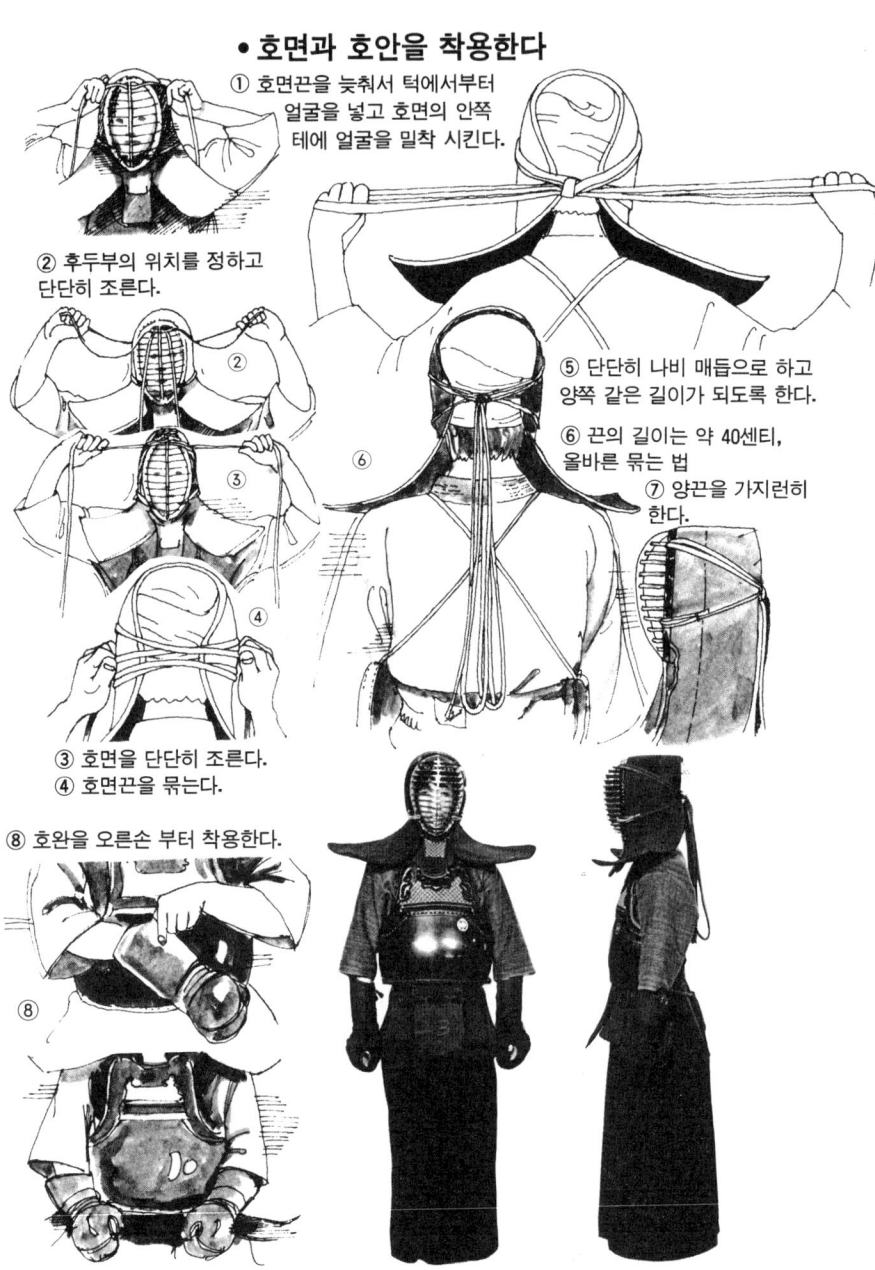

방호구를 다 착용한 모습

① 호완을 호면 속에 넣어 오른손에 들고 죽도는 왼손에 든다.
② 양 무릎을 붙이면서 죽도를 자신의 왼쪽에 놓는다.
③ 앉으면 오른손의 호면 속에서 호완을 꺼내 자신의 오른쪽 앞에 옆으로 해서 놓고 그 위에 호면을 얹는다.
④ 양손을 넓적다리에 놓고 정좌 자세가 된다. 이 다음에 인사를 하고 그 다음에 수건을 쓰고 호면을 착용하고 호완을 착용한다.

검도 도구의 정리방법

뒷 처리를 정확히 한다고 하는 것도 검도를 배우는 데 있어서 중요한 점이다.

자신의 검도 도구를 중요시 여긴다고 하는 사실과 동시에 몸을 지키는 검도 도구를 학습이 끝나면 자신의 손으로 정리할 수 있도록 연습하자.

• 갑과 갑상의 정리법

① 갑위에 소갑상을 겉으로 해서 얹고 갑끈을 쥐고 단단히 갑상을 조여서 십자로 하여 갑을 뒤집는다.

② 갑안에서 나비 매듭으로 한다.

③ 갑상의 허리끈을 가볍게 안쪽으로 당겨 원안에 그림과 같이 갑 끝에 걸고 끈을 바깥으로 꺼낸다.

④ 양쪽으로 나온 끈을 갑상 위에서 나비 매듭으로 하고 완성.

• 호면과 호완의 정리법

① 호면끈은 풀어 그림과 같이 양손에 쥐고 길이를 맞춘다.

② 2개와 4개의 끈을 나비 매듭으로 한다.

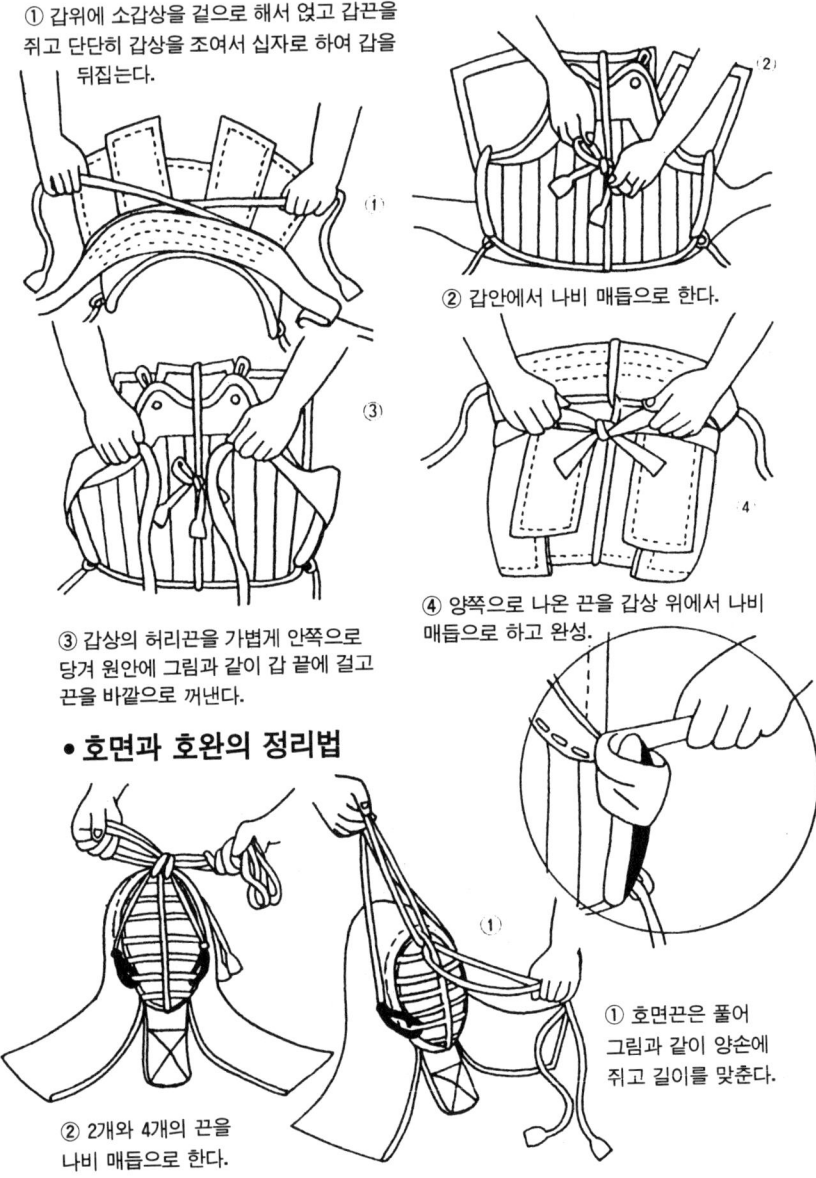

제2부──검도의 수련편 163

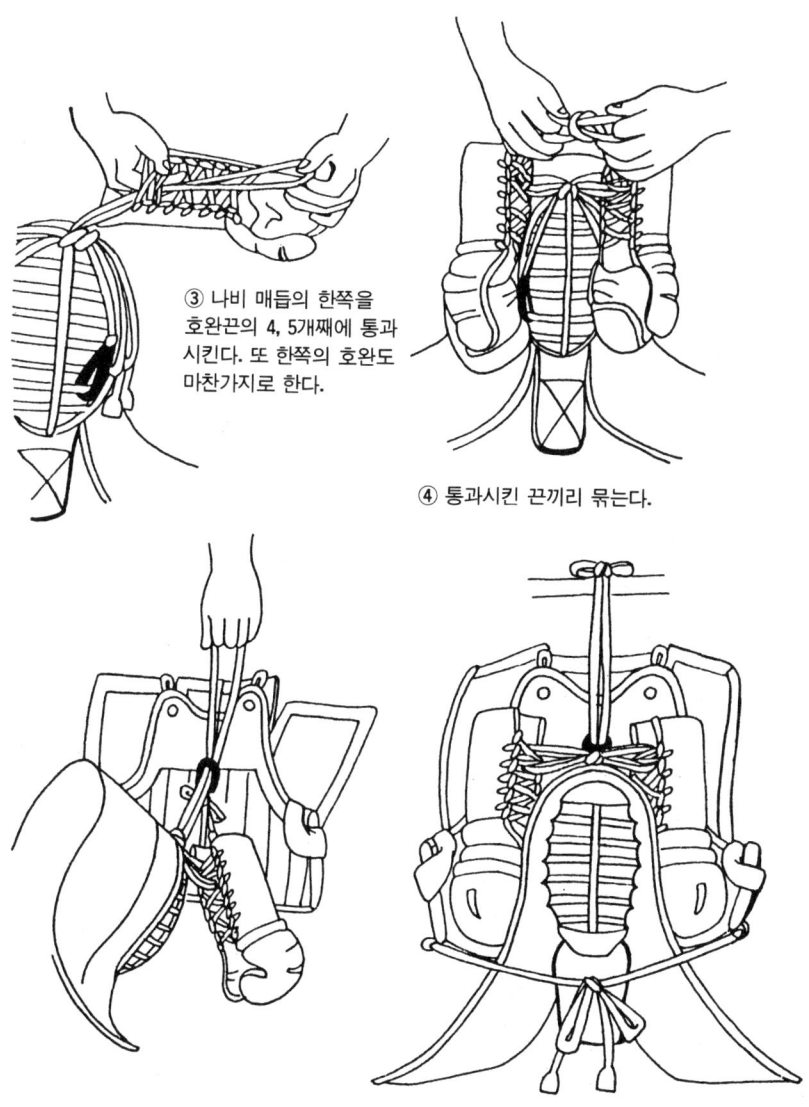

③ 나비 매듭의 한쪽을 호완끈의 4, 5개째에 통과시킨다. 또 한쪽의 호완도 마찬가지로 한다.

④ 통과시킨 끈끼리 묶는다.

⑤ 남긴 호면끈을 갑안쪽의 유혁에 통과시킨다.

⑥ 갑의 허리끈을 묶고 방호구의 결속(매듭)이 완성.

치고 찌르기 부위 (치는 장소)

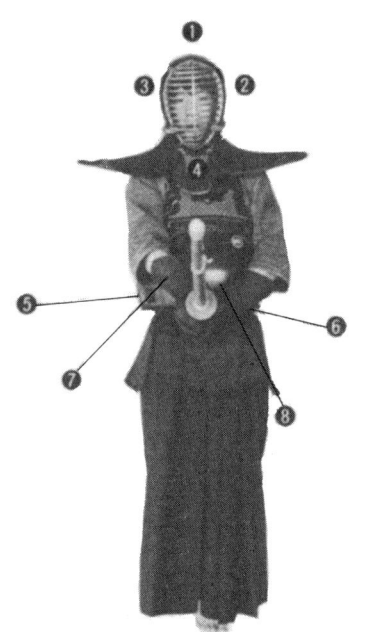

① 정면

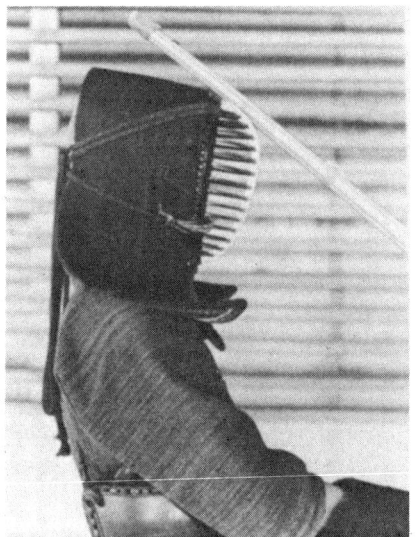

정면(옆)

치고 찌르기 부위라고 하는 것은 방구를 착용한 정면, 좌면, 우면, 팔뚝, 오른쪽 몸통, 왼쪽 몸통으로 검도에서 올바르게 치는 장소를 가리킨다.

제2부——검도의 수련편 165

② 좌측 얼굴

④ 목 찌르기

③ 우측 얼굴

⑤ 우측 몸통

⑦ 팔뚝

⑥ 좌측 몸통

⑧ 상단에 대한 팔뚝

정면 치기

얼굴 치기

얼굴 치기에는 정면 치기, 좌면 치기, 우면 치기가 있다.

각각 올바른 장소(치고 찌르기 부위)에 올바르게 치도록(치고 찌르기 부위를 친다) 주의해서 하나 하나 확실히 친다.

좌면 치기와 우면 치기는 각각 1개씩 쳐들어가는 연습도 있지만 계속해서 좌, 우로 치는 연속 좌우 얼굴치기 이것을 되받아치기라고 하며 학습 중에서 매우 중요시 여겨지고 있다.

그래서 이 항에서는 정면 치기 다음에 별도로 자세히 언급해 보았다.

정면 치기

앞의 호면을 쓰지 않고 배운 정면 치기의 복습이다. 발의 움직임과 함께 치기의 기본을 배운다.

□ 정면 치기의 방어 자세

거의 어깨폭 넓이로 든다.

□ 제자리 정면 치기

제자리에서 확실히 정면으로 쳐들어가 본다.
① 올바른 정면 치기의 위치를 확인한다. ② 크게 휘둘러 올린다.
③ 정면을 쳐들어 간다. 방어도 죽도로 받아낸다.

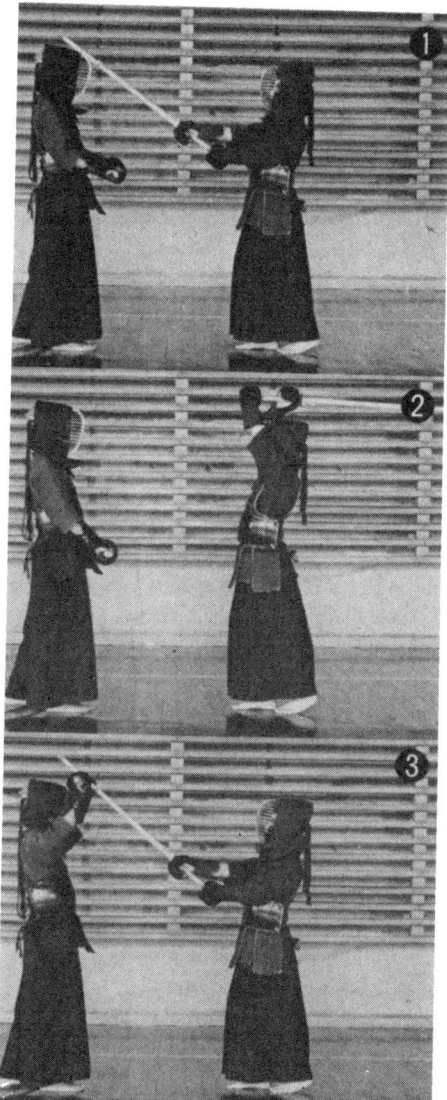

◀ 제자리 정면 치기

◀ 전진 후퇴 정면 치기

□ 전진 후퇴 정면치기

방어도 치기에 맞춰서 리듬을 타고 이동 스텝으로 후퇴, 전진해서 받아낸다. ① 정확히 치는 거리를 측정한다. ② 1보 앞으로 내딛으면서 휘둘러 올린다. 방어는 1보 물러난다. ③ 왼발을 끌어 당기고 쳐들어간다. ④ 왼발을 뒤로 밀면서 휘둘러 올리고 방어는 1보 앞으로 내민다. ⑤ 오른발을 끌어 당겨 쳐들어 간다.

□ 발 바꾸어 정면 치기

제자리에서 치는 것이기 때문에 처음에 정확히 치는 위치를 측정한다. 발 바꾸기는 2동작이고 치기는 한 번이다. ① 방어 자세에 친 거리부터 시작한다. ② 발을 바꾸면서(왼발 앞) 휘둘러 올린다. ③ 발을 바꾸면서(오른발 앞) 쳐들어 간다.

◀ 발 바꾸어 정면 치기

□전진 후퇴 비약 정면 치기

뛰어 내리면서 휘둘러 올리고 앞으로 달려가서 친다. 방어는 움직이지 않는다. ① 치는 거리를 측정한다. ② 뛰어 내리면서 휘둘러 올린다. ③ 앞으로 달려 감과 동시에 친다.

▶
전진 후퇴 비약
정면 치기

□ 앞으로 내딛어 정면 치기

크게 1보 앞으로 내딛어 얼굴을 친다. 여기에서는 직접 얼굴로 쳐들어가 본다. 174페이지의 사진을 보자. ① 1족 1도의 간격. ② 크게 휘둘러 올린다. ③ 크게 기운을 내서 앞으로 내딛는다. ④ 얼굴을 친다.

□ 먼 간격에서의 1보 쳐들어가 정면 치기

먼 간격에서이기 때문에 1보 이동 스텝 혹은 연결 스텝으로 쳐들어가는 기분으로 나가 분기하여 앞으로 내딛는다. ① 먼 간격. ② 1보 이동 스텝으로 앞으로 나간다. ③ 분기해서 휘둘러 올린다. ④ 크게 앞으로 내딛는다. ⑤ 얼굴을 친다.

□ 앞으로 내딛어 얼굴을 치고 전진

1족 1도의 간격에서 기세 좋게 내딛어 쳐들어 가서 그 전진하는 여세(기세의 힘)가 계속된다. 방어도 동시에 뒤로 물러난다. 방어가 함께 뒤로 물러나는 것은 서로 간격의 감각을 느끼고 발의 훈련이 되기 때문이다.
① 1족 1도의 간격. ② 크게 휘둘러 올린다. ③ 기세 좋게 내딛어 전진하면서 얼굴을 친다. ④ 그대로 전진한다. 방어도 동시에 뒤로 물러난다. ⑤ 그 자세가 계속 된다.

174

► 먼 간격에서의 11보 공격해 들어가기 정면 치기

▼ 앞으로 내딛어 정면 치기

◀ 앞으로 내딛어
치고 전진

□ 몸 부딪힘

몸 부딪힘은 상대에게 몸을 부딪혀서 쓰러뜨리는 게 아니다. 뛰어 들어가듯이 치고 그 여세(뛰어 들어간 힘)로 상대의 자세를 무너뜨려서 틈을 만들어 실수 있도록 하기 위한 것이다. 전진한 강한 몸 부딪힘의 여세로 무너뜨리는 이것이 중요하다. ① 1족 1도의 간격. ②

▶ 몸 부딪힘

휘둘러 올린다. ③ 크게 앞으로 내딛어 얼굴을 친다. ④ 날밑으로 받아서 밀어댄다. ⑤ 자신의 죽도를 잡은 손목을 조금 내리고 허릿심으로 상대를 쑥미는 듯한 기분이다.⑥ 자신의 허리로 상대의 허리를 미는 듯한 날밑 밀어대기로 상대를 밀어 떨어뜨려서 자세를 무너뜨린다.

사용하기 쉬운 방호구의 구별법

　방호구 한 벌을 갖추는 것은 도장의 선생이 지도해 준다. 갖추는 시기도 도장에 따라 다르지만 좋은 방호구의 구별법을 설명하겠다.
　방호구는 자신의 몸에 맞는 것이 좋다.
　호면은 착용하면 얼굴에 닿는 안쪽테가 단단히 닿는 확실한 것이 좋다.안쪽테에 턱을 얹고 나서 안쪽테 전체를 얼굴에 밀어 붙이듯이 한다. 얼굴에 맞으면 가볍게 느껴진다. 움직여 보고 무겁게 느끼거나 죽도를 맞았을 때에 비뚤어져 버리는 것은 너무 크기 때문이다.
　다음에 호면쇠를 통해서 밖이 잘 보이고 호면쇠가 마음에 걸리지 않느냐라고 하는 점이다. 또 하나 호면갑상이 쑥 위로 올라가 있느냐 어떠냐도 중요하다.
　호완은 끼워 보고 너무 커도 안 되고 반대로 손가락 끝이 걸리는 것 같아도 안 된다. 손을 넣었을 때 손목의 접히는 부분이 정확히 위치에 와 있느냐 어떠냐도 중요하다. 통이 손목보다 위가 되어서는 작고 반대로 아래가 되는 것 같아서는 크다고 말할 수 있다.
　갑은 조금 여유가 있는 것이 좋다고 하지만 소년의 경우는 거의 지나치게 충분할 만큼 여유가 있다. 소년에서는 가격이 싼 파이버 갑이 사용되지만 이것은 가볍기 때문에 소년에게는 사용하기 쉽다고 말할 수 있다. 갑상은 대갑상의 좌우 2장이 허리 옆에 정확히 오는 것으로 무겁게 느껴지지 않을 정도로 두꺼운 것이 좋다.
　또한 방호구는 사용한 후 그대로 나두면 손상이 빨라진다. 반드시 건조시키도록 하자.

되받아치기

공간 치고 찌르기의 부분에서 조금 언급했지만 좌우면을 계속해서 치는 것이 되받아 치기다.

되받아 치기라고 하는 학습은 검도의 기본 치기를 배우는 데 있어서 매우 중요한 것이라고 한다. 이 동작은 검도에 필요한 몸의 움직임, 기합 소리, 손바닥, 간격, 호흡, 발놀림 등 모두가 들어 가 있기 때문이다.

평소 도장에서는 학습 시작이나 끝에 '되받아치기 시작'이라는 구령과 함께 원립(방어)으로 쳐들어간다. 이것은 공격 되받아치기다. 이것만이 되받아치기라고 생각하고 있는 사람도 많은 것 같다.

그렇지만 되받아치기는 계속되는 좌우면의 치기부터 시작되고 있는 것이다.

되 받아치기 좌측 얼굴

되 받아치기 우측 얼굴

우선 제자리 좌우면의 되받아치기부터 발의 움직임이 수반된 연속 되받아치기(좌우 얼굴 치기) 그리고 공격 되받아치기로 끝난다.

□되받아치기의 방어자세

되받아치기는 죽도로 받아낸다. 방어도 중요한 공부다.
방어에 있어서는 좌측이 되는 좌면으로부터 공격을 받는다.
우선 죽도를 정중선에 맞추듯이 몸 한가운데에 똑바로 세워 들고 치는 손의 움직임, 즉 처음의 치기가 좌면이기 때문에 상대의 휘둘러 올림과 동시에 왼쪽으로 잡아 끌듯이 방어에 들어간다. 다음에 휘둘러 올리는 것에 따라서 정중선을 지나 오른쪽으로 죽도를 잡아 끈다. 잡아 끈다고 하는 것은 맞는 장소에 가깝게 그리고 상태가 치기 쉽게 자신도 맞는 느낌을 파악하기 쉬운 장소라고 하는 의미다. 몸 앞에서 죽도를 좌우로 이동시키는 정도가 아니다.

제2부——검도의 수련편 181

좌측 얼굴을
막은 형태

정중선을 통과한다.

우측 얼굴을 막는
형태

연속 되받아치기(연속 좌우면 치기)

중단의 자세에서 크게 휘둘러 올려 좌면을 치고 손을 뒤집으면서 휘둘러 올려 우면을 치는 이것을 반복하는 것이 연속 되받아치기다. 처음에·제자리에서의 되받아치기, 좌우면을 정확히 쳐 본다.

□제자리 되받아치기

좌우면의 기본 치기이므로 처음에는 천천히 정확하게 치고 받아내 본다. ① 치는 거리를 측정한다. ② 휘둘러 올린다. 방어는 동시에 좌면의 치고 찌르기 부위 가까이로 죽도를 잡아 끈다. ③ 좌면으로 쳐들어 간다.④ 휘둘러 올린다. 방어는 휘둘러 올림에 따라서 우면으로 잡아 끈다. ⑤ 우면으로 쳐들어 간다.

□전진 후퇴 되받아치기

이동 스텝에서의 전진, 후퇴 되받아치기다.185페이지의 사진을 보자. ① 치는 거리를 측정한다. ② 이동 스텝으로 1보 앞으로 나가면서 휘둘러 올린다. 방어도 이동 스텝으로 뒤로 물러난다. ③ 좌면으로 쳐들어 간다. ④ 이동 스텝으로 뒤로 물러나면서 휘둘러 올린다. 방어도 이동 스텝으로 1보 나간다. ⑤ 우면을 친다.

제2부——검도의 수련편 183

▼ 제자리 되받아치기

◀ 전진 후퇴
되받아치기

186

□ 발 바꾸어 되받아치기

이것은 연습에 포함시키지 않는 도장도 있지만 앞으로 언급했듯이 발 바꾸기는 발의 자세를 바르게 취하기 위해 효과 있는 연습이다. ① 치는 거리를 측정한다. ② 발 바꾸면서 휘둘러 올린다. 왼발이 앞. ③ 발 바꿔서(오른발이 앞) 좌면을 친다. ④ 발을 바꾸면서 휘둘러 올린다. 왼발이 앞. ⑤ 발 바꿔서 우면을 친다.

▼ 발 바꿔 되받아치기

188

□ 전진 후퇴 비약의 되받아치기

이것도 앞의 발 바꿔 되받아치기와 같은 목적으로 실시하는 것이다. 방어도 치기와 함께 비약하면 보다 효과적이다. 사진은 190, 191페이지이다.
① 치는 거리를 측정한다. ② 뛰어 내리면서 휘둘러 올린다. ③ 앞으로 뛰어 나가면서 좌면을 친다. ④ 뛰어 내리면서 휘둘러 올린다. ⑤ 앞으로 뛰어 나가면서 우면을 친다.

중요한 점

템포를 탄 빠른 움직임을 할 수 있게 된다. 그렇지만 올바른 자세로, 올바르게 좌, 우로 친다고 하는 것이 우선 첫째다. 손끝으로 치는 게 아니라 크게 왼손을 이마 위까지 올리듯이 휘둘러 올려서 친다. 또한 발의 움직임과 치기가 하나의 동작이 되도록 주의한다.

계속해서 실시해 보자. 예를 들면 전진 후퇴 되받아 치기를 쉬지 않고 계속해서 해 본다. 큰 소리를 지른다. 칠 때에 '얼굴' '얼굴'하고 소리를 지른다. 템포를 잘 알 수 있을 것이다. 또한 계속해서 치는 사이에 칠 부분이 잘 보이게 된다. 팔이 잘 펴져 있으면 손의 쥠이 강해서 치기가 확실한 것을 잘 알 수 있을 것이다.

▼ 전진 후퇴 비약 되받아치기

제2부——검도의 수련편 191

□ 공격 되받아치기

학습 처음이나 마지막에 준비 운동이나 정리 운동으로서 흔히 이루어지는 공격 되받아치기는 중단의 자세에서 크게 휘둘러 올려 정면을 치고 그대로 휘둘러 올려 좌면부터 좌, 우, 좌로 계속해서 치고 전진하고 계속해서 후퇴하면서 우, 좌, 우, 좌로 치고, 다 쳤으면 왼발부터 당겨 1족 1도의 간격을 취하면서 중단의 자세를 취하고 다시 휘둘러 올려 정면을 친다, 고 하는 것이다. 치는 수는 1회의 공격 되받아치기에서 5, 7, 9판 등 홀수로 헤아려지고 있지만 처음은 숨이 차기 때문에 5판(개)치부터 시작한다.

예를 들면 정면을 친 후 전진하면서 좌, 우, 좌, 후퇴하면서 우, 좌, 우, 좌 그리고 간격을 잡아 정면을 친다. 이것은 7판의 되받아치기가 된다.

치기는 소리를 크게 지른다. 정면을 치고 '얼굴' 그리고 '얼굴' '얼굴'하고 연속해서 소리를 지른다.

되받아치기는 움직임이 격렬하고 그런 까닭에 아무 것도 생각하지 않고 열심히 상대를 쫓아 집중해서 실시하는 것이다.

올바르게 좌우면을 칠 수 있으면 정면을 칠 수 있다. 따라서 공격 되받아치기의 전과 후에 실시하는 정면 치기는 기본대로 치기가 몸에 배었는지 어떤지를 판단할 수 있는 것이기도 하다.

제2부──검도의 수련편 193

□앞으로 내딛어 좌면, 우면 치기

이것은 되받아치기의 연습은 아니지만 되받아치기와 깊게 관계가 있는 좌우면 치기다.

시합에서는 정확하게 좌면을 치면 유효 치고 찌르기(정확한 치기)1판이 되고 우면도 마찬가지다. 앞으로 내딛어 확실히 1판을 따고 다시 앞으로 내딛어 1판을 딴다,고 하는 앞으로의 유효 치고 찌르기의 기본 공부도 되기 때문에 이 항에서 들어 보았다. ① 1족 1도의 간격을 취한다. ② 휘둘러 올린다. ③ 앞으로 내딛어 좌면을 확실히 친다. 또한 우면을 치는 것도 같은 방법이다.(사진 ④)

▼앞으로 내딛어 좌측 얼굴, 우측 얼굴 치기

제2부——검도의 수련편 195

팔뚝 치기

팔뚝 치기

 팔뚝치기만의 연습은 얼굴 치기에 비해서 훨씬 적은 것 같다. 그 이유의 하나는 팔뚝에 맞는다고 하는 것은 방호구를 착용하고 있어도 매우 아프다고 하는 점을 들 수 있다. 그렇지만 팔뚝 치기는 시합에서 많고 유효 치고 찌르기(정확한 치기)가 되는 중요한 치기다.
 또한 팔뚝 치기의 기본 연습을 하면 칠 때의 팔뚝 허리 넣는 법, 손 쥐는 법 등 기의 기본이 되는 것을 많이 배울 수 있다. 얼굴이나 몸통과 달리 팔뚝 치기는 비스듬히 치거나 옆에서 치거나 해서 자세가 무너지기 쉬워진다. 그런 까닭에 정확한 치기를 몸에 익히기 위해서도 정확히 연습하지 않으면 안 되는 것이다.

　맞아서 아프다고 하는 문제점 해결하기 위해서 방어를 이용하여 연습한다.

　팔뚝을 칠 때의 죽도의 휘둘러 올림은 받아내는 상대의 오른쪽 팔뚝이 휘둘러 올린 자신의 양손 사이로 보일 정도로 휘둘러 올린다. 친 후는 반드시 검끝이 상대의 목 언저리를 가리키는 위치가 되도록 한다.

□**팔뚝의 방어자세**

어깨폭의 약 반폭으로 든다.

□**제자리 팔뚝 치기**

　제자리에서 정확하게 팔뚝으로 쳐들어 가도록 연습한다. 사선이나 옆에서 치는 일이 없도록 천천히라도 좋으니까 똑바로 확실히 친다. ① 치는 거리를 측정한다. ② 방어의 죽도를 잡은 손목이 보이는 데까지 휘둘러 올린다. ③ 똑바로 확실히 친다. ④ 검끝이 상대의 목 언저리를 향한다.

정면에서 본 방어 자세

옆에서 본 방어 자세

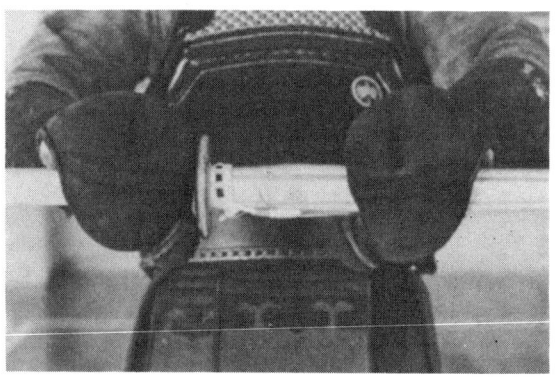

방어 자세의
죽도를 쥐는 폭

제2부——검도의 수련편 199

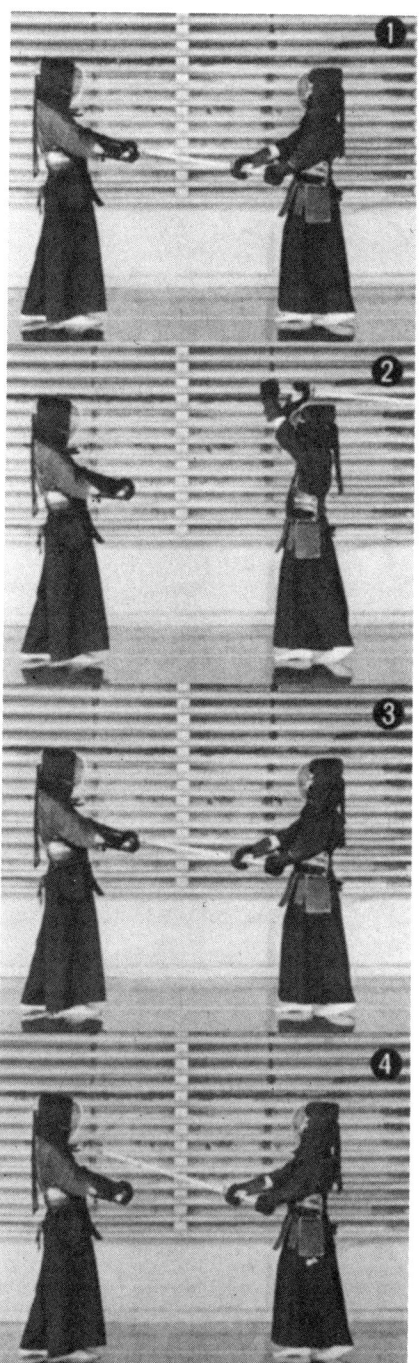

◀ 제자리 팔뚝 치기

□전진 후퇴 팔뚝 치기

발의 움직임이 들어간 팔뚝 치기다. 전진하고 후퇴해서 친다. 이제부터의 치기의 발 이동은 지금까지 몇 번이나 반복하여 얼굴 치기에서 배운 것과 같기 때문에 사진을 보고 이해하자. ① 치는 거리를 측정한다. ② 1보 나가면서 휘둘러 올린다. 방어는 뒤로 물러난다. ③ 팔뚝을 치고 검끝은 상대의 목을 향해 있다. ④ 1보 뒤로 물러나면서 휘둘러 올린다. 방어는 1보 나간다. ⑤ 팔뚝을 친다.

▼ 전진 후퇴 팔뚝 치기

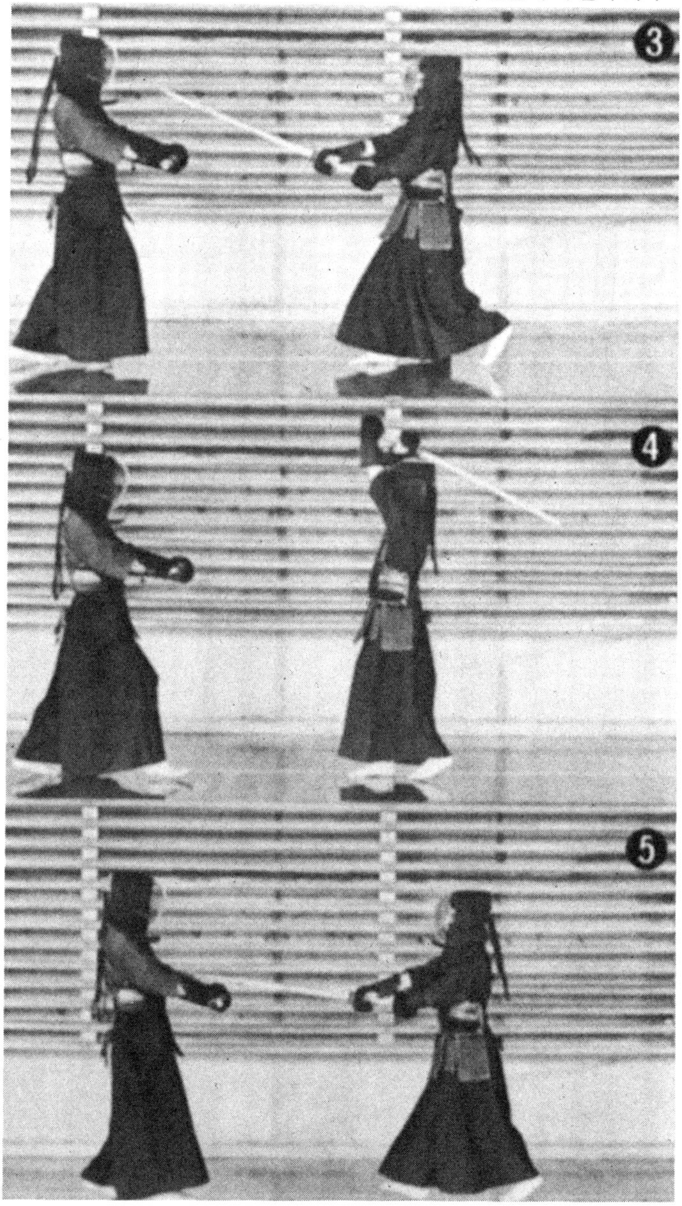

□앞으로 내딛어 팔뚝 치기

앞으로 내딛어 팔뚝을 친다. 202페이지의 사진을 보도록 하자.
① 1족 1도의 간격.
② 방어 자세를 취한다.
③ 휘둘러 올리면서 기세 좋게 앞으로 내딛는다.
④ 팔뚝을 친다.

▼ 앞으로 내딛어 팔뚝 치기

제2부——검도의 수련편 203

◀ 앞으로 내딛어
팔뚝 치고 전진

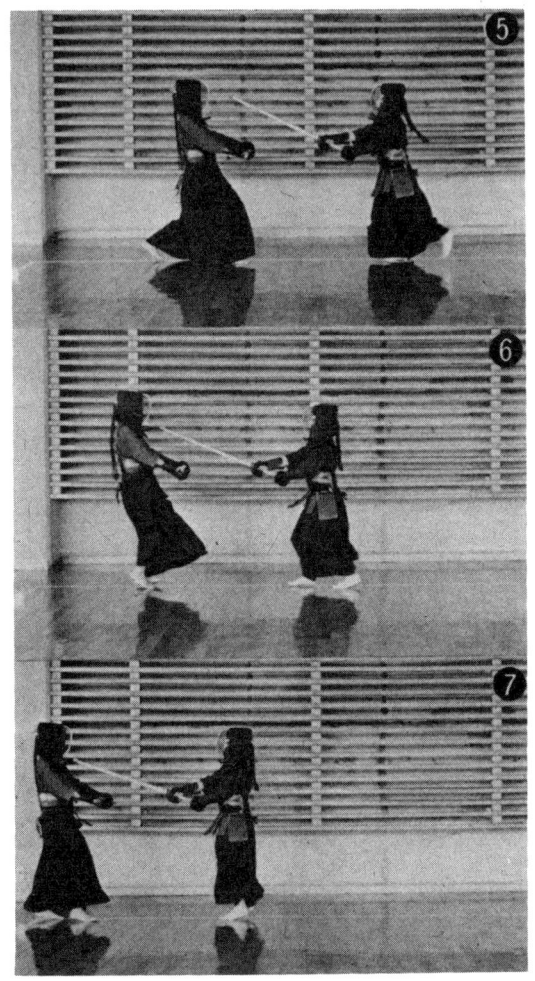

□ **앞으로 내딛어 팔뚝 치고 전진**

크게 앞으로 내딛는 기세로 치고 그 여세로 전진한다. 방어도 그 여세를 받아서 뒤로 물러난다. ① 1족 1도의 간격. ② 방어 자세를 취한다. ③ 휘둘러 올린다. ④ 분발해서 내딛어 친다. ⑤ 친 여세로 전진한다. ⑥ 여세의 전진, 검끝이 목 언저리를 향해 있다. ⑦ 여세가 계속된다.

지혜를 짜내어 연구하는 연습을 생각해 보자

검성(검의 신)이라고 불리는 타가노 사사부로오는 소년 시절에 할아버지로부터 여러 가지 엄격한 학습을 받았다.

예를 들면 몸의 밸런스를 마음대로 잡고 전진하거나 물러나거나 할 수 있게 되기 위해서 도장에 콩을 많이 뿌리고 그 위에서 학습을 받았다. 과감히 뛰어 들면 콩에 발이 채여서 쓰러져 버린다. 발 밑에만 신경을 빼앗겨서는 칠 수 없다.

또한 두껍게 눈가리개를 하고 시합도 했다. 눈가리개를 한 후 제자리에서 빙글빙글 몸을 돌려 자신의 방향이 어느 쪽을 향하고 있는지 전혀 모르게 되고 나서 준비자세를 취하는 것이다. 상대의 방향도 몰라 마루판을 치는 경우도 종종 있었다. 몇백 회 반복하는 사이 벽에 몸을 붙이고 차분히 상대의 움직임을 알게 되고, 발소리가 들리고, 호흡이 몸에 전해지게 되었다고 한다.

이런 대단한 학습을 반복해서 검성이라고 불리는 검사(檢士)가 되었다.

지금 이런 학습을 하면 모두 검도는 계속할 수 없을 것이다. 그러나 검도 학습이라고 하는 것은 도장 선생에게 배우는 것만을 한다고 하는 게 아니라 스스로 여러 가지 연구하고 노력해 보는 것이 중요하다.

일류 선수로서 고교나 대학에서 활약한 사람들은 각각 소년 시절부터 스스로 연구한 연습을 실시해 왔다.

마라톤이나 토끼 뜀 등의 체력을 키우는 트레이닝이나 나무에 끈을 매달고 과녁을 만들어서 이것을 향해 쳐들어 가는 등의 훈련도 이런 선배들의 노력의 하나다.

좌측 몸통 치기

우측 몸통 치기

몸통 치기

    몸통 치기는 되받아치기를 확실히 할 수 있게 되면 손쉽게 할 수 있다. 쳐 오는 상대를 보면 알 수 있지만 오른쪽 몸통이 비어 여기가 틈이 되기 때문에 오른발을 내딛고 오른쪽 몸통을 치는 것이 기본 치기법이다. 보통 초보자의 연습에서는 왼쪽 몸통(역 몸통이라고도 한다)은 치지 않지만 되받아치기를 확실히 연습하면 각도와 손의 뒤집기로 역몸통도 간단히 공격할 수 있다.

    몸통 치기의 죽도 휘둘러 올림은 휘둘러 올린 양팔의 사이로 상대의 몸통이 보이는 정도까지 올린다. 그리고 죽도는 머리위에서 비스듬히 베어 내리도록(가사 걸침)한다. 조금 더 자세히 설명하자면 휘둘러 올린 죽도를 머리 위에서 왼쪽으로 뒤집듯이 하고 오른발을 1보 앞으로 내딛었을 때에도 왼쪽 비스듬히 위에서 오른쪽 비스듬히 아래로 쳐 내린다. 몸통을 칠 때 왼손은 몸의 중심에서 벗어나지 않고, 쳤을 때 왼손이 오른손보다 위가 되지 않는다. 허리가 들어가 있다, 평치기가 되지 않는다, 등 칼줄기에 주의 한다.
발의 움직임과 함께 연습해 본다. 여기에서는 왼쪽 몸통(역 몸통)도 덧붙여 보았다.

□ 몸통의 방어자세

몸통으로 받아내는 것이기 때문에 그대로라도 괜찮지만 익숙치 않은 동안은 옆구리 아래를 직접 맞는 경우도 있으므로 사진과 같이 조금 몸을 비틀어서 몸통 한가운데로 받아 낸다.

□제자리 몸통 치기

크게 휘둘러 올려서 확실히 친다. 방어는 준비자세에서 상대가 휘둘러 올리면 죽도를 휘둘러 올려 몸통을 비운다. ① 치는 거리를 측정한다. ② 휘둘러 올린다. ③ 오른쪽 몸통을 친다.

▶
제자리 몸통
치기

□제자리 왼쪽 몸통 치기

제자리 몸통치기와 같지만 손 뒤집기에 주의한다. ① 치는 거리를 측정한다. ② 휘둘러 올린다. ③ 왼쪽 몸통을 친다.

◀
제자리 좌측
몸통 치기

□전진 후퇴 몸통 치기

손 뒤집기나 각도 등 치기 어려운 역몸통도 이것을 잘 할 수 있게 되면 몸통 치기(오른쪽 몸통)는 완전히 할 수 있다고 말할 수 있을 것이다. 그래서 왼쪽 몸통도 포함한 전진 후퇴 몸통 치기를 연습해 보자. ① 치는 거리를 측정한다. ② 이동 스텝을 하면서 휘둘러 올린다. ③ 왼쪽 몸통을 친다. ④ 이동 스텝으로 뒤로 물러나면서 휘둘러 올린다. ⑤ 오른쪽 몸통을 친다.

▼전진 후퇴 몸통 치기

제2부──검도의 수련편 211

□앞으로 내딛어 몸통 치기

앞으로 내딛어 친다. ① 1족 1도의 간격. ② 휘둘러 올린다. ③ 앞으로 내딛어 친다.

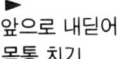
▶ 앞으로 내딛어
몸통 치기

□앞으로 내딛어 왼쪽 몸통 치기

앞으로 내딛어 몸통 치기와 같다. ① 1족 1도의 간격. ② 휘둘러 올린다. ③ 앞으로 내딛어 왼쪽 몸통을 친다.

◀ 앞으로 내딛어 좌측 몸통 치기

□앞으로 내딛어 몸통을 치고 전진

 기세 좋게 크게 앞으로 내딛어 몸통을 치고 그 여세로 전진한다. 이것을 받아 낸 상대도 함께 후퇴한다. 또한 이 분발한 동작은 몸통을 쳤을 때 왼손이 반드시 몸 중심에 있고 오른손보다 아래가 되는 훈련으로 올바른 몸통 치기를 배울 수 있다. ① 1족 1도의 간격. ② 휘둘러 올려 기세 좋게 앞으로 내딛는다. ③ 앞으로 내딛어 친다. ④ 여세로 전진, 방어도 후퇴. ⑤ 완전히 다 친다.

▼ 앞으로 내딛어 **몸통을** 치고 전진

제2장
기본이 되는 수

 상대와 자세를 취하고 서로 공격하는 것이 검도이기 때문에 기본 동작, 치기를 배웠으면 드디어 상대를 공격하는 수에 들어간다.

 그렇지만 고역하는 방법, 수는 몇 가지나 있고 그 때의 상황, 상대가 취하는 태도에 따라 여러 가지 변화한다. 검도 학습을 반복하고 실력이 늘어감에 따라서 여러 가지수가 점점 몸에 배는 것이다.

 그래서 '공격해서 친다'고 하는 검도의 기본에 따라서 여기에서는 기본이 되는 수를 들었다.

 지금까지 배운 기본 동작에 계속 이어진 것이다. 기본 동작이 확실히 몸에 배어 있지 않으면 이 수의 공부는 형태를 아는 정도로 끝나 버린다.

 어려운 수는 아니다. 공격해서 친다고 하는 수의 기본이 되는 것뿐으로 초보자에게 있어서는 알기 쉽고 앞으로의 학습에 유용한 것이다. 처음은 천천히 확실하게 연습해서 그 목표를 배운다.

 여기에 든 기본 수는 준비하는 수와 응용하는 수의 2종류 중에서 초보자에게 필요한 수다.

준비 수

준비하는 수라고 하는 것은 상대의 틈을 찾아 내고, 만들어서 치는 수다.

이 수에는 기선제압 수, 후려치기 수, 밀기 수, 연속 수(2,3단 치기의 수) 등이 있다.

상대의 마음이나 준비 자세의 틈을 찾아내서 치는 수와 상대를 공격하여 상대의 죽도를 후려쳐서 그 틈이 생긴 곳을 치는 수 두 가지로 나뉜다.

기선제압 수

검도에서는 흔히 '선'이라고 하는 것이 일컬어진다. 이것은 시합 때 등에 흔히 사용되어 기선을 제압한다. 즉, 상대에게 공격당하기 전에 공격한다고 하는 의미다. 상대가 쳐 오는 것을 막는 것만으로는 시합이 되지 않는다. 어떻게 상대가 공격하려고 하는 마음을 알고 공격당하기 전에 공격하느냐 그 적극성이 중요하다. '선'중에서도 '선선의 선'이라고 일컬어지는 것은 상대가 쳐 오지 않는 사이에 상대의 치려고 하는 마음을 헤아리고 먼저 친다고 하는 의미다.

이것을 표현한 하나의 수가 기선제압 수다.

1족 1도의 간격이라도 먼 간격이라도 가까운 간격이라도 이 수는 사용할 수 있지만 처음에 그 기회를 잡는 훈련으로서는 먼 간격에서가 좋을 것이다.

이것은 발의 움직임을 생각하면 천천히 연결 스텝이나 이동 스텝을 취하거나 해서는 '선선의 선'은 불가능하다. 상대의 마음의 움직임을 재빨리 알아 차리고 자신이 치는 것이기 때문에 지체없이 앞 발부터 내딛어 쳐야 한다. 육상 경기에서 말하는 스타트를 끊는 것 같은 기분으로 친다.

기선 제압수에는 기선 제압얼굴과 기선제압 손목이 있지만 이것은 상대가 취하는 태도, 상대의 검끝(죽도를 잡은 손목)이 올라가 있느냐 내려가 있느냐의 차이에 따른다.

□기선제압 얼굴

상대의 틈을 알아 차리는 것이기 때문에 준비하고 나온 상대의 죽도의 칼 끝(죽도를 잡는 손목)이 내려가서 얼굴이 보일 때 얼굴을 즉시 친다. 사진은 다음의 것 ① 1족 1도의 간격. ② 먼 간격을 잡는다. ③ 상대가 1보 나간다. 휘둘러 올린다. ④ 상대의 칼끝이 내려가면 재빨리 앞으로 내딛는다 ⑤ 얼굴을 친다.

▼ 기센 제압 얼굴

제2부——검도의 수련편 221

▶ 기선제압
팔뚝

□ **기선제압 팔뚝**

상대의 마음의 움직임을 파악하고 틈을 찾아 내서 쳐들어가는 것은 기선제압면과 같지만 목표는 손목이다. 상대의 칼끝이 올라갔을 때에는 팔뚝은 치기 쉬울 것이다. 기선제압면 만큼 휘둘러 올릴 필요는 없지만 상대의 팔뚝이 보일 정도로 휘둘러 올려 확실히 팔뚝을 친다. ① 먼 간격. ② 상대가 1보 앞으로 내딛음과 동시에 휘둘러 올린다. ③ 상대의 칼끝이 올라가 있다. 즉시 앞으로 내딛는다. ④ 팔뚝을 친다.

□ **후려치기 수**

후려치기 수는 상대의 죽도를 옆으로 후려서 틈을 만들어 치는 수다.

후려치는 방법에는 위(겉)로부터의 후려치기, 아래(뒤)로부터의 후려치기가 있지만 어떤 때에 어떻게 후려치느냐를 아는 것이 중요하다.

예를 들면 상대의 죽도가 휘청휘청 부드러운, 쥠이 나쁠(왼손의 쥠이 약하다) 때에 위에서 후려치면 상대의 죽도는 바로 아래로 떨어지고 틈이 생긴다. 반대로 죽도의 쥠이 단단하거나 찌르기를 걸어 올 때 아래에서 후려치면 죽도는 바로 위로 올라가서 틈이 생긴다.

또한 후려친다고 하는 동작은 상대에게 있어서 틈에 공격을 당한다고 하는 것이기 때문에 상대는 맞을 것 같은 빈틈을 감싼다. 그래서 상대의 예상을 배반하고 감싸서 빈 틈에 쳐들어간다고 할 수도 있다. 이것도 빈틈을 만들어서 친다고 하는 후려치기 수의 특징이다.
　위로부터의 후려치기에서는 얼굴과 몸통, 아래로부터의 후려치기에서는 팔뚝 얼굴, 몸통을 배운다.
　이 후려치기의 동작은 후려서 친다고 하는 하나의 움직임이기 때문에 후려치는 방법을 배우면 빠르고 확실하게 쳐들어가는 연습을 한다. 빠른 하나의 움직임이기 때문에 사진은 연속된 움직임을 알 수 있는 연속 사진과, 같은 동작을 하나씩 알기 쉽게 분해한 것을 실었다. 분해 사진으로 그 동작을 잘 보고나서 연속 사진과 같은 연속된 움직임으로 해 보자.

□위(겉)로부터의 후려치는 방법

　위에서 베어 떨어뜨리듯이 하는 것이 위로부터의 후려치기 방법이지만 이것은 처음은 좀처럼 하기 어려우므로 중단의 자세에서 상대의 왼쪽 어깨(가사 걸침)를 치는 듯한 기분으로 위에서 상대의 죽도를 왼쪽 아래로 후려친다. 위에서 본 후려치는 방법을 잘 참고하자. 그리고 후려 맞았을 때의 상대의 자세는 앞 페이지의 그림과 같이 된다. 후려치면 곧 죽도를 중심으로 되돌려서 상대를 치는 휘둘러 올림으로 이어진다. 즉 후려친다, 중심으로 되돌린다, 휘둘러 올려서 친다고 하는 동작이 일거동이 아니면 안 된다.
　후리면 곧 친다고 하는 일거동을 몸에 익히기 위해서 순서대로 연습해 본다. 처음은 상대의 죽도를 후려치는 연습을 반복한다. 그리고 후려치며 자신의 죽도가 중심으로 되돌아 오도록 몇 번이나 해 본다. 그리고 후려치면 곧 휘둘러 올려 칠 수 있도록 연속된 움직임을 연습한다. 이렇게 하면 하나의 동작, 일거동에서의 후려치는 방법이

• 위(겉)에서의 후려치기법 연습

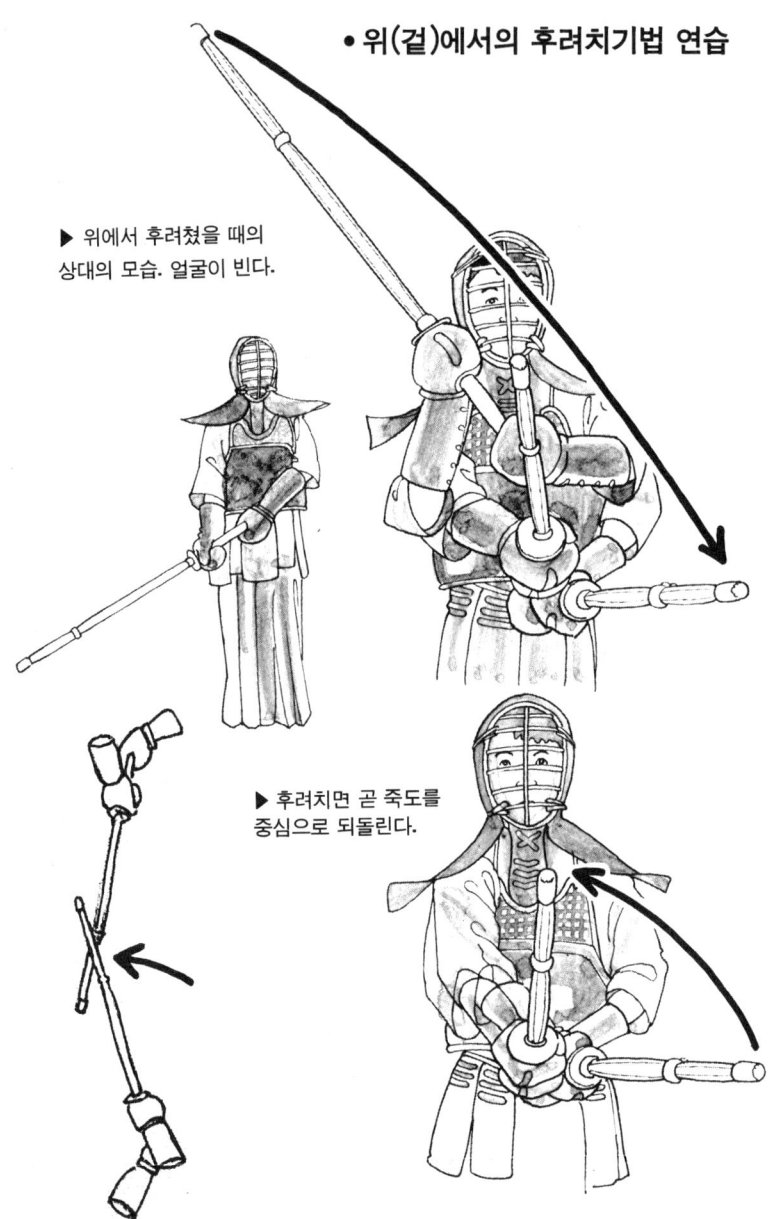

▶ 위에서 후려쳤을 때의 상대의 모습. 얼굴이 빈다.

▶ 후려치면 곧 죽도를 중심으로 되돌린다.

몸에 익숙해 간다.

□위(겉)로부터의 후려치기 얼굴

전진하면서 상대의 죽도를 후려치고 얼굴을 친다. 처음은 크고

▶
위에서의 후려치기
얼굴(연속)

위에서의 후려치기 얼굴(분해)

① 먼 간격
② 전진하면서 휘둘러 올린다.
③ 후려 친다.
④ 죽도가 중심으로 되돌아 온다.
⑤ 휘둘러 올린다.
⑥ 얼굴을 친다.

강한 동작으로 해 본다. 그리고 점점 빠르게 후려치는 일거동이 되도록 한다. 연속 사진의 움직임으로 설명해 본다. 225페이지를 보도록 한다. ① 먼 간격. ② 이동 스텝으로 전진하여 휘둘러 올린다. ③ 위에서 후려친다. ④ 휘둘러 올린다 ⑤ 앞으로 내딛어 빈 얼굴을 친다.

□ 위(겉)로부터의 후려치기 몸통

여러 가지 상태에 맞춰서 위로부터의 후려치기 몸통도 사용되지만 당신이 처음에 배우는 데에는 다음과 같은 이유에서 위로부터의 후려치기 몸통을 몸에 익힌다.

위로부터 후려쳐서 휘둘러 올리면 상대는 얼굴을 맞을까 놀래서 얼굴을 막기 때문에 죽도를 잡은 손목이 올라가 버린다. 그래서 즉시 몸통을 치게 되는 것이다.

막는다고 하는 틈을 공격하는 것도 준비 수의 하나의 특징이다.

상대를 현혹시키는 것 같은 공격이라고도 말할 수 있을 것이다.

몸통을 치는 것은 팔뚝 등에 비해서 힘이 필요하다. 실력이 향상되면 손목이 강해지기 때문에 휘두르기는 작아도 괜찮지만 처음에는 크게 휘둘러 올려서 몸통을 친다. 228페이지의 사진을 보자. ① 먼 간격. ② 이동 스텝으로 전진해서 휘둘러 올린다. ③ 후려 친다. ④ 휘둘러 올린다. 얼굴을 막으려고 상대의 죽도를 잡은 손목이 올라간다. ⑤ 앞으로 내딛어 몸통을 친다.

위에서의
후려치기
몸통(연속)

제2부——검도의 수련편 229

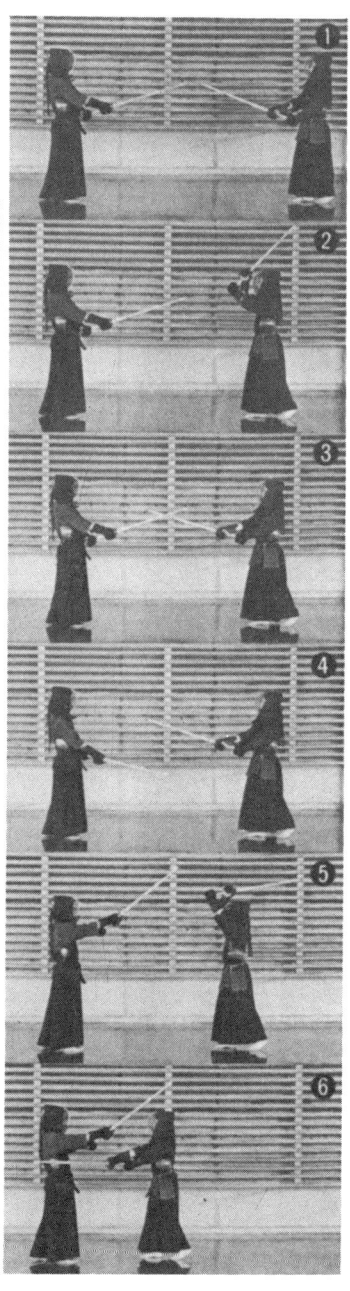

위에서의 후려치기 몸통(분해)

① 먼 간격
② 전진해서 휘둘러 올린다.
③ 후려 친다.
④ 죽도가 중심으로 되돌아 온다.
⑤ 상대의 죽도를 잡은 손목이 올라간다.
⑥ 몸통을 친다.

□아래(뒤)로부터의 후려치는 법

위로부터의 후려치는 법과 마찬가지로 숙달하면 비벼 올리듯이 해서 아래로부터 후려쳐 올리는데 처음은 칼끝을 내리고 상대의 죽도를 상대의 왼쪽 어깨 위쪽으로 후려쳐 올리도록 연습한다.

후려쳐진 상대는 아래로부터 작게 후려쳤을 때는 팔뚝과 얼굴이 비고 아래로부터 크게 후려쳤을 때에는 몸통이 빈다.

여기에서도 위로부터의 후려치기와 마찬가지로 후려쳤으면 곧 죽도를 중심으로 되돌린다. 후려치고 상대의 죽도가 채 제자리로 되돌아가지 않은 사이에 치는 것이기 때문에 후려친 채 그대로 있으면 안 된다.

처음은 천천히, 확실히 후려치기를 반복한다. 그리고 다음에 상대를 치는 동작으로 이어지는 일거동의 움직임을 배운다.

□아래(뒤)로부터의 후려치기 팔뚝

아래로부터 우려쳐 보고, 곧 눈 앞에 보이는 것이 상대의 팔뚝이다.

그 팔뚝을 즉시 친다. ① 1족 1도의 간격. ② 칼끝을 내려서 이동 스텝으로 앞으로 나간다. ③ 후려쳐 올린다. ④ 즉시 휘둘러 올린다. ⑤ 팔뚝을 친다.

• 아래(뒤)에서의 후려치는 법의 연습

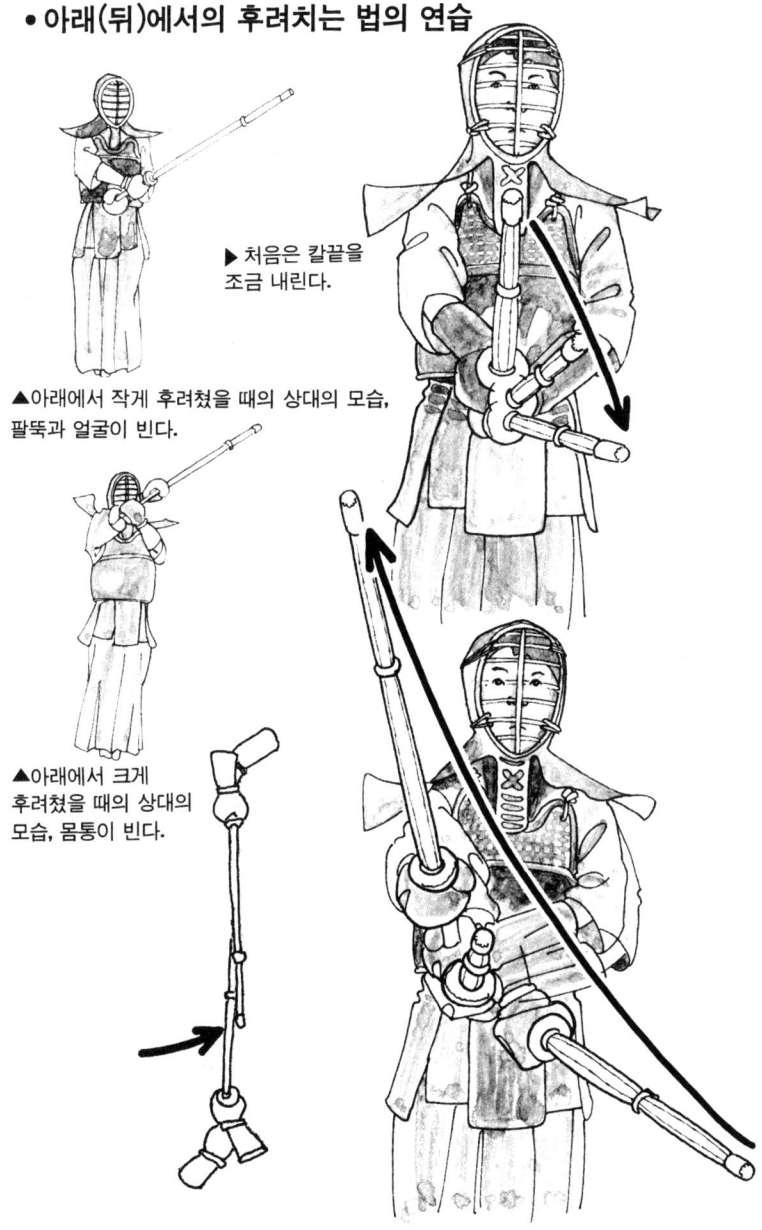

▶ 처음은 칼끝을 조금 내린다.

▲아래에서 작게 후려쳤을 때의 상대의 모습, 팔뚝과 얼굴이 빈다.

▲아래에서 크게 후려쳤을 때의 상대의 모습, 몸통이 빈다.

아래에서의
후려치기
팔뚝(연속)

제2부——검도의 수련편 233

아래에서의 후려치기
팔뚝(분해)

① 1족 1도의 간격
② 칼끝을 내리고 전진
③ 아래에서 후려친다.
④ 휘둘러 올린다.
⑤ 팔뚝을 친다.

□아래(뒤)로부터의 후려치기 얼굴

위로부터의 후려치기 몸통과 마찬가지로 이것도 상대에게 막는다고 하는 틈을 만들게 하는 공격이다.

아래로부터 후려쳐지면 상대는 팔뚝을 맞는다고 생각한다. 그래서 즉시 공격해서 얼굴을 친다.

따라서 아래로부터 후려쳤을 때는 팔뚝이나 얼굴이나 칠 수 있다. 상대가 어느 쪽을 쳐 올지를 느끼고 막는 그 방어의 틈이 생긴 곳을 칠 수 있도록 팔뚝 치기, 얼굴 치기, 양쪽을 확실히 배우자. ① 1족 1도의 간격. ② 칼끝을 내리고 이동 스텝으로 앞으로 나간다. ③ 아래에서 후려친다. ④ 즉시 휘둘러 올린다. ⑤ 얼굴을 친다.

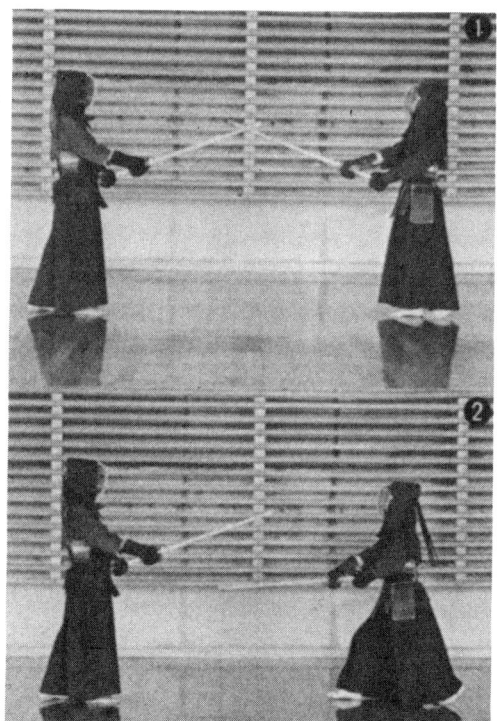

▶ 아래에서의 후려치기 얼굴(연속)

제2부―― 검도의 수련편 237

아래에서의 후려치기
얼굴(분해)

① 1족 1도의 간격
② 칼끝을 내리고 전진
③ 아래에서 후려친다.
④ 휘둘러 올린다.
⑤ 얼굴을 친다.

□아래(뒤)로부터의 후려치기 몸통

상대의 죽도를 세게 상대의 왼쪽 어깨 위쪽으로 후려쳐 올리면 몸통이 빈다. 또한 후려쳐 올렸을 때 상대가 팔뚝이나 얼굴을 막으려 하면 자연히 크게 죽도를 잡은 손목이 올라가서 몸통이 빈다. 그래서 이 몸통을 친다. 따라서 세고, 크게 후려쳐 올린다. ① 1족 1도의 간격. ② 칼끝을 내리고 이동 스텝으로 앞으로 나간다. ③ 힘차게 후려쳐 올린다. ④ 상대의 죽도가 크게 휘둘러 올라간다. ⑤ 즉시 몸통을 친다.

◀ 아래에서의
후려치기 몸통
(연속)

제2부──검도의 수련편 239

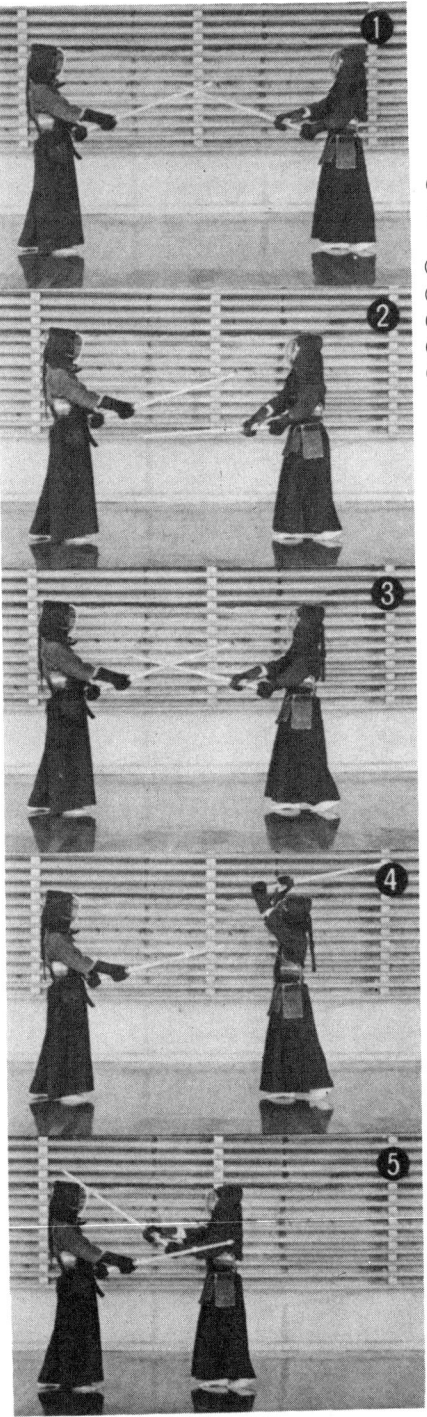

아래에서의 후려치기
몸통(분해)

① 1족 1도의 간격
② 칼끝을 내리고 전진
③ 후려쳐 올린다.
④ 휘둘러 올린다.
⑤ 몸통을 친다.

실력향상을 위해 혼자서도 연습을 하자

검도의 실력향상에 직접 도움이 되는 트레이닝도 여러 가지 있다. 가족의 협력을 얻어 집에서 할 수 있는 트레이닝을 들어 본다.

〈보트 젓기〉

가족에게 발목을 누르게 하고 머리에 양손을 대고 일어나는 연습이다. 2, 30회는 계속할 수 있게 된다. 이것은 배나 등의 근력을 강화시킨다.

〈병 돌리기〉

사이다나 콜라병에 모래를 넣고 뚜껑을 막는다. 이것을 왼손, 오른손 번갈아 들고 휘두른다. 어깨를 중심으로 크게 돌리거나 손목만으로 돌리거나 또는 똑바로 누워서 돌리는 것도 효과가 있다. 이것은 팔과 손목을 강화시키는 운동이다.

〈타올 짜기〉

죽도의 쥠을 배우기 위해서 타올을 쥐어짠다고 하는 훈련을 배웠지만 이것은 검도에 중요한 솜씨를 몸에 익히는 트레이닝이다. 왼손만으로 타올을 쥐어짜는 것은 왼손의 쥠을 강화시키는 연습이다. 목욕탕에서 나올 때에 해 보자. 우선 타올은 조금 짧은 듯이 잘라서 왼손으로 쥘 수 있는 길이로 접는다. 이 길이는 2, 3번 손을 비켜놓으면 전부 쥐어짤 수 있는 정도다. 양손으로 쥐어짜는 것과 같은 정도로 물기가 빠지게 되는 것이 목적이지만 간단히는 할 수 없을 것이다. 그래도 계속하자.

〈타이머 치기〉

정원이 있으면 아버지에게 부탁해서 자동차의 헌 타이어를 굵은 막대위에 동여매고 고정시켜서 이것을 죽도나 목도로 친다.

물러나기 수

물러나기 수라고 하는 것은 날밑 밀어대기로부터의 수가 기본이다. 날밑 밀어내기는 날밑과 날밑이 서로 경쟁하는 상태로 이것은 가까운 간격시에서 이루어지는 것이다. 가까운 간격은 기본편 간격의 장에서 배웠듯이 제자리에서 칠 수 있다. 또한 상대로부터의 치기 쉬운 거리의 간격이다.

따라서 물러나기 수는 날밑 밀어대기의 상태에서부터 시작해서 배운다.

날밑 밀어대기에서 밀어서 친다고 하는 것은 크게 물러나지 않으면 세게 칠 수 없다. 앞으로 나가서 치는 것은 나갈 때의 기세(여세)라고 하는 것이 있지만 밀 때는 그것이 없다. 따라서 크게 재빨리 물러서듯이 민다.

미는 법은 뒷발인 왼발을 크게 뒤로 밀면서 앞발을 다 끌어 당겼을 (오른발 앞으로 왼발 뒤) 때에 상대를 완전히 치고 있는 일거동이다.

날밑 밀어대기로부터의 밀기 수로 상대의 어디를 치느냐라고 하는 포인트에서는 미는 순간에 상대의 죽도가 왼쪽(상대에게는 오른쪽)으로 기울어져 있을 때는 얼굴, 약간 오른쪽(상대에게는 왼쪽)은 팔뚝, 죽도를 잡은 손목이 올라갔을 때는 몸통을 친다.

맞는 측의 자세

물러나기 몸통을
사용하는 경우

물러나기 얼굴을
사용하는 경우

물러나기 팔뚝을
사용하는 경우

▲ 물러나기 얼굴(분해)

물러나기 얼굴(연속) ▶

① 날밑 밀어내기
② 떨어지면서 물러나기 시작한다.
③ 크게 휘둘러 올린다.
④ 발을 끌어 당기면서 얼굴을 친다.

□물러나기 얼굴

날밑 밀어대기에서 크게 뒷발을 밀면서 크게 휘둘러 올려 얼굴을 침과 동시에 앞발이 끌어 당겨져 있다. 손은 올려서 내리칠 뿐이지만 발의 움직임을 여기에서는 확실히 몸에 익히자. 크고 빠르게 미는 스텝을 배우면 손의 움직임도 빠르고 강해진다. ① 날밑 밀어대기. ② 날밑 밀어대기에서 떨어지면서 휘둘러 올려 왼발을 밀도록 한다. ③ 크게 밀면서 치기 자세의 휘둘러 올림에 들어간다. ④ 앞발을 미는 것과 동시에 얼굴을 친다.

□물러나기 팔뚝

밀기 얼굴과 동작은 같다. 상대의 칼끝이 약간 오른쪽으로 기울어져 있으면 팔뚝을 친다. 단, 밀기 팔뚝의 휘둘러 올림은 밀기 얼굴만큼 크게 휘둘러 올릴 필요는 없다. ① 날밑 밀어대기. ② 날밑 밀어대기에서 떨어져 왼발을 밀면서 휘둘러 올린다. ③ 크게 밀면서 치기 자세의 휘둘러 올림이 된다 ④ 앞발을 미는 것과 동시에 팔뚝을 친다.

◀ 물러나기 팔뚝(연속)

물러나기 팔뚝
(분해)

① 날밑 밀어대기
② 떨어지면서 물러나기 시작한다.
③ 크게 물러나서 휘둘러 올린다.
④ 팔뚝을 친다.

□ 물러나기 몸통

상대의 얼굴을 공격하듯이 크게 휘둘러 올려 상대가 얼굴을 맞는다고 생각하고 죽도를 잡은 손목을 올렸을 때에 세게 몸통을 친다.

뒷발을 크고 빠르게 밀지 않으면 몸통을 확실히 칠 수 없다. 작은 밀기에서는 허리가 꺾여 버리거나 상대가 너무 가까와서 칠 수 없거나 한다.

특히 크고 빠르게 뒤로 물러 나면서 세게 친다. 이것이 몸통을 치는 중요한 점이다. ① 날밑 밀어대기. ② 날밑 밀어대기에서 떨어져 왼발을 밀면서 휘둘러 올린다. ③ 상대는 얼굴을 막으려서 죽도를 잡은 손목이 올라가 있다. ④ 발을 밀면서 몸통을 친다.

물러나기 몸통(연속)

물러나기 몸통
(문해)

① 날밑 밀어내기
② 휘둘러 올리면서 물러난다.
③ 크게 휘둘러 올린다.
④ 몸통을 친다.

연속 수(2, 3단 치기)

2, 3단 치기에는 팔뚝—얼굴, 팔뚝—몸통, 얼굴—얼굴, 얼굴—몸통, 팔뚝—얼굴—얼굴, 팔뚝—얼굴—몸통 등의 수가 있다.

2, 3단 치기는 공격의 치기가 아니면 안된다. 그 때문에 1판, 1판을 유효 치고 찌르기가 되도록 확실히 치도록 한다.

유효 치고 찌르기로 얼굴을 치면 상대는 얼굴을 막기 위해서 죽도를 잡은 손목이 올라갈 것이다, 그때 즉시 몸통을 친다. 이것이 얼굴—몸통의 2단 치기로 이런 공격 치기의 연속은 간격, 스텝 이동, 상대의 틈에 따라서 어떻게도 변화시킬 수 있을 것이다.

그렇지만 처음은 1족 1도의 간격에서 이동 스텝을 이용하여 확실한 치기(유효 치고 찌르기)로 1판, 1판을 결정한다. 그리고 다음에 크고, 세고, 빠르게 연속 수를 할 수 있도록 유의한다. 이윽고 먼 간격에서 공격해 나가 작고 예리하고, 세고, 빠르게 연속해서 칠 수 있게 될 것이다. 또한 밀기 수의 연속 수도 있지만 이것은 초보자의 기본에서는 필요 없다.

처음은 1판, 1판을 확실히 치는 동작을 배우고 그 움직임이 빠르고 세게 칠 수 있게 되는 것이 중요하다.

여기에서는 팔뚝—얼굴—몸통의 3단 치기를 들어 보았다.

□ 팔뚝—얼굴—몸통의 3단 치기

처음에 이동 스텝으로 확실히 쳐 본다. 251페이지의 사진 ①과 같이 1족 1도의 간격을 잡고 휘둘러 올려 팔뚝을 치고 휘둘러 올려서 상대가 뒤로 물러난 순간 얼굴을 친다, 다시 크게 휘둘러 올려 상대가 얼굴을 감싸는 자세로 뒤로 물러난 순간의 몸통으로 쳐들어 간다.

연속 수는 연속해서 단숨에 친다. 발의 움직임은 매우 빠르고, 뛰어들어가듯이 치고, 상대도 그 움직임에 따라서 뒤로 물러난다. ① 1족 1도의 간격. ② 휘둘러 올린다. ③ 앞으로 내딛어 팔뚝을 친다. ④ 상대가 뒤로 물러남과 동시에 친다. ⑤ 비어있는 얼굴로 뛰어들어가서 친다. ⑥ 상대가 얼굴을 막아 손이 올라가고 뒤로 물러나는 순간에 친다. ⑦ 계속해서 앞으로 내딛어 몸통을 친다.

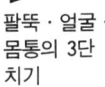
팔뚝·얼굴·몸통의 3단 치기

252

혼자서 할 수 있는 트레이닝을 하자

도장에서의 학습은 1주에 1번이라든가 2번의 경우가 많은 것 같지만 보다 실력이 향상되기 위해서도 또한 몸을 단련하기 위해서도 혼자서 할 수 있는 트레이닝을 해 보자.

이것은 입문해서 1년이 채 되지 않은 당신도 할 수 있는 것이다. 여름 방학이나 겨울 방학과 같이 긴 기간 학교가 쉴 때 등은 계획표를 만들어서 아침 저녁의 트레이닝으로서 실시하도록 하자.

〈줄넘기〉

발흘림이나 손목이나 팔꿈치, 어깨 관절을 부드럽게 그리고 강하게 하고 심장을 강하게 해서 운동 신경을 기르는 것이다.

한 발 줄넘기, 허벅다리를 크게 올리는 줄넘기 등도 효과가 있다.

〈계단 뛰어 오르기, 뛰어 내리기〉

계단을 가능한 한 빨리 뛰어 올라가고, 뛰어 내려가는 트레이닝이다. 때로는 2단씩 뛰어 오르고, 내려갈 때는 1단씩이라고 하는 것 같이 변화를 준다. 엘리베이터에는 절대로 타지 않는다고 하는 결심도 중요하다.

〈한 발 뛰기〉

오른발을 오른쪽으로 들고 왼발로 뛴다. 반대로 왼발도 해 본다.

〈볼 던지기〉

야구공이나 소프트 볼, 축구 공도 괜찮다. 팔의 힘 뿐만 아니라 몸 전체도 던지도록 한다. 달려가서 던지는 것도 좋을 것이다.

〈제자리 멀리뛰기〉
학교나 공원의 모래밭 등을 이용해서 해 본다. 뛸 수 있는 거리가 점점 길어지도록 노력하자.

응용 수

응용 수라고 하는 것은 상대가 쳐 오는 것을 피하거나 비벼 올리거나 쳐서 떨어뜨리거나 해서 상대의 치기를 허사로 만들고 그 순간에 상대의 틈이 생긴 순간에 쳐들어 가는 수다. 크게 나누면 빼기 수, 비벼 올림 수, 역이용 수의 세 가지로 있다.

소년의 기본 수인 이 책에서는 이 중 세 가지 수의 가장 기본이 되는 것을 들었다.

특히 빼는 법, 비벼 올리는 법, 역이용하는 법은 음에 반복해서 연습하여 그 올바른 방법을 배우도록 하자.

빼기 수

상대의 치기를 피해서 허공을 치게 하고 그 틈에 치는 수다.

그러기 위해서는 상대의 쳐 들어 올 기색, 어디로 쳐 들어 올지를 알아 차리는 것이 제일이고 다음에 몸을 피해서 허공을 치게 하는 것이다. 예를 들면 왼쪽 뒤, 똑바로 물러난다, 오른쪽 앞으로 나가거나 해서 몸을 피한다. 따라서 여기에서는 스텝의 이동과 올바른 치기가 중요한 포인트가 된다.

또한 상대가 치기 시작해서 치려고 하는 순간까지 기다렸다가 재빨리 몸을 피한다고 하는 것도 훈련하는 중에서 배우자.

사진은 실제 움직임의 것과 그것을 분해한 것이 실려 있다. 빼는 법, 피하는 법의 포인트는 분해 사진을 참고로 하자.

□빼는 법

얼굴로 쳐 들어올 때에 빼서 치는 것과 팔뚝으로 쳐들어 올 때에 빼서 치는 것이 있다. 빼는 법은 발의 운용(몸 놀림)과 상대의 틈이 보이는 부분에 따라 다르지만 여기에서는 기본이 되는 팔뚝 빼기 얼굴과 얼굴 빼기 몸통의 빼는 법 포인트를 설명하자.

팔뚝을 상대가 팔뚝으로 쳐들어 온 순간에 자신의 왼손 주먹을 머리위로 빼듯이 휘둘러 올려 허공을 치게 한다. 왼손을 뺀다고 하는 느낌이 중요하다.

빼서 몸통을 치기 위해서는 발 벌어짐으로 몸을 놀려서 상대에게 허공을 치게 한다.

상대의 움직임

오른쪽 비스듬히 앞으로
발을 놀려서 친다.

● 빼내서 몸통을
 치는 연습

▲ 상대가 얼굴로 쳐올 때
오른쪽 비스듬히 앞으로
발을 놀려서 치기를 피해
몸통을 친다.

□ 팔뚝 빼기 얼굴

왼손으로 빼서 상대에게 허공을 치게 하고 그 순간에 틈이 생긴 얼굴을 친다. 이것은 상대가 멈춰 있으면 제자리에서 또는 앞으로 내딛어 쳐들어 오면 뒤로 물러나서 허공을 치게 하고, 즉 빼고 얼굴을 친다. ① 1족 1도의 간격. ② 상대가 휘둘러 올려 쳐들어 온다. ③ 휘둘러 내리는 순간에 팔뚝을 뺀다. ④ 앞으로 내딛어 얼굴로 쳐들어 간다.

□ 얼굴 빼기 몸통

상대가 얼굴을 쳐 올 때 즉시 오른쪽 비스듬히 앞으로 발을 벌리고 몸을 피해서 허공을 치게 하고 몸통을 공격한다. 발 벌리기가 중요하지만 이것도 상대의 내딛기, 물러나기, 정지라고 하는 상대의 움직임으로 여러 가지 방향을 바꾼다. 사진은 259, 260 페이지 ① 1족 1도의 간격. ② 상대가 얼굴을 치려고 휘둘러 올림과 동시에 오른발을 오른쪽 앞 방향으로 옮기는 자세가 된다. ③ 얼굴을 쳐 옴과 동시에 오른쪽 비스듬히 앞으로 내딛듯이 벌려서 허공을 치게 한다. ④ 몸을 이동함과 동시에 몸통을 친다.

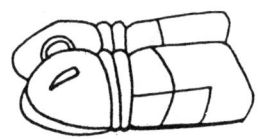

◀ 팔뚝 빼기 얼굴(연속)

▲ 팔뚝 빼기 얼굴(분해)
① 준비한다.
② 팔뚝을 가다.
③ 앞으로 내딛어 얼굴을 친다.

● 얼굴 빼기
몸통(연속)

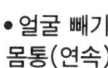

• 얼굴 빼기 몸통(분해)

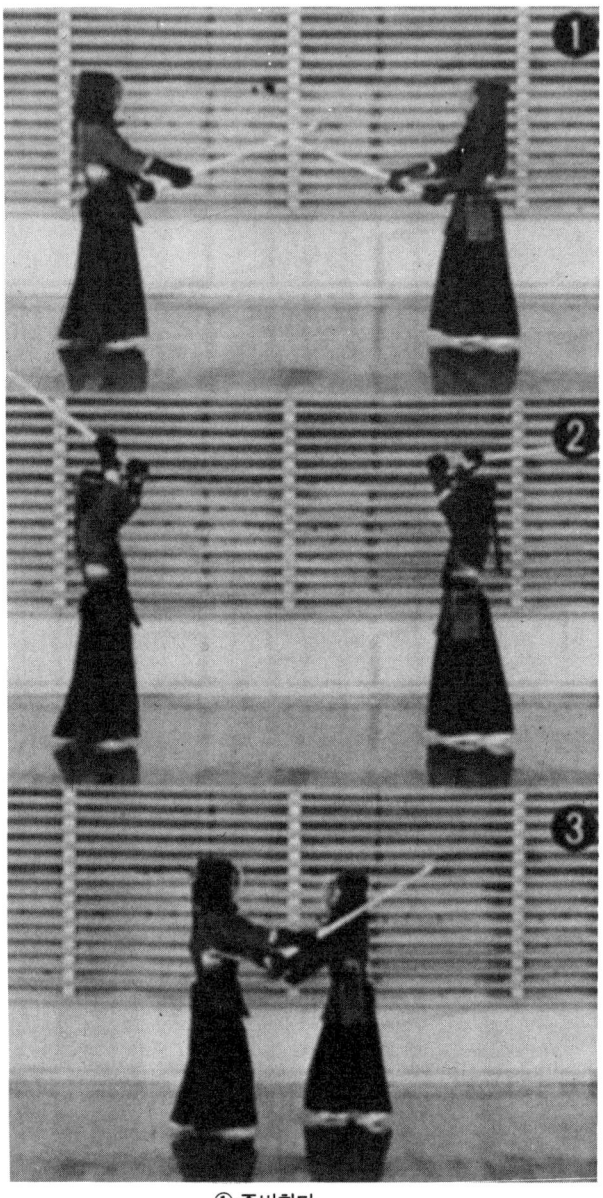

① 준비한다.
② 몸을 피해서 뺀다.
③ 몸통을 친다.

비벼 올림 수

쳐들어 온 상대의 죽도를 왼쪽이나 오른쪽으로 비벼 올리고, 비벼 내려서 상대의 죽도가 흐른 순간의 틈에 공격하는 수다.

비벼 올림에는 오른쪽(겉)과 왼쪽(뒤)이 있지만 상대에게 있어서 죽도의 좌측을 비벼 올려져서 오른쪽으로 흐르는 것이 겉, 죽도의 오른쪽을 비벼 올려져서 왼쪽으로 흐르는 것이 뒤다. 또한 상하로의 비벼 올림도 있다.

비벼 올리면서 휘둘러 올리기 때문에 이 동작은 계속해서 실시하는 것이지만 처음은 다음과 같은 방법으로 비벼 올리는 법을 배우도록 한다.

□비벼 올리는 법

처음은 죽도로 원을 그리는 듯한 동작으로 비벼 올림을 배운다.

죽도로 시계 방향으로 원을 그리면 공격해 온 상대의 죽도 좌측에 맞아 상대에게 있어서 죽도가 오른쪽 방향으로 흐른다. 이것이 겉의 비벼 올림이다.

이번은 죽도를 시계와 반대로 돌려 본다. 원을 그리면 상대의 죽도 우측에 맞아 상대에게 있어서 죽도가 왼쪽 방향으로 흐른다. 이것이 뒤의 비벼 올림이다. 어느쪽이나 비벼 올림이 끝나면 공격 자세가 되어 있다. 비벼 올리면서 친다고 하는 하나의 동작이라는 점에 주의하자.

타원(계란형)을 그리는 연습은 그 방법을 알면 점점 빠르게 해본다.

• 우측(겉)에서의 비벼 올리는 법의 연습

제2부——검도의 수련편 263

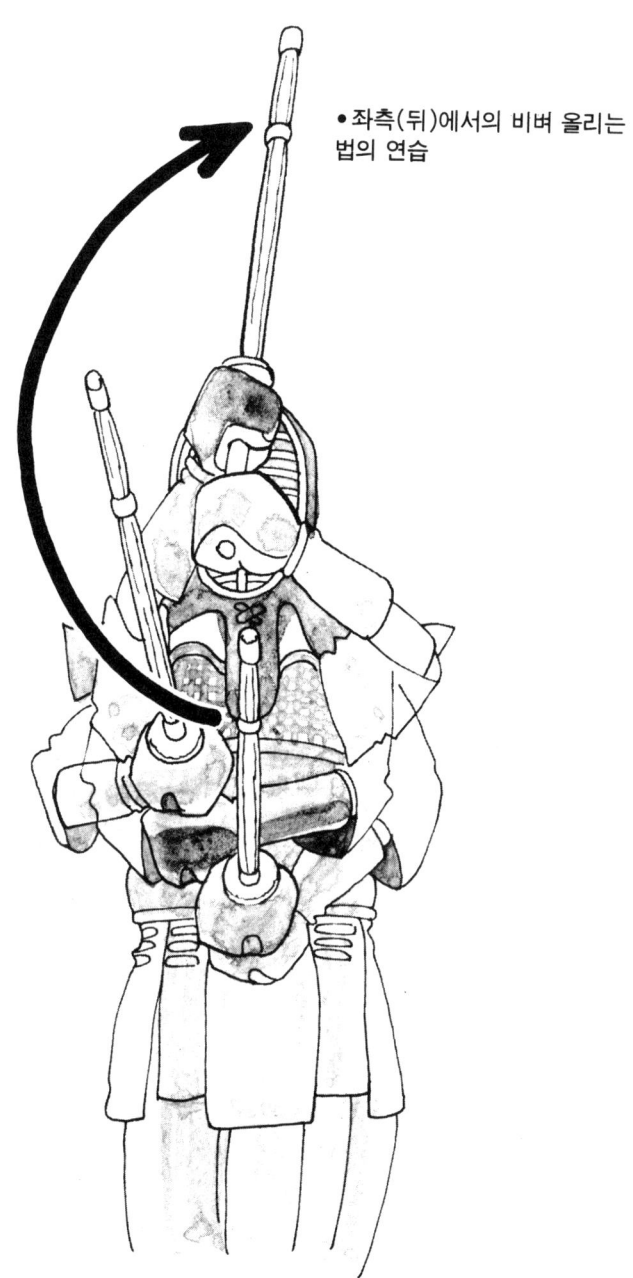

● 좌측(뒤)에서의 비벼 올리는 법의 연습

□ 얼굴 비벼 올림 얼굴

상대가 얼굴로 공격해 오는 죽도를 겉으로 비벼 올리고 얼굴을 친다. 비벼 올린 상태가 그대로 휘둘러 올림이 되고 있어 곧 내리친다.

처음은 확실히 비벼 올려서 그리고 틈이 생긴 얼굴을 치지만 하나씩의 동작이 멈추지 않도록 주의해서 점점 빠른 움직임을 배운다.

처음에 움직임을 배우기 위한 느릿한 동작에서는 분해 사진과 같이 해 본다.

1족 1도의 간격에서 상대가 1보 나가 얼굴을 공격하는 순간을 겉으로 비벼 올리고 얼굴을 친다. ① 1족 1도의 간격. ② 상대가 휘둘러 올린다. ③ 앞으로 내딛어 얼굴을 치는 순간을 겉으로 비벼 올리는 동작에 들어간다. ④ 비벼 올림과 동시에 치기의 자세가 된다. ⑤ 즉시 얼굴을 친다.

▼ 얼굴 비벼 올림 얼굴(연속)

제2부——검도의 수련편 265

얼굴 비벼 올림
얼굴(분해)

① 준비한다.
② 비벼 올린다.
③ 휘둘러 올린다.
④ 얼굴을 친다.

□ 팔뚝 비벼 올림 얼굴

상대가 손목을 공격해 오는 것을 뒤로 비벼 올리고 얼굴을 친다. 이것도 분해 사진과 같은 느릿한 동작으로 처음 해 보자. 그리고 실제로 움직임이 빠른 동작을 할 수 있게 됩시다. ① 1족 1도의 간격. ② 상대가 팔뚝을 공격하러 달려 든다. ③ 뒤의 비벼 올림으로 후려친다. ④ 상대의 얼굴로 쳐들어 가듯이 내딛는다. ⑤ 얼굴을 친다.

▼ 팔뚝 비벼 올린 얼굴(연속)

268

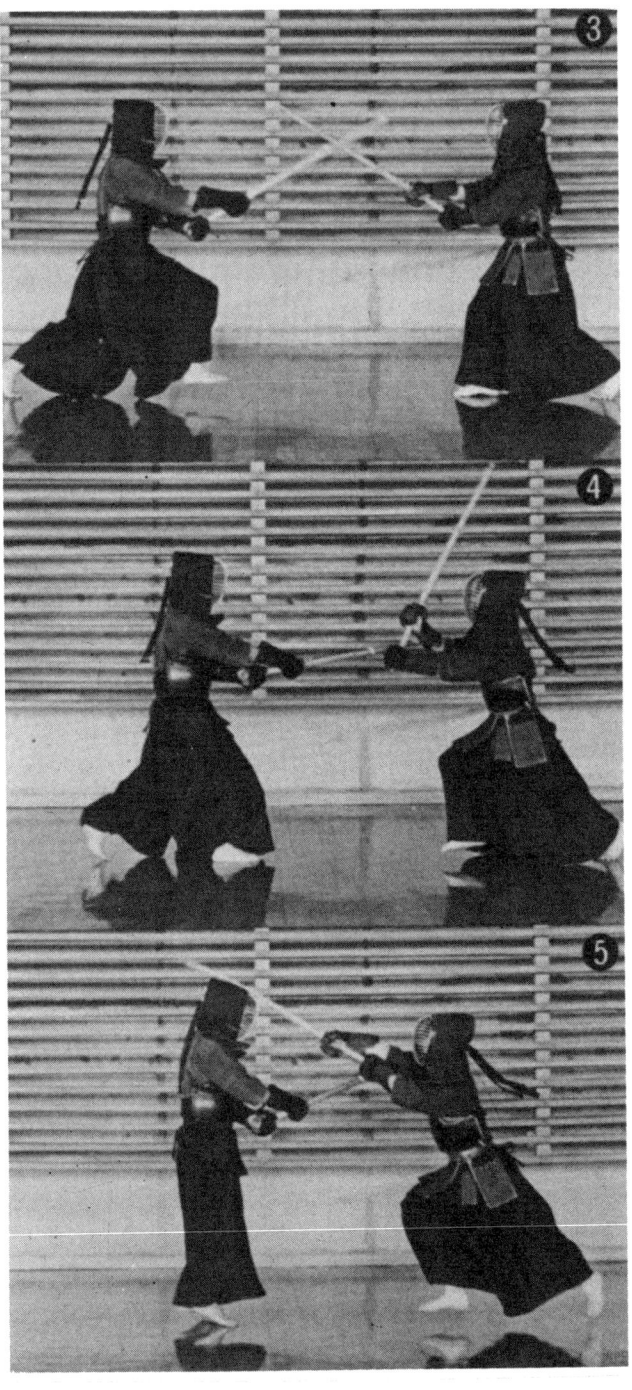

제2부——검도의 수련편 269

팔뚝 비벼 올림
얼굴(분해)

① 준비한다.
② 상대가 쳐 온다.
③ 비벼 올리면서
휘둘러 올린다.
④ 얼굴을 노린다.
⑤ 얼굴을 친다.

◀ 팔뚝 비벼 올림
팔뚝(연속)

팔뚝 비벼 올림
팔뚝(분해)

① 준비한다.
② 팔뚝으로 쳐 오는 것을 비벼 올린다.
③ 팔뚝을 노린다.
④ 팔뚝을 친다.

□팔뚝 비벼 올림 팔뚝

이것도 앞의 팔뚝 비벼 올림 얼굴과 마찬가지로 뒤로 비겨 올리면 팔뚝이 빈다. 그때 이 팔뚝을 친다. 팔뚝을 치는 것이기 때문에 앞보다도 휘둘러 올림은 조금 작아도 괜찮을 것이다. ① 1족 1도의 간격. ② 상대가 팔뚝을 공격해 오는 순간을 뒤로 비벼 올린다. ③ 비벼 올림과 동시에 상대의 팔뚝을 노린다. ④ 팔뚝을 친다.

뒤집기 수

비벼 올림 수와 비슷하지만 이것은 상대가 공격해 오는 것을 잡아 끌듯이 받아내고 이것을 뒤집어서 치는 수다.

상대의 치기에 응하는 방어 자세를 잘 연습하자. 비벼 올림과 마찬가지로 반원을 그려 상대의 죽도를 잡아 끌듯이 받아낸다. 273페이지의 그림에 있는 것 같은 방어 자세, 응하는 법이다.

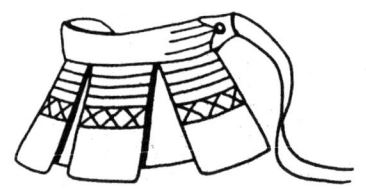

제2부——검도의 수련편 273

• 상대의 치기를 받고 대응한 형태

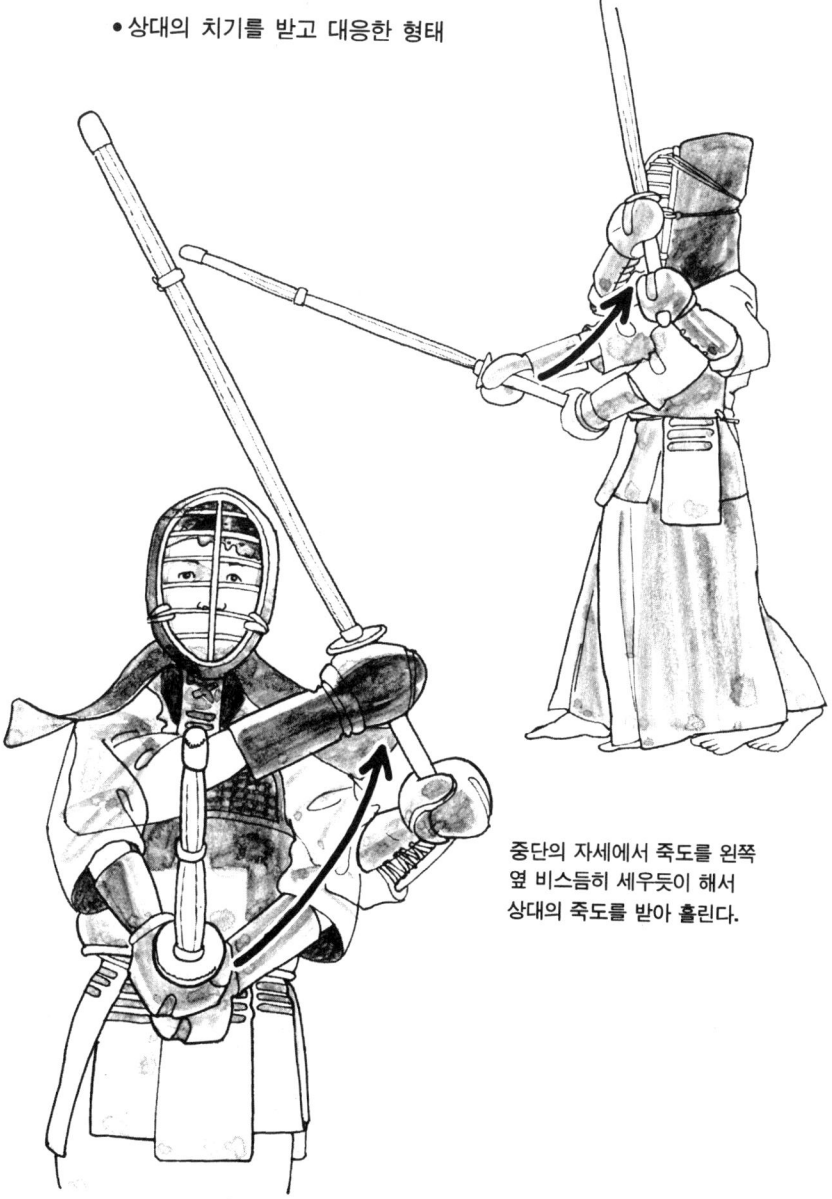

중단의 자세에서 죽도를 왼쪽
옆 비스듬히 세우듯이 해서
상대의 죽도를 받아 흘린다.

실력 판단 II
당신은 3급이 될 수 있을까?

검도 실력을 나타내는 것의 하나가 단위로 초단부터 10단까지 있다.

그렇지만 초단으로의 승단 시험을 받을 자격은 12세 이상부터로 초보자의 경우는 각각의 도장이나 지역에서 1급부터 7급의 급을 만들어 이것을 하나의 지향으로 하고 있다. 그 중에는 1급만을 소년 경우의 급으로 하고 있는 곳도 있다.

이 급은 검도의 움직임을 판단한다고 하는 것 뿐만 아니라 예의 작법이나 용어의 지식, 태도, 자세 등 올바른 자세가 되어 있느냐 어떠냐, 라고 하는 것도 중요한 포인트로 여겨지고 있다.

수를 배우기 전 정도의 단계로 지금까지 배운 것을 확실히 알고 있으면 대개 4, 3급 정도다.

다음 항목을 당신 스스로 점검해서 당신의 실력을 판단해 보자

1. 옷을 갈아입고 방호구를 5분 이내에 착용할 수 있게 되었다.
2. 죽도를 들고 걷기 스텝, 이동 스텝, 개방 스텝이 조합이 걸리지 않고 가능하고 준비 자세도 가격도 유지할 수 있게 되었다.
3. 경쾌하고 크게 스윙을 할 수 있게 되었다.
4. 공격 학습을 할 수 있게 되었다.
5. 올바른 공격 되받기치기를 할 수 있게 되고 그 목적을 알았다.
6. 발성이 좋아졌다.
7. 선생이나 선배에 대한 예의 작법을 정확히 할 수 있게 되었다.
8. 하급생이나 후배를 돌볼 수 있게 되었다.
9. 쳐야 할 기회를 알게 되었다.
10. 죽도 만드는 법을 알았다.

□얼굴 역이용 몸통

처음은 제자리에서 받아 내고 몸통을 쳐 본다. 잡아 끌듯이 받아낸다. 분해 사진이 그것이다.

실제로 상대가 뛰어 들어오는 듯이 앞으로 내딛어 얼굴을 받아내고 뒤집어서 몸통으로 쳐들어 간다. 처음은 큰 동작으로 받아내고 크게 쳐들어 간다. 점점 빠르고, 작고 세게 받아낸다. ① 1족 1도의 간격. ② 상대가 휘둘러 올려 얼굴을 노린다. ③ 오른발을 오른쪽 비스듬히 앞으로 내밀듯이 하면서 내려쳐 오는 얼굴을 받아낸다. ④ 손을 뒤집어서 몸통으로 쳐들어 간다.

• 얼굴 뒤집기 몸통(분해)

① 준비한다.
② 받아낸다.
③ 몸통을 친다.

● 얼굴 뒤집기
  몸통 (연속)

학습

 지금까지 배운 기본이 되는 동작, 수는 확실히 올 수 있었을까? 선생으로부터도 하나씩 주의가 있고 그 포인트를 여러분도 알았을 것이다.
 동작, 수를 각각 관련지어서 계속해서 실시하는 경우가 많이 있다.
 약속 학습, 쳐들어가기 학습, 공격 학습, 호각 학습이라고 불리고 있는 것이 그것이다. 그 밖에 한중 학습, 서중 학습 등도 이루어진다.
 전신으로 공격해서 친다고 하는 검도의 기본은 이런 학습들을 통해서 배울 수 있다.

□1. 약속 학습

 주로 초보자가 실시하는 학습이다. 미리 치는 부위를 정하고 기본으로 하고 싶은 치기를 실시해서 자세나 치기, 간격, 발놀림 등이 일체가 되는 것을 몸으로 익히기 위해 이루어진다.
 여기에는 도장에 따라 공격대, 공격봉을 사용해서 치는 경우와 방호구를 착용한 선생에게 쳐들어가는 경우가 있다.
 얼굴 치기부터 시작되어 팔뚝 치기, 몸통 치기, 팔뚝——얼굴 치기, 등 선생의 지시에 따라서 크게 함성을 지르고 전진하면서 쳐들어가는 반복의 학습이다.

□2. 쳐들어 가기 학습

이것도 초보자에게는 중요한 학습이다.

초보자의 경우 선생이나 선배가 원립(받아 준다)에 서서 치기 쉽도록 받아 준다. 크게 휘둘러 올리고, 팔을 펴고, 허리를 당기지 않도록 하고 몸 부딪힘에서 배웠듯이 힘차게 원립의 얼굴로 쳐들어가 서 밀어 정확한 간격을 잡고 다시 앞으로 내딛어 얼굴을 치는 이것의 반복이다. 숨이 찰 때까지 몇 번이라도 그리고 빠르게 반복한다.

칠 때의 느낌, 스피드를 내도 정확하게 될 수 있게 되는 학습이 다.

□3. 공격 학습

쳐들어가기 학습과 비슷하지만 이번은 자신보다 능숙한 방어 상대는 치기 쉽게 해 주지 않는다. 스스로 상대의 틈을 찾아 내어 자신의 의지로 공격하는 학습이다. 치는 타이밍이 늦거나 치거나 나쁠 때 등은 상대가 피하거나 반대로 맞거나 해서 좀체로 상대를 칠 수 없다. 올바른 치고 찌르기, 간격, 기회 그리고 마음을 집중하는 훈련이 되는 격렬한 학습이다.

□4. 호각 학습

시합 학습이라고도 불리는 것으로 기본 동작, 수가 끝나면 이제 학습으로 들어가는 도장도 많을 것 같다.

이것은 기술이나 마음에 별로 차이가 없는 사람끼리 배운 수, 체력, 기력을 모두 발휘해서 1판, 1판, 시합과 같이 쳐들어가는 것을 배우는 학습이다.

□5. 추울 때의 학습과 더울 때의 학습

겨울의 추운 아침, 여름의 더운 날 추위나 더위를 견디고 학습을 한다. 견딘다고 하는 강한 인내나 끈기 그리고 몸을 단련하는 학습이다.

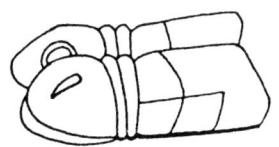

280

제3장
검도에서 흔히 사용되는 말

 검도를 배우는 마음, 그 본연의 모습, 진실을 나타낸 말은 오랜 검도의 역사 속에서 탄생한 것이다.
 이런 말의 의미를 올바르게 알고 그 말이 나타내는 길을 걷는 노력을 하는 것은 검도를 배우는 사람에게 있어서는 중요한 점이다.
 여기에서는 초보자인 당신들에게 알기 쉽게 해설해 보겠다.

□ '심기력의 일치'와 '기검체의 일치'

두 가지 모두 같은 의미다. '심기력'을 산을 비유로 들어 보자.

'심(心)'이란 인간이 알아 차리는 마음으로 산을 보고 아름답다든가, 높은 산이다, 훌륭한 산이다 라고 느끼는 마음이다.

'기(氣)'는 그 훌륭한 산에 올라 보고 싶다고 하는 마음이 일어나는 것이다.

'력(力)'은 실행에 옮기는 것으로 산에 오르기 위해서는 기력, 체력 그리고 산에 대한 지식을 필요로 한다.

이런 산에 오르기 위한 3가지 조건이 일치했을 때 비로소 진짜 등산을 할 수 있다.

검도도 이 산의 예와 마찬가지로 '심기력의 일치'가 없으면 검도의 길을 올바르게 걸을 수 없다.

그리고 실행에 옮기기 위해서는 '기검체의 일치'가 없으면 안 된다. '기(氣)'는 정신력, 좌절되지 않고 하려고 결심하는 강한 마음, '검(劍)'은 기술, '체(體)'는 학습으로 단련된 강한 몸, 이 세가지가 하나가 되지 않으면 유효한 치고 찌르기는 탄생하지 않는다. 어느것 하나가 빠져도 올바른 치기는 불가능하다.

이 '기검체의 일치'는 공부에도 마찬가지라고 말할 수 있다.

□ '잔심(殘心)'

친 후에 마음을 남겨서 곧 상대(적)에 대비한다고 하는 것이다.
치고 방심하지 않는 마음이라고도 말할 수 있을 것이다. 친 후

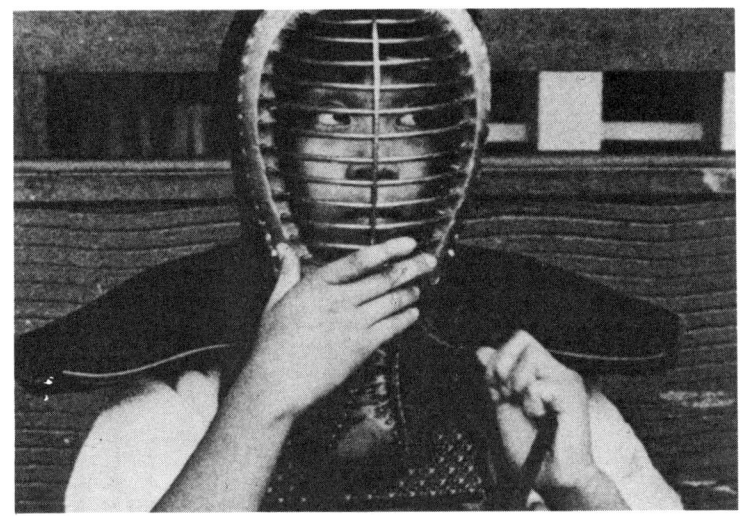

순간에 자신의 치괴 찌르기를 확실히 확인(반성)하고 곧 상대에게 공격당하는 듯한 마음으로 준비하는 것이다.

이 마음은 평소 생활에도 말할 수 있다.

예를 들면 뒤처리를 확실히 한다고 하는 것은, 뒷처리는 다음의 전진으로 이어지는 것으로 이것은 역시 잔심의 정신(마음)이다. 물건을 잊어버리지 않는다, 공부가 끝나면 정리 정돈을 하고 내일 준비를 한다, 약속을 하면 반드시 실행한다, 첫 인사와 마찬가지로 끝 인사를 확실히 한다, 이것들은 모두 실제의 생활 속에서 검도를 배우는 여러분이 실행하는 잔심일 것이다.

□ **'수파리(守破離)'**

'수'라고 하는 것은 가르침의 기본을 확실히 배운다고 하는 의미다.

'파'는 배운 기본을 살려서 응용하는 의미다.

'리'는 보다 전진한 상태로 여기에서는 시합이라고 해도 좋을 것이다.

수(수)인 기본을 확실히 하면 응용은 가능하고 이윽고 올바른 검도시합, 검도를 알게 될 수 있다고 하는 의미다.

□ '지심(止心)'

한 가지 일에 사로잡혀서는 안 된다고 하는 말이다. 상대의 한 움직임 예를 들면 쳐 오는 죽도를 받아내자, 달아나자라고 그저 거기에만 마음이 사로잡히면 상대의 전체적인 움직임이 보이지 않게 된다.

한 가지 일에 구애되지 말고 물의 흐름과 같이 그 때, 그 때의 상태에 따라서 움직임을 바꿀 수 있게 되는 것 그것을 지심이라고 하는 말로 가르치고 있다.

□ '평상심(平常心)'

냉정한 마음, 침착한 마음을 뜻한다. 검도에서 상대와 서로 공격할 때 마음에 침착함이 없으면 그 마음의 틈을 상대에게 간파당해 공격당해 버린다. 또한 마음이 조용하지 않으면 상대의 상황도 알수 없어 공격 할 수도 없다.

마음이 침착하지 않다고 하는 것은 놀라거나, 의심하거나 망설이거나 깔보거나 하는 것을 말한다. 두근두근, 안절부절, 불끈해지는 경우도 말할 수 있다.

누구나 처음부터 침착한 마음으로 상대와 맞설 수는 없다. 공격당할까, 칠 수 있을까?—라고 마음 속으로 여러 가지 생각하는 것은 당연하다. 그렇지만 열심히 학습을 계속하는 사이에 점점 '중요한 때'에 마음을 가라앉힐 수 있게 된다. 그것은 두근두근 하거나, 안절부절하거나 불끈하거나 함으로써 몇 번이나 실패를 거듭하기 때문이다. 그 실패 속에서 어떻게 하면 실패하지 않게 될까, 마음은 가라앉힐 수 있을까를 생각하게 될 것이다. 그것이 학습의 성과가 된다. 조금은 두근두근 하지만 상대의 움직임이 보인 '중요한 때'에 망설이지 않고 움직일 수 있다고 하듯이 조금씩 평상심에 다가가고 있는 것이다.

어떤 때에도 평상심을 잃지 않는다고 하는 것은 검도를 학습하는 사람의 일생의 목표이기도 하다.

□ '무아의 경지'

무념 무상이라든가, 허공이라고도 한다. 이것은 검도를 하는 마음의 가장 이상적인 마음의 본연의 자세를 말한다.

나(자신)라고 하는 의식을 버린다고 하는 의미이지만 이것은 그저 자신을 버리고 마음을 텅 비운다고 하는 것은 아니다.

모든 것을 신경쓰지 않고 구애되지 않고 자신의 마음과 몸을 자유롭게 움직일 수 있는 것을 말한다. 예를 들면 상대와 맞섰을 때 여러 가지 생각이 머릿속에 떠올라 여기에 신경을 빼앗겨서 생각대로 몸도 움직이지 않고 수도 나오지 않는다. 그래서 모든 것을 잊고 그저 일심으로 상대에게 공격해 가는 이속에 무아의 경지에 자연히 탄생하는 것이다.

□ '검의 이합'

이합에 맞는 검이 아니면 안 된다, 라든가, 이합에 맞는 공격이나 치는 법, 이라고 하는 표현이 있다.

이것은 검의 법칙이나 도리에 맞게 치는 법, 찌르는 법, 피하는 법, 공격법 등의 것을 말한다. 자신 멋대로 함부로 치면 유효한 치기가 되지 못한다. 무리없는 공격, 치기란 기본 수에서 배웠듯이 예를 들면 상대가 나가려고 하는 순간은 친다, 상대의 틈을 찾아내서 친다고 하는 것 같이 검도의 법칙이나 도리에 따른 올바른 치고 찌르기를 말한다.

제3부

검도의 완결편

제1장

중심을 잡기 위한 기초동작

기본적인 치고 찌르기의 기회

어디에도 간격이 없는 중단(中段)의 자세에 대해서 그저 엉터리로 죽도를 휘둘러서 쳐들어 가는 것은 기본적으로 난폭한 이야기다.

맞히면 된다, 건드리면 된다고 하는 기분으로 친 치고 찌르기가 가령 상대의 어딘가에 맞았다고 해도 그것은 진짜 승리가 아니라 요행 수라고 하는 경우가 된다.

이와 같은 치고 찌르기는 단순히 체력이나 스피드에 맡기고 쳐들어 가서 우연히 먹혀 들어가는 경우도 있다. 그러나 그 스피드나 체력은 연령과 함께 쇠약해져서 어느 연대가 되면 치려고 하는 마음은 있어도 신체가 마음을 따라 가지 못해 결국은 자세가 무너진 불충분한 치고 찌르기가 되기 쉬워지는 법이다.

한 치의 틈도 없는 올바른 중단의 자세

스피드와 체력 본위의 요행 수 검도를 아무리 계속해도 검도의 진짜 묘미는 평생 모를 것이다. 그 묘미를 알기 위해서도 올바른 학습을 시도해 보지 않으면 실력이 보다 향상되는 것은 바랄 수 없다.

치고 찌르기의 기회는 우선 상대의 준비 자세나 움직임, 호흡이나 정신 상태 등 종합적으로 판단해야 비로소 알 수 있는 것으로 여러 가지 경우에 여러 가지 설명이나 지도가 이루어지고 있다. 여기에서는 우선 상대의 칼끝 방향으로부터 기본적인 치고 찌르기의 기회를 포착해 보기 바란다.

숙련된 고단자의 치고 찌르기나 미숙한 초보자의 치고 찌르기라도 공격당한 상대의 칼끝 방향을 관찰해 보면 대강 다음과 같이 되어 있음을 알 수 있다.

□얼굴을 맞았을 경우

(1) 칼끝이 중단 자세의 위치보다 낮아져 있다.
(2) 칼끝이 왼쪽으로 크게 빗나가 있다.
(3) 칼끝이 오른쪽으로 크게 빗나가 있다.

□팔뚝을 맞았을 경우

(1) 칼끝이 중단 자세의 위치보다 높아져 있다.
(2) 칼끝이 왼쪽으로 기울어져 있다.

• 칼끝이 왼쪽으로 크게 벗어나 있다   • 칼끝이 중단의 자세의 위치보다 낮다

• 칼끝이 중단의 자세의 위치보다 높아져 있다   • 칼끝이 왼쪽으로 기울어져 있다

제3부——검도의 완결편 295

□ 몸통을 맞았을 경우

(1) 죽도를 잡은 손목이 올라가 있다.
(2) 죽도를 잡은 손목이 중단 자세의 위치보다 앞쪽으로 너무 나와 있다.

• 죽도를 잡은 손목이 올리가 있다

□ 찌르기를 찔렸을 경우

(1) 칼끝이 낮게 내려가 있다.
(2) 칼끝이 오른쪽으로 크게 빗나가 있다.

이런 칼끝의 상태는 결과적으로 상대 칼끝의 상·하·좌·우의 변화, 죽도를 잡은 손목의 변화가 치고 찌르기의 기본적인 기회가 될 수 있다고 하는 것이다. 이상의 사실을 기초로 해서 상대 칼끝의 상태에 따른 치고 찌르기를 할 수 있는 것이 우선 중요하다.

칼끝의 움직임

1개의 치고 찌르기를 자아낼 때까지의 준비 기간에 각각의 개성적인 연구나 수련의 결과가 나타나고 있을 것이라고 하는 사실은 이미 서술했다.

여기에서 문제가 되는 것이 칼끝의 작용이다. 조금의 간격도 없는 중단의 상대에게는 기본적으로는 그대로 쳐들어 갈 수 없다. 어떻게 해서든지 상대의 칼끝을 상·하·좌·우 등으로 이동시켜서 이쪽에서 치고 찌를 기회를 만들어야 한다. 이 때 칼끝을 통한 상대와의 대화의 제1보 '칼끝의 교전'이 시작되는 것이다.

칼끝 공격에는 보통 '대다' '누르다' '튀기다(당기다)' '후려치다' '감다' 등의 방법을 생각할 수 있다. 이하 각각의 방법에 대해서 구체적으로 생각해 보자.

• 1족 1도의 간격

• 대다

□ **대다**

준비한 상태에서 의표를 찌르고 느닷없이 쳐들어 가는 전법도 있지만 그런 기습 전법은 한 번은 성공하는 경우가 있어도 항상 효과를 올린다고는 할 수 없다. 우선 자신의 몸을 굳게 지키고 상대의 장점이

• 대다　　　　　　• 1족 1도의 간격

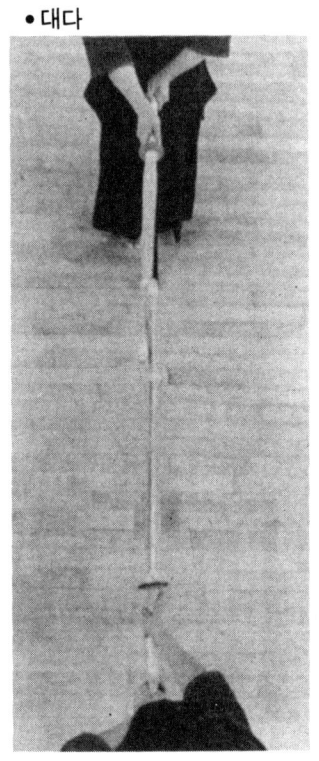 

나 단점 등을 관찰해서 공방의 실마리를 찾아내려고 하는 것이 일반적인 도이다. 그것은 일어서서 상대의 죽도에 대는 것부터 시작된다.

그래서(1족 1도의 간격에서) 상대 죽도의 겉(왼쪽), 뒤(오른쪽) 교대로 가볍게 대 본다. 보통 상대가 준비한 죽도의 아래부터 대도록 한다. 자신의 죽도의 칼끝에는 거의 힘을 주지 않는다. 중심을 잡기 위해 계속해서 가볍게 상대의 칼끝에 대고 있으면 '이대로 있으면 이쪽이 뭔가를 하는 게 아닐까, 쳐들어 갈까'라고 하는 마음이 상대에 일어난다. 그리고 차츰 상대의 마음이 들떠서 침착성을 잃게 되고 자세에 흐트러짐이 생겼을 때 치고 찌르기의 기회를 만들 수 있다.

또한 접촉으로 인해 죽도를 통해 상대가 어떤 상태로 준비하고 있는지를 느낄 수 있다.

그러기 위해서는 손바닥의 부드러움이 필요하다. '댄다'고 하는 점에서는 상대도 마찬가지이기 때문에 보다 상대의 상태를 잘 알기 위해서도 선(先)의 마음으로 준비하고 손바닥을 부드럽게 해서 상대에게는 아무렇지 않게 닿고 있는 것 같이 느끼게 하는 것이 포인트다.

□ 누르다

• 누르다

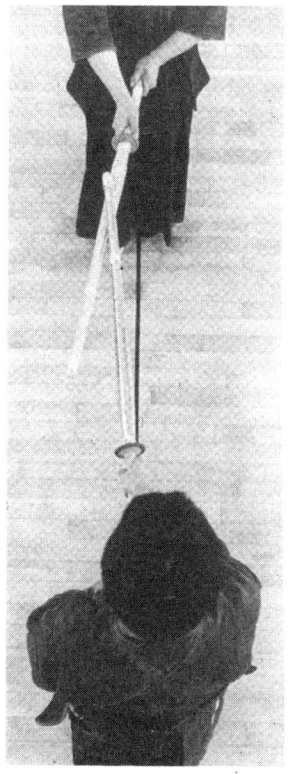

서로 중단의 자세에서 죽도를 맞추고 있을 때에 중심을 잡으면서 기회를 보아 상대의 죽도를 칼끝으로 튀겨 약간 겉(왼쪽) 또는 뒤(오른쪽)로 가볍게 올라 타듯이 누른다.

누르는 기회에 대해서 말하자면 상대가 기색(칠 기색)을 보이지 않을 때에 눌러도 상대는 그 힘을 이용해서 반격으로 옮기려고 하거나 한다. 따라서 상대가 치려고 하는 마음이 일어나는 순간 가볍게 올라 타듯이 해서 누른다. 그 때에 가볍게 눌려서 앞으로 밀리면 상대로서는 본능적으로 무심결에 물러나든가 되밀거나 하기 때문에 필연적으로 자세가 무너져서 이쪽에 치고 찌르기의 기회를 준다.

누르는 측으로서는 필요 이상으로 어깨에 힘을 주거나 양손의 쥠을 단단히 해서는 안 된다. 항상 손바닥을 부드럽게 하고 경우에 따라서는 작게 전진하면서 누르고 직후에 상대의 품에 들어가는 듯한 느낌으로 치고 찌르기를 하면 효과적이며 또 다음 동작으로 연결하는 데에도 유효할 것이다.

☐튀기다

서로 중단의 자세에서 죽도를 맞추었을 때 또는 순간적으로라도 맞추었을 때 좌우 손목의 스냅을 살려서 겉(왼쪽) 또는 뒤(오른쪽)에서 작고 강하게 칼끝을 살려 튀긴다(당긴다).

씨름의 공격 수에도 '당김 수'라고 하는 것이 있다. 당겨 올리는 게 아니라 작게 두들겨서 멈추는 듯한 느낌이다. 이 방법과 마찬가지로 죽도를 다루면 상대의 죽도는 멋지게 튀겨지고 자신의 죽도는 상대의 중심에 붙어 있는 상태로 상대에게 칼끝의 위력을 느끼게 한다.

제3부──검도의 완결편 301

• 튀기다(겉에서)

• 튀기다(뒤에서)

• 튀기다

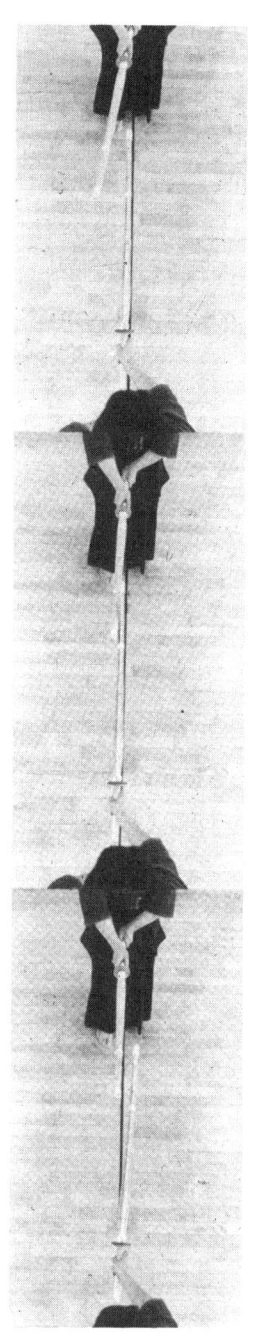

상대가 치려고 하는 순간에 이 방법을 갑자기 실시하면 보다 효과적이다. 이와 같이 기회를 노려 튀기는 방법을 이용하면 상대의 칼끝이 중심에서 벗어나서 자세가 무너지거나 손바닥이 순간적으로 딱딱해져서 치고 찌르기의 기회를 만들 수 있다.

□ 쳐서 떨어뜨리다

상대의 자세가 낮은 경우에 손목을 사용해서 비스듬히 위에서 아래 방향으로 날카롭게 튀겨 떨어뜨리듯이 쳐서 떨어뜨려 상대의 자세를 무너뜨리고 치고 찌르기의 기회를 만든다.

상대의 자세에 따라 이쪽의 자세를 무너뜨려서까지도 죽도를 튀긴다고 하는 동작은 반대로 이쪽의 틈을 만들게 된다. 따라서 어디까지나 칼끝은 중심에 두고 이쪽의 치고 찌르기에 방해가 되는 칼끝을 자신의 신체로부터 떼기 위한 것이다.

쳐서 떨어뜨리는 방법도 그저 손끝만으로 하는 게 아니라 신체를 앞으로 내밀면서 쳐서 떨어뜨리는 편이 보다 효과적이다. 물론 쳐서 떨어뜨렸을 때의 칼끝은 반드시 상대의 중심에 붙이는 것이 다음 기술로 이어진다고 하는 것은 말할 필요도 없다.

□ 후려치다

후려치기는 튀기거나 당기는 동작을 크게 한 것이라고 생각하면 좋을 것이다. 상대의 죽도를 비스듬히 오른쪽 위, 또는 비스듬히 왼쪽 위로 후려쳐 올려서 상대의 자세, 칼끝의 방향을 무너뜨려 치고 찌르기의 기회를 만드는 것이다.

후려쳐 올린다고 하는 동작은 상대의 칼끝이 위쪽으로 올라가서 그 반동으로 상대가 반격으로 옮긴다고 하는 것을 생각할 수 있지만 후려치는 죽도의 칼끝이 가능한 한 상대의 중심에서 벗어나지 않도록 할 것, 후려치는 순간은 손목의 스냅을 충분히 살려서 반원의 호를 그리듯이 주의하는 것이 중요하다. 그 기술을 할 수 있으면 이 후려치기가 죽도를 가볍게 쥐고 있는 상대라든가 칼끝이 높은 사람 등에

• 쳐서 떨어뜨리다

유효한 공격이 되어 나타난다.

□감다

상대의 죽도에 이쪽의 죽도를 오른쪽에서 왼쪽으로 또는 왼쪽에서 오른쪽으로 원을 그리듯이 해서 뒤얽어 자세를 무너뜨려서 치고 찌르기의 기회를 만든다.

공격은 한 번 잘못하면 상대에게 틈을 주게 된다. 따라서 감는 방법이 불완전해지면 처참한 결과가 된다. 감기수는 죽도의 쥠이 단단한 상대에게 효과가 있다. 죽도를 부드럽게 쥐고 상대의 죽도에 뱀과 같이 휘감는 상체의 유연성과 순간적으로 손목의 스냅을 살리는 것이 포인트다.

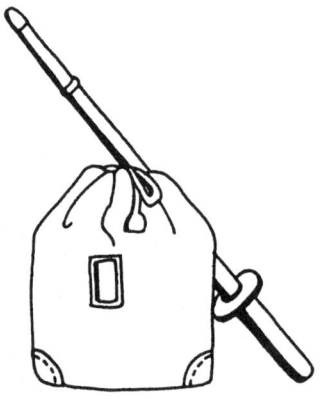

제3부──검도의 완결편 305

● 후려치다

306

• 감다

학습에 즈음해서—죽도(竹刀)와 발놀림

칼끝으로 '공격한다'고 해서 새삼스럽게 죽도를 단단히 쥐거나 칼끝을 한 군데에 고정하거나 해서 준비하는 것은 부자연스럽고 상대에게 오히려 치고 찌르기의 기회를 주는 원인이 된다.

따라서 죽도의 쥠을 부드럽게 함으로써 상대의 죽도를 훤히 알 수 있고 그 때에 비로소 죽도가 신체의 일부가 되었다고 말할 수 있을 것이다. 또한 발놀림은 전후좌우 자유 자재로 움직일 수 있다고 생각하지만 공격하고 나서 어디에서나 치고 찌를 수 있도록 하기 위해서도 왼발을 즉시 붙이는 것이 중요하다. 그 한 예로서 앞으로 나아가는 경우 형태로서는 오른발부터 나아가고 있지만 왼발부터 내보내는 듯한 기분으로 미끄러뜨리면 신체의 상하 움직임이 적어져서 스무드하게 발을 놀릴 수 있을 것이다.

그것들을 근거로 삼은 후의 칼끝의 움직이는 법은 절대 기계적(일정한 리듬)이 되거나, 치려고 하는 마음에서 경직되거나 해서는 안 된다. 선인으로부터 전해지고 있듯이 '할미새 꼬리의 움직임과 같이'라고 해서 '크고 작게, 작고 크게'라고 하는 변화를 준 움직임이 좋은 것은 당연한 일이다.

더욱이 예로 든 대다, 누르다, 튀기다, 후려치다, 감다 역시 같은 측에서만 실시하거나 같은 것만 하고 있으면 상대에게 이쪽의 의도를 감지당해서 효과가 오르지 않을 뿐만 아니라 반대로 치고 찌르기의 기회를 상대에게 주게 될 지도 모른다. 항상 상대의 대응 방법을 보고 1보 앞으로 앞으로 변화시켜서 하지 않으면 효과가 없음도 인식해 주길 바란다.

마지막으로 이런 방법은 보았다고, 들었다고 해서 곧 할 수 있는 것은 아니다. 지금까지 학습 중에서 경험한 공격의 종류나 방법을 정리해서 재인식한 후에 다시 학습에 정진하는 것이 실력향상의 지름길이 되는 것이라고 생각한다.

◢승리를 향해서──심리면의 정석 ①

심리적인 문제

　검도 뿐만 아니라 모든 스포츠의 선수들은 시합에 있어서 항상 최고의 게임을 하고 최대한으로 실력을 발휘하기 위해서 기능이나 체력의 트레이닝을 하고 있다. 그것과 동시에 어떻게 하면 복잡한 심리적 모든 문제를 극복하고 승리를 얻을 수 있느냐라고 하는 '마음의 트레이닝'에 밤낮 고심을 거듭하고 있다.

　검도는 상대와 일정한 거리를 두고 대치하고 상대의 변화에 따르느냐 혹은 상대에게 변화를 주고 거기에 따라서 공격하거나 방어하거나 해야 한다. 순간적으로 자신의 정신적·신체적 총력을 다 기울여서 상대를 제압해야 한다. 그러기 위해서도 상대의 의도나 움직임을 통찰하거나 자신의 정신적인 동요나 불안을 극복하거나 하는 것이 특히 필요하다고 생각된다. 또한 검도에서는 공방이 끊임없이 반복되고 있기 때문에 그 때의 상황에 따라서 인식하든 인식하지 않든 관계없이 정신적인 동요나 불안이 있는 경우에는 정확한 상황 판단을 할 수 없어 터무니 없이 실패를 하는 결과가 되는 경우가 많이 있다. 평소의 연습으로 몸에 밴 훌륭한 기능도 심리적인 조건에 따라 큰 영향을 받는 것은 경험적으로도 이해할 수 있을 것이다.

　그리고 또한 검도의 승부가 상대와의 체력이나 기능만의 경쟁이 아니라 동시에 승부에 수반되는 긴장, 공포, 프러스트레이션 등 심리적인 스트레스를 극복하는 능력의 경쟁이라는 사실로 누구나가 알고 있다.

많은 선인들이 목숨을 걸고 도달한 검의 극의를 전달하는 전서류 중에는 검의 기법과 심법이 모두 기록되어 있는 것을 많이 볼 수 있다. 실력을 최대한으로 발휘하기 위한 '마음의 문제'는 옛날부터 항상 관심 있는 문제다.

이 장에서는 '공격의 정석'으로서 검도의 여러 가지 기술의 실제를 검토하는 한편 이 코너에서는 검도에 관한 심리적인 문제에 대해서 약간 언급해 보겠다.

⊙「오륜서(五輪書)」수지권(水之卷)의 〈병법심지(兵法心持)〉에서는 '마음 가짐'에 대해서 다음과 같이 서술되어 있다.

'병법의 도에 있어서 마음 가짐은 평소의 마음을 대신하는 것이다. 평소에도 병법의 때에도 조금도 변함없이 마음을 넓게 똑바로 하고, 팽팽히 잡아당기지 않고, 조금도 늦추지 않고, 마음이 기울어지지 않도록 마음을 한가운데에 두고, 마음을 조용히 흔들어서 그 동요의 순간도 쉴새없이 동요하도록 여유있게 음미해야 한다. 이하 생략.'

즉, 병법의 도에서는 가령 전투시라도 마음 가짐은 평상 때와 변함없다. 평상시도 전투 때도 조금도 변함없이 정신을 널찍이 똑바로 하고, 무턱대고 긴장하지 않고, 또한 해이해지는 일없이, 편견을 갖지 않고, 마음을 조용히 뒤흔들어서, 그 동요가 한시도 멈추지 않도록 부디 주의하는 것이라고 하는 의미다.

쓸데 없는 긴장, 이완, 편집, 잡념 등을 제거해서 순식간에 정확한 판단을 내릴 수 있는 것 같은 일상 있는 그대로의 마음 '평상심'을 유지하라고 하는 것이 나타나 있다.

⊙일본의 승려 택암이 유생 항마수종규에게 〈검선일여〉를 설명해 준 「부동지신묘록(不動智神妙錄)」에는 검도의 수행상 '구애심'이 얼마나 지장이 되고 있느냐를 설명하고 '마음 둘 곳'은 어떤 경우도 한 군데에 두어서는 안 된다, 어딘가 한 군데에 마음을 두게 되면 거기에 마음이 사로 잡혀서 도움이 안 된다. 사안이나 분별을 깨끗이 버리고 전신에 마음을 던져 버리고 특정 장소에 멈춰 두려고 하지 않는 것이다. 그렇게 하면 신체 각소의 필요에 대응해서 확실히 도움이 될 것이다. '마음은 아무데도 두지 말라, 아무데도 두지 않으면 어디에나 있다'고 단적인 설명을 하고 있다.

「오륜서」,「부동지신묘록」모두 내용은 매우 심오하고 어려운 것이지만 문면은 평이하고 입수하기 쉬운 문헌이다. 꼭 옆에 놓고 숙독 음미를 해 주기 바란다.

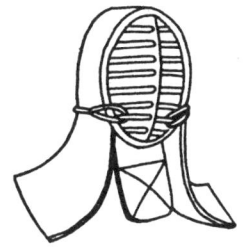

제2장

중심을 공격해서 친다

교전(交戰)의 의미

검도에는 옛날부터 '이기고 쳐라, 쳐서 이기지 말라'고 하는 말이 있다. 이것은 치고 찌르는 경우에는 항상 상대를 '공격해서 이겨라'라고 하는 의미다. 예를 들면 준비 수로 얼굴을 치려고 하는 경우에 공세로 나온다고 해서 무턱대고 얼굴을 쳐 내면 된다고 하는 것은 아니다. 오히려 얼굴을 쳐 내기 전의 적극적인 행동, 즉 '칼끝으로의 교전(=싸움)'에 의미가 있는 것이다. 이 '칼끝의 교전'에 이긴 것이 상대를 쳐서 이기는 것이다.

그러나 한 마디로 '공격'이라고 해도 매우 어려워서 스스로는 공격하고 있는 셈이라도 상대에게는 아무런 변화도 반응도 일으키지 않는 경우가 있다. 이와 같은 경우 '공격'은 되고 있지 않는 것이다. 상대가 의식하고 얼마간의 반응이나 변화를 나타냈을 때에 비로소 '공격'이 되는 것이다.

앞장은 '칼끝의 공격'에 대한 상대의 칼끝의 움직임에 대해서 관찰하고 칼끝의 방향과 치고 찌르기의 관계에 대해서 검토했다. 또한 '칼끝의 교전'의 방법에 대해서도 검토를 덧붙였다. 복습의 의미에서 요약하면 다음과 같다.

① 공격에 대해서 상대의 칼끝은 '내려간다', '올라간다', '죽도를 잡은 손목이 올라간다'의 세 가지 경우가 많다.

상대의 칼끝의 움직임에 따른 치고 찌르기의 방법을 도시하면 다음과 같이 된다.

```
공격한다   (상대의 칼끝의 움직임) (치고 찌르기)
          칼끝이 내려간다―얼굴·멱
          칼끝이 올라간다―팔뚝
          죽도를 잡은 손목이 올라간다―몸통
```

② 칼끝의 작용. '칼끝의 교전'에는 일반적으로 '대다' '누르다' '튀기다(당기다)' '쳐서 떨어뜨리다' '후려치다' '감다' 등의 방법이 있다.

검도의 공격에 대한 상대의 반응이나 변화는 칼끝의 움직임과 함께 간격(몸이 전진하거나 후퇴하거나 하는 것)이나 정신 상태 등에도 당연히 나타나지만 이런 점에 대해서는 다음 장에 서술하기로 한다.

중단의 자세와 교전의 음미

앞장에서 나타낸 칼끝의 교전 방법을 근거로 삼은 후에 이 장은 '교전'부터 '치고 찌르기'로 이어질 때까지의 일련의 동작을 구체적으로 분해하면서 설명하고 학습의 포인트를 들어 본다.

양자 조금의 틈도 없는 중단의 자세로 상대했을 경우에는 어느 쪽도 수를 걸 수 없다. 여기에서 이 중단의 자세에서의 기본적인 칼끝의 방향에 대해서 재확인을 하자.

중단의 자세에 있어서는 칼끝은 상대의 '목' 높이, 칼끝의 연장선은 상대의 '얼굴 중심부' 혹은 '왼쪽 눈'의 방향을 벗어나지 않도록 향하고 있는 것이 기본적인 위치라고 생각되고 있다.

서로 상대해 보고 상대의 자세에 틈이 있으면 아무런 주저없이 즉시 그 틈을 포착해서 치고 찌르기를 감행하는 것이 일반적인 도이다.

만일 조금의 틈도 없으면 적극적으로 공세를 취해 상대에게 틈을 만들게 해서 치고 찌르기를 해야 한다. 이 치고 찌르기의 기회를 만드는 법의 한 방법으로서 '칼끝의 싸움', 즉 '칼끝의 교전'이 생기는 것이다.

검도에서는 일반적으로 공격하는데 효과적인 부위는 검에서 가장 가까운 거리에 있는 '팔뚝'과 '멱', 즉 '목'이라고 한다. 특히 '목'을 공격하는 것이 상대의 마음이나 자세를 무너뜨리는데 효과적임은 알고 계실 것이다. 대부분의 수로 이어지는 기본적인 칼끝 교전의 제1보는 상대의 '목'을 공격해서 자세를 무너뜨려 치고 찌르는 것부터 시작되고 있다. 즉, '중심을 잡는다'고 하는 의미도 거기에 있는 것이다.

그래서 찌른다 혹은 찌른다고 보이는 동작을 교정의 기본 동작, 즉 '누르다' '튀기다' '쳐서 떨어뜨리다' 등의 항목에 넣어서 생각할 수도 있지만 이 장에서는 감히 생략하고 다음 장에 자세한 설명을 덧붙이고 싶다고 생각한다.

그럼 앞장의 기본 동작을 발전시켜서 각 수도 연결시키고 더욱이 그 포인트에 언급해 보기로 하자.

더구나 이하의 기술은 모두 서로 중단의 자세로 상대하고 있는 상태라는 것이 전제다.

교전에서 치고 찌르기로

눌러서 치다

상대의 죽도 겉(왼쪽) 혹은 뒤(오른쪽) 더욱이는 위쪽에서 가볍게 죽도 위를 올라 타듯이 대 보면 이쪽 움직임에 반응해서 상대의 칼끝이 올라갔다 내려갔다 변화한다. 칼끝이 내려가면 얼굴로 쳐들어 간다. 상대의 칼끝이 올라가면 팔뚝으로 쳐들어 간다. 칼끝을 벌려서 내리면 멱에도 나갈 수 있다.

상대의 칼끝에 대는 동작은 직접 치고 찌르기로 이어지는 경우보다도 오히려 상대의 죽도와 접촉함으로써 상대의 칼끝 움직이는 법이나 공격법의 경향, 상대의 마음 등을 아는 실마리가 되어 칼끝 교전의 제1보로서 생각할 수 있는 경우가 많은 것 같다.

서로 중단의 자세로 상대하고 있을 때에 기회를 봐서 상대의 죽도를 겉(왼쪽) 또는 뒤(오른쪽)에서 가볍게 누른다. 상대에게 가볍게 눌려 밀리면 무심결에 뒤로 물러나거나 죽도로 되누르는 등 자세를 무너뜨린다.

□눌러서 얼굴

칼끝을 겉(왼쪽) 또는 뒤(오른쪽)에서 가볍게 올라 타듯이 눌러서 칼끝이 내려간 곳을 즉시 정면으로 쳐들어 간다.

오른손이나 어깨에 쓸데 없는 힘을 주어서는 안 된다. 힘을 주지 않고, 아무렇지 않게 칼끝으로 상대의 중심을 없애듯이 눌러서 자세가 무너진 순간 급격히 얼굴로 뻗친다. 누르기에 대해서 앞으로 나오는 듯한 반응을 보이는 상대에게는 얼굴 치기가 효과적이다.

겉(왼쪽)에서 누를 경우에는 오른손의 엄지를 왼쪽 아래쪽으로

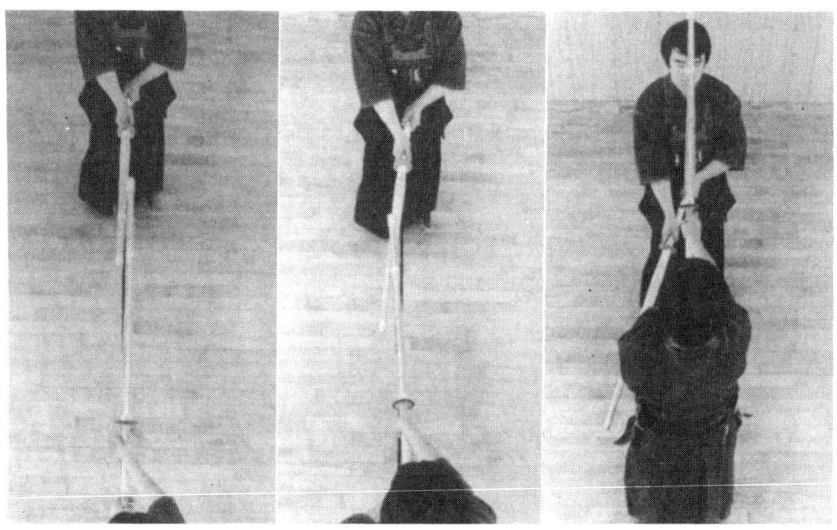

• 오른손의 엄지를 짜내듯이 가볍게 누르고 공격해서 이기면 즉시 상대의 정면을 친다

짜내듯이 해서, 즉 검이라면 호경을 상대의 검 봉우리에 씌우는 듯한 기분으로 앞으로 내밀면서 올라 탄다. 공격해서 이기면 일련의 동작으로서 얼굴로 뻗치는 것이 중요하다.

□눌러서 팔뚝

기회를 봐서 상대의 죽도를 겉(왼쪽)에서 올라 타듯이 해서 눌렀을 때 상대가 거기에 저항하려고 칼끝을 올린 순간을 놓치지 않고 즉시 팔뚝으로 쳐들어 간다. 상대의 칼끝이 올라갔을 때를 착지하고 자신의 죽도의 칼끝을 상대의 칼끝 위에서 미끄러뜨리듯이 해서 쳐들어 간다. 칼끝이 올라갔을 때를 포착해서 치는 것이 포인트다. 또 칼끝이 올라갔을 때에 상대의 칼끝 아래쪽에서부터 칠 수도 있다.

• 눌러서 팔뚝을 치는 경우, 뒤에서 누를 수도 있다

□ 눌러서 몸통

기회를 봐서 약간 깊이 앞으로 내딛어 상대의 죽도를 잡은 손목 근처를 누르면 거기에 저항하듯이 죽도를 잡은 손목이 올라갔을 경우 몸통을 쳐들어 간다. 누를 때에 순간적으로 악센트를 주면 상대는 반응하기 쉽다.

- 상대의 죽도를 잡은 손목 가까이를 누르고 상대가 저항해서 죽도를 잡은 손목을 올렸을 때 몸통을 친다

□ 눌러서 멱

 기회를 봐서 상대의 칼끝을 겉(왼쪽) 또는 뒤(오른쪽)에서 눌렀을 때 칼끝을 내리고 후퇴하는 것 같은 경우에 그대로 밀어 붙여서 여러 가지 수로 목 언저리를 찌른다. 누를 때에 오른손에 힘이 너무 들어가지 않도록 주의하는 것이 중요하다.

• 눌렀을 때 상대가 칼끝을 내린 채 물러나면 멱 찌르기로 간다

튀겨서(당겨서) 치다

　서로 중단의 자세로 상대하고 있을 때에 죽도를 맞추고 또는 순간적으로라도 맞추었을 때 좌우의 손목을 움직여서 겉(왼쪽) 또는 뒤(오른쪽)에서 작고 세게 칼끝을 움직여서 튀겨 자세를 무너뜨리고 쳐들어 간다. 특히 양 팔꿈치를 조이고 양손목의 스냅을 살려서 순간적으로 격렬하게 튀기는 것이 포인트다. 튀긴 후의 자신의 칼끝은 항상 상대의 정중선상에 있고 먹을 공격하고 있는 상태에 있다. 물론 제자리에서 찌르는 게 아니라 조금이라도 전진하면서 튀기는 동작이 일련의 동작이 되도록 하는 것이 효과적인 공격이 된다.

□튀겨서 얼굴 · 팔뚝 · 먹

　기회를 봐서 상대의 죽도를 겉(왼쪽) 또는 뒤(오른쪽)에서 날카롭게 튀겨 자세를 무너뜨리고 즉시 얼굴로 쳐들어가는 것이 기본적인 형태이다. 팔뚝을 노릴 때에는 팔뚝을 공격하면서 뒤에서 날카롭게 튀겨 자세를 무너뜨리고 즉시 팔뚝을 쳐들어 가서 먹을 노리는 경우는 상대의 목 언저리를 공격하면서 날카롭게 겉 또는 뒤에서 튀겨 자세를 무너뜨리고 찌르러 간다.
　효과적으로 튀겨지면 죽도를 떨어뜨리거나 자세를 무너뜨리거나 손바닥이 딱딱해지거나 해서 상대의 칼끝이 유효하게 작용하지 않게 되는 것이다. 충분히 학습해서 자신의 기술로서 사용할 수 있도록 해 두면 유리하다.
　서로 중단의 자세로 상대하고 있을 때 상대가 칼끝을 약간 낮추고

• 양팔꿈치를 조이고 스냅을 살려서 순식간에 세게 튀긴다. 직후에 칼끝이 상대의 목 언저리에 닿아 있는 것이 중요. 겉에서 튀기고 얼굴. 뒤에서 튀기고 팔뚝을 칠 수 있다.

준비하고 있는 경우에 비스듬히 위쪽에서 날카롭게 쳐 떨어뜨려서 자세를 무너뜨리고 쳐들어 가는 기술이다. 튀기는 경우와 마찬가지로 스윙 폭을 작게 하고 앞으로 나가면서 쳐 떨어뜨리는 것이 포인트다.

□쳐서 떨어뜨리고 얼굴

상대의 칼끝이 낮거나 전진해 오는 경우에 겉(왼쪽)에서 날카롭게 튀기듯이 쳐서 떨어뜨려 자세를 무너뜨리고 얼굴을 친다. 쳐서 떨어뜨리는 경우의 스윙 폭은 가능한 한 작게 해서 상대에게 공격의 기회를 주지 않도록 주의할 필요가 있다. 조금이라도 앞으로 나가서 쳐서 떨어뜨리는 것이 얼굴 치기에는 효과적이다.

□쳐서 떨어뜨리고 팔뚝 · 몸통

서로 중단의 자세로 상대하고 기회를 봐서 상대의 죽도를 쳐서 떨어뜨린다. 쳐서 떨어진 죽도의 칼끝이 반동으로 위로 올라오는 것을 포착해서 팔뚝을 친다. 마찬가지로 반동으로 죽도를 잡은 손목이 올라간 순간을 포착해서 몸통을 치는 수에 대해서도 같은 요령이다.

□쳐서 떨어뜨리고 역 찌르기

서로 중단의 자세로 상대하고 있을 때에 기회를 봐서 상대의 겉(왼쪽) 위에서 날카롭게 쳐서 떨어뜨려 자세를 무너뜨리고 상대가 물러나는 순간을 찌른다. 쳐서 떨어뜨리고 멱을 찌르는 경우 일련의 동작이 되도록 주의하는 것이 중요하다.

• 튀기는 동작을 위에서 본다.

• 상대의 죽도를 쳐서 떨어뜨린다.

• 쳐서 떨어뜨리기를 옆에서 본다.

● 상대의 칼끝을
쳐서 떨어뜨리고
상대가 물러나는
순간 즉시 멱
찌른다.

후려치다

서로 중단의 자세로 상대하고 기회를 봐서 전진하면서 상대의 죽도를 비스듬히 오른쪽 위 또는 비스듬히 왼쪽 위로 후려쳐 올려서 자세를 무너뜨리고 쳐들어 간다. 튀기는 동작을 크게 한 것이라고 생각되고 있지만 후려치는 경우는 어디까지나 아래쪽에서 비스듬히 더구나 칼의 빛나는 부분으로 접촉하는 것이 기본이다.

□후려치고 얼굴 · 팔뚝 · 멱 찌르기 · 몸통

어느 기술이나 중단의 자세에서 상대의 죽도를 겉 또는 뒤에서 후려쳐 올려 자세를 무너뜨리는 것이지만 기회를 봐서 전진하면서 후려치는 것이 중요하다. 후려친 직후의 치고 찌르기를 생각하는데 있어서도 팔뚝을 칠 때에는 작게 후려치고 몸통을 칠 때 등은 크게 후려치는 편이 좋을 것이다.

후려치기 기술을 걸 경우에는 상대의 움직임을 잘 보고 상대가 전후로 움직이려고 하는 순간 특히 앞으로 나가려고 하는 순간을 후려치는 것이 효과적인 방법이다. 또한 상대의 죽도와 접촉하는 순간에 손목을 왼쪽 또는 오른쪽으로 스냅을 살려서 날카롭게 후려친다. 후려치는 동작은 손끝만의 동작 뿐만 아니라 기회를 봐서 허리에서 앞으로 후려치는 듯한 기분이 중요하다.

모든 공격에 공통하는 점이지만 후려치는 동작과 휘둘러 올려 치고 찌르기를 하는 동작이 일련의 동작이 되도록 하는 것이 중요한 포인트다.

330

● 기회를 봐서 전진하면서 상대의 칼끝을 후려치고 얼굴을 친다

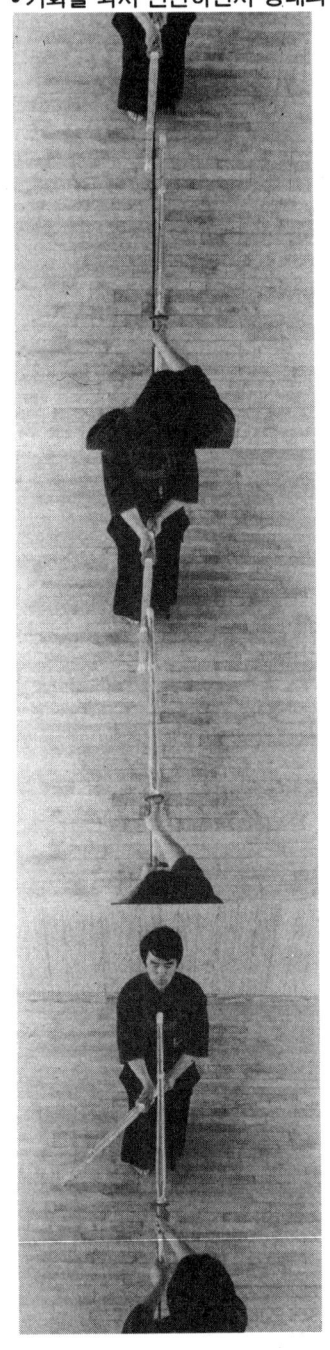

● 기회를 봐서 전진하면서 상대의 죽도를 뒤에서 후려치고 팔뚝

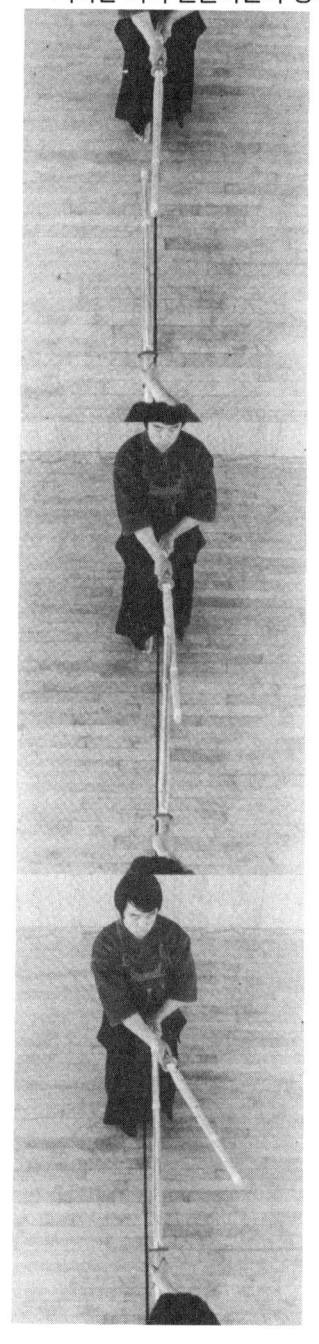

감아서 치다

감기 기술은 서로 중단의 자세로 상대하고 있을 때에 상대의 죽도 쥐는 법이 단단할 경우 혹은 상대가 하나의 치기를 끝내고 방심했을 경우 등에 기회를 봐서 앞으로 내딛으면서 상대의 죽도를 잡은 손목 쪽으로 향해 상대의 죽도에 이쪽의 죽도를 휘감듯이 해서 '감아 올림' 혹은 '감아 떨어뜨리기'로 자세를 무너뜨릴 수 있다.

칼을 예로 들어 설명하자면 전진하면서 이쪽의 칼 호경을 상대의 칼 봉우리에 조금 씌우듯이 해서 칼끝을 밀어내리면 '감아 떨어뜨리기'가 된다. 이 상태에서 즉시 오른손목을 뒤집어 이쪽의 칼 봉우리로 상대의 칼날부를 문질러 올리듯이 하면 일련의 동작이 '감아 올림'이 되는 것이다. 감아 떨어뜨리면 상대의 얼굴을 칠 수 있고 감아 올리면 얼굴도 팔뚝도 칠 수 있다. 그 밖에도 감아서 먹찌르기 등의 기술도 있지만 여기에서는 설명을 생략한다.

기술을 발휘할 호기로서는 상대가 부주의하게 나올 때 등으로 요컨대 서로의 간격이 가까워짐과 동시에 수를 걸지 않으면 효과가 없다. 왜냐하면 간격이 줄어들면 이쪽이 상대의 치고 찌르기 부위를 위협하는 형태가 되어 무심결에 상대는 얼굴이나 팔뚝을 감싸려고 한다. 숙련자라면 그곳을 치고 찌르거나 반동을 이용해서 감아 올릴 수도 있을 것이다. 간격의 가까움과 감아 올림 동작의 용이함의 관계에 대해서는 역학적으로도 말할 수 있다고 생각한다.

감기 기술은 가령 그것이 확실한 한 점으로 연결되지 않았다고 해도 상대의 허점을 찌른다고 하는 점에서 심리적 효과도 있다. 그렇지만 구사할 수 있게 될 때까지는 상당히 오랜 세월을 요한다. 게다가 다른 기술 이상으로 오른손이나 양팔의 움직임 더욱이 호흡에 어려움이 있어 서투르면 자신의 칼끝이 크게 벗어나서 오히려 상대로부터 중심을 빼앗길 지도 모른다. 지식으로서도 몸에 익혀 두는 것은 중요하지만 너무 하나의 기술을 고집하는 것은 득책이라고는 말할 수 없을 것이다.

어쨌든 교전이나 교전에서 치고 찌르기로 하는 경우에 왼쪽 주먹이 크게 상하·좌우로 벗어나서 동요하는 것은 좋은 일이 아니다. 왼쪽 주먹이 몸 중심에서 벗어나지 않고 각각의 교전이나 치고 찌르기를 할 수 있도록 유의하는 것이 중요하다.

● 앞으로 내딛으면서 상대의 죽도를 감고 얼굴을 친다

학습에 즈음해서—학습의 마음자세

　학습에 즈음해서는 우선 방호구(防護具)를 착용하지 않고 각각의 기술을 '크게' '천천히' 반복하는 것이다. 반복 학습한다. 모양을 학습하는 기분으로 각각의 기술 구조를 천천히 큰 동작 속에서 이해하고 정확한 기술의 습득을 꾀하는 것이다. 우회적인 연습과 같이 생각되는 점도 있을지도 모르지만 '급할수록 돌아가라'고 하는 예와 같이 마지막에는 여실히 효과가 나타난다. 방구를 착용하고 실전적으로 재빠른 동작으로 연습해도 부정확한 동작을 몸에 익혀 버리면 아무런 의미도 없다. 동작을 크게 천천히 연습하는 것은 도중의 잘못이나 속임수가 불가능하다. 자칫하면 재빠른 기술은 도중이 부정확해도 무심코 할 수 있었다고 함으로서 올바른 기술이 몸에 배지않는 경우가 많다. 기술 습득에 따라서 차츰 빠르게 실시하도록 유의하면 좋을 것이다.

　기본적인 기술의 학습은 물론 기초 학습도 공격 학습도 치게 하는 입장의 사람의 역할은 매우 크다. 특히 약속 학습 형식의 경우는 중요하다. 쳐들어오는 상대의 '공격'에 대해서 적당히 반응하고 변화해서 실시하지 않으면 정확한 기술의 구조도 이해할 수 없고 습득도 할 수 없다. 항상 어떻게 능숙하게 치게 하느냐, 효과 있는 학습으로 하기 위한 원립의 연구야말로 실전에 있어서 '맞지 않고 칠 수 있는' 단계에서 발전한 단계에 가까와지는 지름길의 하나다.

◢승리를 향해서──심리면의 정석 ②

감정이나 정서의 작용에 의한 인간의 반응

감정이나 정서는 인간의 행동을 일으키거나 방향짓거나 억제하거나 하는 작용을 가지고 있다. 여기에서 시합장에 있어서의 감정이나 정서의 작용에 대해서 살펴 보자.

① 정서에 의한 행동의 촉진

우리들의 행동이 정서에 의해 촉진되는 것은 잘 알려져 있다. 어떤 일을 하려고 하는 강한 의욕이 있을 때는 그것을 방해하는 조건을 극복하기가 용이하고 그 행동은 오래 계속된다. 예를 들면 숙달하고 싶다, 상대에게 이기고 싶다고 하는 강한 의욕이 있을 경우에는 연습에도 열렬하고 기능도 눈에 띄게 진보하는 법이다. 또한 화재장의 대단한 힘이라고 일컬어지는 긴급 사태에 직면했을 경우에 볼 수 있는 초인적인 힘의 발휘도 정서적 흥분에 근거한 행동의 촉진 현상의 하나로 볼 수 있다. 이와 같은 보통의 조건하에 있어서 발휘되는 힘 이상의 잠재적인 힘이 발휘되는 것은 갑작스런 강한 자극에 의해 생긴 격렬한 정서적 흥분에 의한 것이라고 생각할 수 있다.

감정이나 정서의 중추는 간뇌에 있지만 이 같은 시상하부에는 자율신경의 중추가 있고 감정의 변화에 의해 자율신경의 기능이 변화해서 신체의 반응도 달라진다. 자율 신경에는 교감신경과 부교감신경이 있고 서로 길항(拮抗)적으로 작용하면서 신체의 조화를 유지하는 역할을 하고 있다. 시합에 있어서 격렬한 투지를 가지고 적당히 정서적인 흥분이 생기면 교감 신경이 자극되어 그로 인해 소화가 억제되고 간장으로부터 혈당이 분비되고 부신 피질(副腎皮質)로부터 아드레날린이 분비되어 혈압이 높고 맥박이 많고 호흡이 깊어지고 근육 또는 간장에 축적된 에너지가 소비됨으로서 활동이 활발해진다. 그 때문에 큰 힘을 발휘할 수도 있게 되는 것이다.

그러나 정서적인 흥분이 너무 강하면 대뇌 피질의 활동에 혼란이 일어나서 신경 지배가 흐트러져 신체 각종의 작용의 조화가 상실되어 자기 통제가 불가능해져서 자기의 능력을 발휘할 수 없게 된다.

② 정서에 의한 행동의 혼란

잘 훈련된 선수는 시합과 같은 과긴장의 장에 놓여도 이미 몸에 배어 있는 반응에 의해 그 자리에 잘 적응할 수 있다. 그러나 시합장에 익숙하지 않은 사람, 자신이 없는 사람, 자극에 대해서 민감한 사람, 자극에 대한 인내성이 부족한 사람 등에게는 정서적인 혼란에 의한 부적응 반응을 볼 수 있다. '언다'고 하는 것은 이와 같은 부적응 반응의 하나로 정신이나 신체의 정상적인 작용이 흐트러져서 정상적인 평소의 행동을 할 수 없게 된 상태를 말한다. 즉, 과도한 정서적 흥분에 의해 정신을 집중하거나 자기를 통제하거나 지배하거나 할 수 없게 된 상태다.

많은 경우 당면하고 있는 문제에 필요 이상으로 강한 관심을 갖거나 그것을 지나치게 의식하거나 해서 보통의 정신 과정이 혼란을 일으켜 버린다. 또한 이성으로 감정이나 정서를 통제하려고 하거나 행동의 혼란을 의식적으로 억제하려고 해서 오히려 억제할 수 없는 억제 과잉에 있는 상태가 그렇다. '연다'의 징후로서 선정된 항목을 분석해서 '언다'는 다음의 5인자에 의해 구성된 생리·심리적인 복합 현상이라고 한다.

(1) 자율신경계(특히 교감신경계)의 긴장 '목이 막힌 듯한 느낌이 든다'든가 '요의를 느끼기 시작한다' 등의 징후를 나타낸다.

(2) 심적 긴장력의 저하(혹은 자아기능의 혼란) '주의력이 산만해진다' '아무것도 생각할 수 없게 된다' 등의 징후를 나타낸다.

(3) 운동 기능의 혼란 '손발이 생각대로 움직이지 않는다' '몸이 별로 말하는 것을 듣지 않는다' 등의 징후를 나타낸다.

(4) 불안 감정 '실패는 하지 않을까하고 걱정한다' '이유없이 불안을 느낀다' 등의 징후

(5) 열등 감정 '상대가 대단히 침착한 것 같이 보인다. '열등감에 시달린다' 등의 징후가 포함된다.

제3장

멱 찌르기로 공격해서 치다

멱 찌르기로 공격한다

상대의 반응을 본다

'상대가 무엇을 생각하고 무엇을 하려고 하고 있는지?'
 상대의 마음 속을 아는 것은 매우 어려운 일이다. 우리들은 보통 상대의 사소한 눈의 움직임이나 얼굴 표정의 변화, 아무렇지 않은 동작이라든가 이야기하는 말, 문장 작업 모습 등 그 사람의 외부로 나타난 얼마간의 행동을 단서로 해서 '마음속'을 미루어 헤아리고 있다. 사람의 마음은 동작이나 말이 되어 나타난다고 생각되기 때문이다.
 사람의 마음을 그 행동을 통해서 이해하려고 하는 경우 단순히 의견적인 몸의 움직임만으로는 좀체로 판단할 수 없다. 수학 문제를 생각하고 있거나 혹은 마음이 초조한 경우가 있을 지도 모른다. 그와 같은 사고나 감정 등도 포함해서 생각하는 것이 보통이다.
 검도에서는 항상 '어떻게 해서 상대에게 위협을 느끼도록 만들까' '어떻게 해서 상대의 전의를 상실시키고 자신이 우위 입장을 획득할까'라고, 칼끝 교전의 동작 중에서 상대의 마음 속을 서로 짐작하고 있는 것이다.
 어떤 자극(칼끝 공격)을 주면 어떤 행동(반응)을 보일까, 이 자극과 반응의 인과 관계를 파악할 수 있는 것은 매우 중요하다. 물론 인간의 행동은 매우 복잡해서 언뜻 다른 조건 아래에서 같은 행동을 일으키는 경우도 있고 같은 조건 아래에서도 다른 행동을 볼 수 있는

● 멱 찌르기는 상대에게 공포감을 준다

경우도 있다. 그러나 잘 관찰해 가면 사람에 따라 어떤 일련의 조건(칼끝 공격)에 대해서 특정한 일련의 행동(반응)이 초래되는 경향에 있음을 알 수 있다. 그래서 그 사람의 마음을 읽을 수 있는 것이다.

상대의 마음을 알고 공격에 대한 상대의 반응 동작을 알고 거기에 대한 적절한 기술을 적용시킬 수 있으면 백전 백승은 틀림없을 것이다.

칼끝의 위력

① 그 공격이 상대에게 본능적인 위협이 되어 막아낼 수 있는 경우
② 과거에 있는 공격에 의해 얼마간의 괴로운 경험을 받고 있는 사람에게 있어서 그 공격이 경험적인 위협(괴로운 경험의 재현의 연상)이 되어 막아낼 수 있는 경우 등을 생각할 수 있다.

본능적인 공포심을 찌른다

칼끝의 여러 가지 교전 중에서 '멱 찌르기'로 공격해서 치고 찌르기의 기회를 만드는 기술에 대해서 생각해 보자.

상대의 자세에 틈을 찾아낼 수 없는 경우는 어느 한 부위를 공격해서 치고 찌르기의 기회를 만드는 것이 효과적이다. 일반적으로 공격하는 데에 효과적인 부위는 자신의 가장 가까운 거리에 있으며, 죽도의 움직임의 근원인 '팔뚝'과 가장 공포심을 일으키기 쉬운 '멱 찌르기', 즉 '목'이라고 한다. 특히 '목'을 공격하는 '멱 찌르기 수'는 상대에게 있어서 위협이다. 공포감을 주어 상대의 마음이나 자세를 무너뜨리는데 효과적이고 자신의 자세를 비교적 무너뜨리지 않고 실시할 수 있기 때문에 검도 공격의 대표적인 방법이다.

다만 칠 뿐이라면 상대는 좀체로 항복했다고는 말하지 않는데 '멱 찌르기'를 섞어서 쉴새없이 공격하면 상대는 응하기 마련이다. 아무리 치기가 빨라도 그다지 두렵게는 느끼지 않는데 '멱 찌르기 수'를 가진 상대는 마음에 걸린다. 칼끝을 낮추고 나갈 수 있으면 별로 기분 좋은 것은 아니다. 맞는 것보다도 찔리는 것이 어째서 두려

운가, 선천적(본능적)인 이유에 의한 것이 후천적(경험적)인 이유에 의한 것인지는 확실히 구별할 수는 없지만 어쨌든 찔리는 것은 마음에 걸리고 싫은 느낌이 들기 마련이다.

따라서 '멱찌르기 수'를 적당히 이용해서 상대의 기를 꺾고 공포감을 갖게 해서 투지를 약화시키는 것은 전법으로서도 유리한 방법이다.

실제로 찌르지 않더라도 '찌르러 간다'고 하는 동작으로 상대에게 '멱 찌르기가 온다'고 느끼게 해서 방어태세를 갖추게 하거나 주의를 '멱찌르기'에만 집중시킴으로써 다른 부위에 틈을 만들게 하면 치고 찌르기의 기회도 생긴다.

초보자의 지도에 있어서도 '멱 찌르기를 공격해서'(실제로 찌르지 않더라도 '목'을 찌르는 동작에 의해) 상대에게 압력을 가해 치고 찌르기의 기회를 만들어서 공격하는 것은 중요한 내용으로서 다뤄지고 있다.

치기 위해서는 중단 자세의 칼끝의 높이를 높게 준비하는 편이 치기 쉽지만 목 언저리를 공격해서 멱 찌르기를 하기 위해서는 칼끝을 낮추어 아래에서부터 공격해 올리는 듯이 유리하고 효과적이다. 물론 상대와 상대했을 때에는 항상 '친다, 찌른다'고 하는 기선제압이 없으면 안 되고 그 공격의 마음이 칼끝에 불을 뿜듯이 나타나서 상대를 위압하고 있지 않으면 칼끝 공격은 효과를 올리지 못한다.

여기에서 멱 찌르기로 공격해서 치고 찌르기의 기회를 만드는 구체적인 기술에 대해서 생각해 보자. 기본적으로는 다음과 같은 순서로 연습을 한다.

```
먼 간격      → 1보 나아간다    → 1족 1도의 간격
(기본 간격)    (공격)           (치고 찌르기의 간격)
→치고 찌르기→잔심(殘心)
멱 찌르기로 공격한다→상대의 칼끝과 몸의 변화를 관찰→치고
찌르기→잔심
```

멱 찌르기로 공격해서 얼굴

서로 중단의 자세로 상대하고 있을 때 기회를 봐서 1보 나아가면서 멱 찌르기로 공격한다. 상대의 칼끝이 내려갔을 경우 그대로 앞으로 내딛어 정면을 친다.

공격해 들어갈 때는 세고 충실한 기세가 필요하다. 다만, 필요 이상으로 힘을 주거나 어깨에 힘이 들어가면 상대에게 이쪽의 의도가 알려져서 공격이 되지 않을 뿐만 아니라 오히려 상대에게 틈을 보여 당하게 되므로 주의해야 한다.

멱 찌르기로 공격해서 얼굴을 치는 경우에는 오른발을 앞으로 내딛으면서 왼주먹을 앞으로 짜내듯이 해서 칼끝으로 목 언저리를 공격하면서 휘둘러 올린다. 공격할 때에 양주먹을 너무 앞쪽으로 내밀지 않도록 하는 것이 중요하다. 전진 때는 왼발의 끌어 당김을 충분히 해서 왼쪽 허리로 찌르는 듯한 기분도 중요하다.

치고 찌르기는 모두 먼 거리에서 시작되어 1족 1도의 간격에서 실시하는 것이 원칙이다. 일반적으로 치기 거리에 들어가고 나서 새삼 휘둘러 올려 친다고 하는 2단 동작은 모처럼 공격해서 만든

치고 찌르기 기회를 잃게 되므로 주의가 필요하다. 치기 거리로 공격해 들어가면서 휘둘러 올리고 그대로 단숨에 쳐들어가야 한다.

 칼끝으로 상대의 목 언저리를 공격했을 때에 상대가 앞으로 나가 칼끝을 내리는 경우와 후퇴해서 살짝 보이도록 칼끝을 내리는 경우가 있다. 칼끝을 내리는 상대에게는 얼굴 치기가 유리하다. 나오는 상대에게 먹 찌르기는 실패하는 예가 많이 있다. 후퇴해서 살짝 보이도록 칼끝을 내리는 경우는 먹 찌르기가 유효의 도를 더한다. 물론 과감히 뛰어 들어 얼굴이나 한쪽 손 얼굴 치기도 쉽게 할 수 있다.

• 먹 찌르기로 공격할 때 양 주먹을 앞으로 너무 내밀지 않도록 주의한다

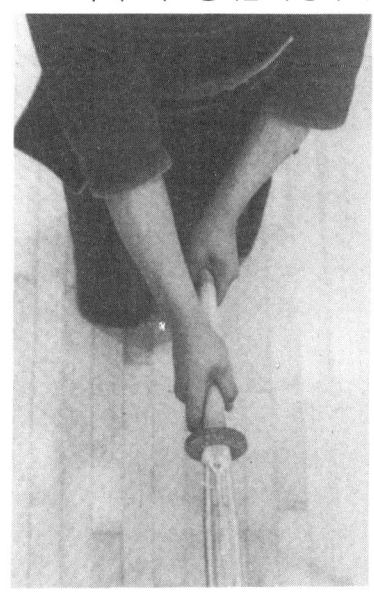
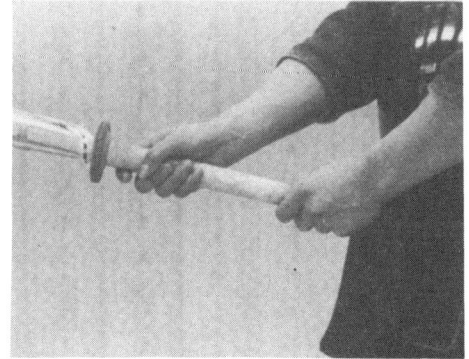
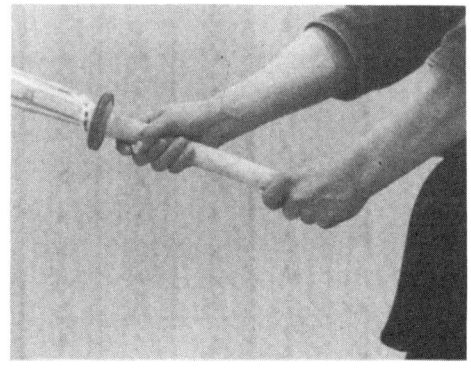

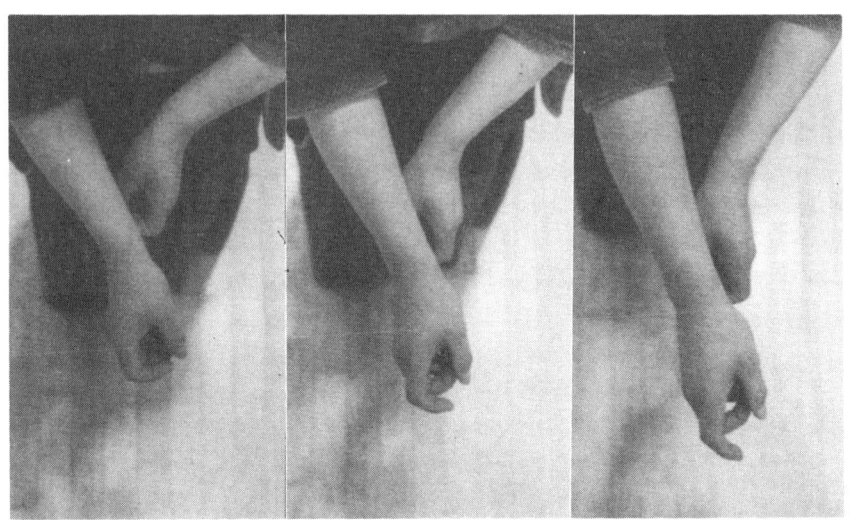

- 손바닥은 쥐어 짜듯이

□ 겉(왼쪽)에서 공격해서 정면

기회를 봐서 전진하면서 상대의 겉(왼쪽)에서 목 언저리를 공격한다. 상대가 칼끝을 벌리고 내려 후퇴하는 순간을 포착해서 과감히 정면으로 쳐들어 간다.

단순히 칼끝을 벌리고 내리거나 그대로 내리든가 해서 1보 전진해 오는 경우도 그 순간을 포착해서 날카롭게 정면을 친다. 상대가 후퇴하는 경우보다도 앞으로 내딛는 보폭은 좁고 또 얼굴 치기의 휘둘러 올림의 폭도 작아진다.

• 겉에서 공격해서 상대가 후퇴하는 순간 망설이지 말고 정면을 친다

• 상대가 전진하는 순간 뒤에서 얼굴을 친다. 곁에서 뒤로 들어갈 때는 상대의 죽도에 대면서 미끄러지듯이

☐ 뒤(오른쪽)에서 공격해서 정면

뒤에서 멱 찌르기로 공격해서 상대가 칼끝을 벌려 내리고 후퇴하는 순간을 포착해서 과감히 정면으로 쳐들어 간다.

상대가 칼끝을 벌리고 내릴 뿐 혹은 그대로 내리고 1보 전진해 올 때도 그대로 날카롭게 정면으로 쳐들어 간다. 앞의 겉(왼쪽)에서 공격해서 상대가 나오는 경우와 요령은 같다.

멱 찌르기로 공격해서 멱 찌르기

서로 중단의 자세로 상대하고 있는 경우에 기회를 봐서 1보 나가면서 멱 찌르기로 공격했을 때 상대의 칼끝이 내려갔을 경우에 그대로 오른발부터 전진해서 여러 가지 수로 멱찌르기를 한다. 특히 왼쪽 주먹의 위치를 상하좌우로 흔들리는 일이 없도록 단단히 고정시키고 앞으로 쑥 내미는 것이 멱 찌르기 수 성공의 포인트의 하나다. 오른손에 힘이 너무 들어가면 칼끝의 방향이 왼쪽으로 치우쳐서 올바르게 찌를 수 없게 되는 경향이 있기 때문이다.

멱 찌르기 수는 일반적으로 '나오는 상대에게는 효과가 적고 후퇴하는 상대에게 효과가 있다'고 하는 사실도 알아둘 필요가 있다. 따라서 멱 찌르기의 공격에 대해서 상대가 어떻게 움직이는지를 잘 확인하고 찌르는 마음 가짐도 필요하다.

☐ 겉(왼쪽)에서 공격해서 멱 찌르기

기회를 봐서 전진하면서 상대의 겉(왼쪽)에서 멱 찌르기로 공격한다.

　상대가 칼끝을 벌리고 내리든가 그대로 내리고 후퇴하는 순간을 포착해서 오른발부터 앞으로 내딛어 여러 가지 수로 '앞 찌르기'를 한다. '앞찌르기'는 일반적으로 이루어지고 있는 멱 찌르기의 방법으로 찔렀을 때에 손바닥이 뒤집히는 일 없이 죽도의 현은 위에 위치해 있다.

　또한 이와 같은 상황하에서 '겉 찌르기'를 할 수도 있다.

　'겉 찌르기'는 찌를 때에 손바닥을 짜내듯이 해서 상대의 죽도를 향해 오른쪽부터 칼날부를 오른쪽 아래를 향해 찌르는 기술이다.

　멱 찌르기 기술은 상대의 날밑부터 공격해 들어가서 자신의 죽도를 잡은 손목이 너무 올라가지 않도록 주의하는 것이 중요하다. 특히 겉찌르기는 칼날부를 오른쪽 아래로 향하기 때문에 죽도를 잡은 손목의 주의가 중요하다.

• 기회를 봐서 상대의 곁에서 공격하여 앞 멱 찌르기

• 손바닥을 짜내듯이 겉에서 공격하여 겉 멱 찌르기

• 상대의 죽도에 대면서 뒤에서 공격하여 뒤 멱 찌르기

□뒤(오른쪽)에서 공격해서 멱 찌르기(뒤 찌르기)

1족 1도의 간격에 들어가면 상대의 죽도에 대면서 재빨리 뒤로 돌린다. 상대가 칼끝을 벌리고 내리든가 그대로 내리고 후퇴할 때는 그 순간을 포착해서 '뒤 찌르기'를 한다.

'뒤 찌르기'는 여러 가지 수로 죽도의 날부가 왼쪽 아래를 향하도록, 즉 상대의 죽도를 향하고 좌측에서 찌르는 기술이다. 이 경우도 겉 찌르기와 마찬가지로 가능한 한 상대의 날 밑에서부터 찔러 죽도를 잡은 손목이 너무 올라가지 않도록 주의해야 한다.

멱 찌르기로 공격해서 팔뚝

서로 중단의 자세로 상대하고 있을 때에 기회를 봐서 1보 전진하면서 멱 찌르기로 공격한다. 상대의 칼끝이 조금이라도 올라갔을 경우에 그대로 상대의 죽도에 자신의 죽도가 평행해지도록 칼끝을 미끄러뜨리듯이 해서 팔뚝을 친다.

상대의 칼끝이 올라가는 방법은 그대로 올라가는 경우와 좌측으로 벌려서 올라가는 경우가 있지만 어쨌든 칼끝이 올라갔으면 팔뚝을 칠 기회라고 생각해도 좋다.

당연한 얘기지만 치기 간격으로 공격해 들어가면 주저하지 말고 일련의 동작으로서 날카롭게 치기를 한다. 다만, 왼쪽 주먹을 너무 크게 상하로 휘둘러 움직이는 것은 자신의 칼끝의 스윙 폭을 크게 해서 오히려 상대에게 치고 찌르기의 기회를 주게 된다. 또한 뛰어난 날카로운 팔뚝 치기도 할 수 없게 된다. 주의가 필요하다, 왼쪽 주먹이 정중선상에서 벗어나는 것도 탐탁한 일은 아니다. 날카로운 발

• 겉에서 공격하여 상대의 칼끝이
 다 올라간 순간 팔뚝을 친다

내딛기를 유의해서 솜씨가 잘 드는 뛰어난 기술이 되도록 연습을 해 보자.

기회를 봐서 전진하면서 상대의 겉(왼쪽)에서 멱 찌르기로 공격한다. 상대가 칼끝을 올리고 전진하려고 하는 순간을 포착해서 날카롭게 오른쪽 팔뚝을 친다. 순간적은 아니지만 상대의 칼끝이 다 올라간 순간을 포착해서 자신의 칼끝은 상대의 칼끝 아래를 통과하듯이 해서 팔뚝을 치게 된다.

상대가 칼끝을 벌리는 기미로 올려 오는 경우도 마찬가지다. 이때도 순간적은 아니지만 상대의 칼끝이 올라가는 것을 예측하도록 해서 다 올라가지 않은 그 순간을 포착해서 상대의 칼끝 위쪽에서 쪼개듯이 팔뚝을 친다.

뛰어난 솜씨와 날카로운 칼끝의 작용 그리고 손끝만이 아닌 허리가 들어간 유연한 움직임이 필요하다. 친 후의 자세, 잔심도 확실히 나타내야 한다.

멱 찌르기로 공격해서 몸통

서로 중단의 자세로 상대하고 있을 때에 기회를 봐서 1보 전진하면서 멱 찌르기로 공격한다. 상대의 죽도를 잡은 손목이 올라가거나 앞으로 나갔을 때에 크게 앞으로 내딛어 몸통을 친다. 이 경우 역시 우측 몸통을 노리는 편이 성공률이 높다고 말할 수 있다.

특히 시선을 상대의 얼굴(눈)에 고정시키고 몸이 앞으로 너무 기울어지지 않도록 하는 것이 중요하다. 몸통을 친 후에는 왼발의 끌어 당김을 빨리해서 허리가 구부러지지 않도록 해야 한다. 허리가 구부러지면 타격에 충분한 힘이 들어가지 않게 된다.

제3부──검도의 완결편 357

● 곁에서 공격하여 상대의 죽도를 잡은 손목이 올라가는 순간 곧 몸통으로 쳐들어 간다

목 언저리를 공격해서 상대의 죽도를 잡은 손목을 올리기 위해서는 특히 과감한 공격 '정말로 찌른다'고 하는 의지를 나타내지 않으면 좀체로 효과가 오르지 않는다. 어중간한 공격법으로는 오히려 상대에게 속아서 어처구니 없는 실패를 하는 경우가 많으므로 주의가 중요하다.

기회를 봐서 과감히 먹 찌르기로 공격한다. 상대가 그 기세에 눌려서 죽도를 잡은 속목을 올리고 무심결에 앞으로 나가는 순간을 포착해서 우측 몸통을 친다. 친 순간은 충분히 양손의 손바닥은 뒤집히고 상체는 똑바로 유지되고 특히 왼쪽 주먹이 몸에 가까와지지 않도록 양팔꿈치를 전방으로 뻗치는 것이 중요하다.

상대가 죽도를 잡은 손목을 올리고 후퇴하려고 할 때도 그 순간을 포착해서 과감히 앞으로 내딛어 우측 몸통을 친다. 소위 뛰어들어 몸통에 가까와진다. 상체를 똑바로 유지하고 발의 이동을 잘해서 치는 것이 특히 요구된다.

어떤 경우의 몸통 치기에서도 '친 순간에는 왼쪽 주먹을 몸의 중심에서 떼지 않는다' '항상 상대와 정대해서 치고 찌른다' '정확한 간격에서 정확한 자세로 치고 찌른다'라고 하는 기본적인 포인트를 확실히 지켜서 치는 마음가짐이 중요하다.

학습에 즈음해서──왕성한 기력이야말로 공격의 기본

초보자의 지도 단계에서 1보 전진하는 것을 공격의 하나의 실마리로서 다루는 경우가 많기 때문에 1보 나가는 것 자체가 공격이라고 생각하고 있는 사람이 있을 지도 모른다. 그것은 일종의 공격으로 이어지는 경우도 있지만 단지 1보 나간 정도로는 공격이 되지 않는다. 소위 왕성한 기력을 수반하고 있지 않으면 공격이 되지 않고 오히려 스스로 상대에게 틈을 주어 공격의 기회를 주는 결과가 되어 버린다. 충실하고 왕성한 기력을 담은 학습을 할 필요가 있다.

더욱이 '멱 찌르기 수'는 상대를 공격하는데 가장 효과적인 방법의 하나로 검도의 기술 중에서도 중심적으로 중요한 내용이지만 초보자나 유소년의 지도에 있어서는 때로 필요 이상으로 공포심을 주거나 해서 자유롭고 생동감 넘치는 기술을 발휘할 수 없게 되는 경우가 있다. 따라서 초보자나 어린 소년의 지도에 있어서는 다른 기술을 신장시키는 입장이나 안전 등을 고려해서 가능한 한 느리게 지도하는 것이 좋다고 생각한다.

■승리를 향해서──심리면의 정석 ③

얼기 쉬운 사람과 얼지 않기 위한 트레이닝

 대부분의 사람은 얼마간의 원인으로 '얼었다'고 하는 경험이나 의식을 가지고 있다. 일반적으로는 자신이 없는 사람, 주위의 자극에 민감한 사람, 자극에 대해서 인내성이 부족한 사람 등이 시합 등에서 얼기 쉬운 사람이라고 한다. 어는 것을 유발시키는 조건은 여러 가지 있지만 크게 나누면 그 사람 자신이 가진 개인적인 특성에 의한 것과 그 사람이 놓인 시합장의 상황으로 나눌 수 있다. 그 사람이 가진 개인적인 특성에 의한 주된 것으로서 다음의 것을 들 수 있다.

① 시합장에 익숙치 않은 사람
 시합 참가의 경험이 부족하거나 지금까지 없는 큰 시합에 참가하거나 이긴 경험이 적거나 하면 시합장에서 자신이 어떻게 행동해 가면 좋을지 예측할 수 없어 정신적인 혼란이 생긴다.

② 신경질 경향이 강한 사람
 시합에 임해서 어떤 일에 대해 매사를 골똘히 생각하거나 여러 가지 일이 마음에 걸리는 등 신경 쓸 일이 너무 많아서 대국적인 입장에 서서 매사를 판단하는 기반을 잃는다고 하는 경향이 많다.

③ 주관적 경향이 강한 사람
 있지도 않은 일을 공상하거나 가끔 멍하니 생각에 잠기거나 과민한 경향이 있기 때문에 시시 각각 변화하는 시합의 사태에 잘 적응할 수 없는 경우가 있다.

④ 내성적인 사람

남 앞에 나가면 굳어지거나 말수가 적어져 하는 등 사회적인 장에서 소극적 행동을 취하기 쉬운 사람은 일단 그와 같은 상황에 놓이면 적응에 시간이 걸리고 부적응을 일으키기 쉽다.

⑤ 불안 경향이 강한 사람

타인과 접촉하는 경우에 잘 그 자리를 처리할 수 있느냐 어떠냐 라든가 실패하지는 않을까라고 하는 대인 불안이 강하거나 자신이 하는 일에 대해서 막연한 공포를 갖고 있거나 감수성이 강해서 사소한 일까지 마음 아파한다고 하는 과민 경향이나 공포, 충동 경향이 강한 사람은 그 때문에 자칫하면 평소의 실력을 충분히 발휘할 수 없는 경우가 많다.

이와 같이 얼기 쉬운 사람이란 외부로부터의 자극에 대해서 감수성이 높아 쉽게 정서적인 혼란이 일어나기 쉬운 사람이라고 하는 것이 된다. 그러나 이와 같은 특성을 가진 사람이 어떤 경우나 언다고 하는 것은 아니다. 어는 것은 시합에 임했을 때의 심리 상태와 주위로부터의 여러 가지 압력과의 상대관계에 의해 유발된다.

얼기 쉬운 사람은 일상의 연습이나 시합을 통해서 얼지 않기 위한 대책을 세우고 트레이닝을 해 둘 필요가 있다. 그 중 몇 가지의 방법을 소개해 본다.

ㄱ) 불안이나 심리적 동요를 너무 제어하지 않도록 한다
시합 때는 누구나 긴장한다. 얼지 않기 위해서 주의를 너무 기울이면 오히려 얼어 버리기 때문에 '얼어서는 안 된다' 등이라고 생각하지 말고 워밍 업으로 신체를 움직이는 등해서 불안감이나 동요로부터 주의를 돌리도록 하는 것도 하나의 방법이다.

ㄴ) 마음의 의지할 곳을 갖는다
마음이나 생각이 동요해서 무엇을 해야 좋을지 모르게 된 것 같은 때에 자신이 정신적으로 의지하고 있는 것에 마음을 맡기면 침착과 안도감을 가질 수 있게 된다. 이로서 정신을 안정시키는 계기가 생긴다. 마스코트, 표어, 친구, 신 등 뭐든지 좋다.

ㄷ) 릴렉세이션(relxation) 트레이닝을 받아 들인다
강한 긴장 상태에 노출되는 장면에서 심신의 과긴장을 풀고 평소의 마음상태를 유지하기 위해서 몇 가지의 방법이 있다. 예를 들면 최면 이완법, 자율 훈련법, 점진적 이완법, 호흡 조정법, 악수 이완법 등이 있다. '어떤 종류의 긴장이라도 푸는 하나의 방법, 그것은 좋은 심호흡이다'라고 하는 것 같이 숨을 깊이 들이 마시고 호흡의 정도를 천천히 해서 자신을 평정시키는 심호흡의 방법은 자연스럽고 효과적인 방법의 하나다. 또한 '암시방뇨(소변과 함께 일절의 불안이나 공포가 전부 체외로 나간다. 매우 침착해진다)'라고 하는 방법도 효과적인 방법의 하나로서 널리 이루어지고 있다.

제4장

피어서 치다

기회를 살핀다

검도 시합에 있어서 마음과 기술을 분리시킬 수 없음을 아시는 바와 같다. 검도의 명인 달인이 보이는 심적인 특질로서 검도에 관한 서적「오륜서」지(地)권 '병법의 기회' 항에 의하면 '아무런 방법에 의존하지 않고 그 방법의 기회를 분별해서 체득하지 않으면 소용없다. 그리고 적합한 기회와 반대로 등을 돌리는 기회를 확실히 판별해서 올바른 병법을 파악하라'(의역)고 서술하고 '병법의 기회를 아는 것'을 설명하고 있다. 구체적으로는 '기회를 알고' '기회로 향해서' '기회를 만드는' 데에 있다고 하는 의미다.

여기에서 시합에 있어서 '기회를 알다', '기회로 향하다', '기회를 만들다'라고 하는 심적인 특질에 대해서 서술해 보기로 한다.

기회를 알다

명인이나 달인이 되면 상대의 체형이나 죽도의 움직이는 법을 보기만 해도 그 실력이나 작전 등 마음 속까지 감지한다고 한다. 우리들도 상대와 죽도를 맞추고 칼끝의 교전 중에서 서로 그 강한 점이나 약한 점을 찾아 내어 상대의 약점을 찌르는 등해서 효과를 올리도록 노력을 하고 있을 것이다.

또한 명인 달인이 아니더라도 오랜기간 훈련을 쌓음으로서 상대가 무엇을 하려고 하고 있는지 그 '조짐을 알아 차리고 치고 찌르기를 걸어도 좋은 경우와 안 되는 경우의 기회를 경험적으로 파악할 수 있게 된다. 학습에 의해 기회를 아는 직감이 길러지는 것이다.

이 '공격의 정석'에서는 지금까지도 치고 찌르기의 기회를 포착하는 방법을 칼끝 공격에 대한 상대의 칼끝의 방향, 자세, 속셈 등의 변화로서 파악하고 치고 찌르기의 '기회를 아는 것'에 대해서 생각했다. 그저 무턱대고 죽도를 휘둘러서 맞혔다고 해서 그것으로 된다고 하는 것은 아니다. 치고 찌르기의 기회를 아는 것이 우선 중요하다.

기회로 향하다

'기회를 타다'라고도 한다. 칼끝의 위력이 발휘되어 상대가 얼마간의 반응을 보였을 경우에 그것이 공격의 기회라는 사실을 알았으면 즉시 효과적인 치고 찌르기를 걸지 않으면 승부가 되지 않는다. '기회로 향하다'라든가 '기회를 타다'라고 하는 표현이 이용된다. 「오륜서」의 화(火)권 '베개 누르기' 항 중에 '기회를 보고 적이 치다'고 하는 '치다'의 첫글자의 머리를 눌러서 기선을 잡아라고 하는 의미의 글이 서술되어 있다. 필요에 따라서 기회가 왔으면 그 순간에 거기에 편승해서 상대에게 먼저 수를 걸어 쳐서 이기라고 하는 것이다. 상대의 칼끝이나 자세의 변화에 따라서 적절한 기술을 잇달아 발휘해서 상대를 제압하는 것이 이상적인 자세다.

흔히 '명인에게 자신할 만한 기술이 없다'라든가 '명인의 시합 모습은 능숙하다고는 생각하지만 강하다고 하는 느낌이 없다'고 일컬어지는 경우가 있다. 명인은 하나의 기술이나 특정 부위 등에 집착하거나 구애하는 일 없이 기회에 따라서 기술을 발휘하기 때문에 시합은 단조롭지 않고 기술의 결정 방법도 천차 만별, 여러 가지 있다. 상대의 상태를 보고 기회를 틈타는 것이기 때문에 무리가 없다. 강인한 느낌이 없이 소위 비전문가가 방어하는 뛰어난 힘이나 화려함은 느낄 수 없다. 기회에 따라서 적당히 변화가 있는 기술이 합리적으로 잇달아 발휘되고 있기 때문에 그렇게 느껴지는 것이다.

여기에서 '적당히 변화가 있는 기술'이라고 했지만 변화라고 해도 그것이 효과를 내는 것은 근본(기본)이 확실해야 비로소 가능한 것으로서 변화만을 처음부터 추구하는 것은 칭찬받을 일이 아니다. 각각의 기술의 기본을 확실히 굳히는 것이 중요함은 말할 필요도 없다. '기회를 알고 기회를 타서' 기술을 스무드하게 발휘할 수 있기 위해서는 실지의 학습을 거듭하고 연구하는 수 밖에 없다.

기회를 만들다

격렬한 칼끝의 교전 중에서 치고 찌르기의 기회를 알고 기회를 타서 상대를 치고 찔러서 승리를 얻는 것 외에 치고 찌르기의 기회를 적극적으로 만들어 가는 것이 공격의 본의다.

'기회를 만들다', 즉 '꾀어서 치는' 경우가 그것이다.

상대를 꾀어서 자신이 생각하는 급소로 끌어 들여 쳐서 이기는 것 또는 상대의 '조짐'을 알고 상대가 그 행동으로 옮기기 전에 이것을 꺾어서 승리를 얻는 경우가 기회를 만들어서 치는 것이다.

중국의 병법서「손자」중에 나타나 있는 '허실──실을 피하고 허를 친다'고 하는 생각이 '꾀어서 치는' 것의 인용례로서 이용되고 설명되는 경우가 흔히 있다(검도의 공방에 관한 '허실'에 대한 문제는 제13장에서 다루기로 한다).

그럼 '꾀어서 치는' 기술에 대해서 생각해 보기로 한다.

상대의 자세에 조금도 틈이 없어 그대로는 공격을 걸 수 없는 경우, 혹은 버릇이 있는 특정 자세의 상대에 대해서 공격을 간단히 발휘할 수 없는 것 같은 경우에 상대의 한 부위를 치고 찌르기의 모션으로 공격해서 주의를 그 방향으로 꾀어 다른 부위에 틈을 만들게 해서 치고 찌르는 기술이 '꾀어서 치는' 기술이다.

예를 들면 팔뚝을 막고 얼굴을 비어둔 상대와 대했을 때에는 기회를 봐서 상대의 얼굴을 공격하며 상대가 얼굴을 막으려고 칼끝을 올리거나 죽도를 잡은 손목을 올리거나 한 기회를 포착해서 팔뚝이나 몸통을 치고, 얼굴을 막고 팔뚝을 비어 둔 자세의 상대에게는 팔뚝을 공격해서 상대가 팔뚝을 막기 위해 얼굴에 틈이 생긴 것을 포착해서 얼굴을 치면 쉽게 승부는 결정지을 수 있을 것이다.

이하 꾀어서 치는 대표적인 기술을 몇 가지 들기로 한다.

얼굴을 공격하다

☐ 얼굴을 공격해서 팔뚝(상대가 후퇴)

기회를 봐서 조금 전진하면서 상대의 겉(왼쪽)에서 먹 찌르기로 정면을 치는 동작으로 공격한다. 칼끝의 공격의 기세에 눌려서 상대가 무심결에 후퇴하면서 얼굴을 막으려고 하면 칼끝을 올린 순간을 포착해서 날카롭게 오른쪽 팔뚝을 친다. 상대의 죽도의 방향에 평행이 되도록 자신의 칼끝을 향해서 치는 것이 팔뚝치기의 기본형이기 때문에 이 경우 똑바로 팔뚝으로 간다. 또한 얼굴 치기를 막으려고 죽도를 잡은 손목이 완전히 펴지는 순간을 포착해서 상대의 죽도 아래서부터 돌려 칠 때도 있다. 이 경우 자칫하면 죽도를 빙그르르 크게 돌리기 쉽다. 돌리는 것은 타이밍을 맞추는데 편리한 경우도 있지만 치고 찌르기의 기회를 놓치는 경우도 많이 있기 때문에 주의할 필요가 있다.

가장 중요한 것은 정말로 얼굴을 칠 셈으로 공격하는 것. 그렇게 하지 않으면 상대는 유혹에 넘어가지 않고 오히려 역습당할 우려조차 있기 때문이다. 유혹에 넘어가서 칼끝이 올라가도 앞으로 내딛는 발의 폭이 너무 크거나 하면 팔뚝을 치는 타이밍을 놓친다. 적절한 간격, 치는 타이밍 등의 요령은 수많은 학습에 의해 자신의 것이 될 것이다. 특히 이 경우의 팔뚝 치기에서는 간격과 친 순간의 자세가 유효 치고 찌르기가 되느냐 안 되느냐의 큰 갈림길이 된다.

팔뚝을 친 순간에 머리를 떨구거나 몸을 무너뜨려서는 안 된다. 시선이 마지막까지 친 팔뚝을 보고 있을 수 있는 자세(몸이 왼쪽이나 오른쪽으로 벌어지거나 전후로 무너지는 일 없이 단단히 상대와 정대한 자세)로 치고 있지 않으면 안 된다. 대개 얼마간의 임팩트를 수반하는 스포츠에서는(예를 들면 골프나 테니스) 대상에게 임팩트를 주는 순간을 안정된 자세로부터 확인하지 않으면 좋은 결과는 얻을 수 없다. 물론 경우에 따라서는 몸을 능란하게 움직여서 치지 않으면 안 되는 경우도 있다. 그것을 위한 간격이나 타이밍 맞추는 법, 발 놀리는 법에 대해서도 음미 학습이 중요하다. 그렇지만 치고 찌르기 그 자체를 논하는 것은 이 책의 주된 내용이 아니기 때문에 감히 생략하기로 한다.

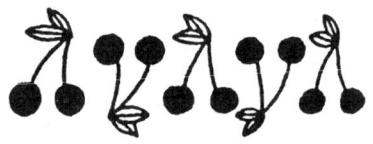

제3부──검도의 완결편 369

● 얼굴을 공격당하면 속은 것 같아서 싫은 느낌이다

● 겉에서 얼굴을 공격해서 상대가 이것을 막으려고 후퇴한 순간 날카롭게 팔뚝을 친다

제3부——검도의 완결편 371

• 곁에서 공격하여 상대가 천진해서 죽도를 잡은 손목을 올리는 순간을 노린다

□얼굴을 공격해서 팔뚝(상대가 전진)

겉(왼쪽)에서 얼굴을 공격해서 상대가 전진하면서 얼굴을 막으려고 칼끝을 올린 순간을 포착해서 날카롭게 오른쪽 팔뚝으로 쳐들어 간다.

요령이나 유의점은 앞서 서술한 상대가 후퇴하면서 칼끝을 올려 막는 경우와 거의 같지만 나오는 상대의 팔뚝을 포착하는 타이밍이나 간격 잡는 법, 몸 놀리는 법에 대해서는 상술할 필요도 없이 학습에 의해 체득할 수 있을 것이다.

□얼굴을 공격해서 우측 몸통(상대가 전진)

기회를 봐서 조금 전진하면서 상대의 겉(왼쪽)에서 먹 찌르기로 공격해 들어가 정면을 치는 모션으로 공격한다. 칼끝 공격의 기세에 대항하듯이 상대가 전진하면서 얼굴을 막으려고 하거나 받아내려고 해서 죽도를 잡은 손목을 올리는 순간을 포착해서 우측 몸통으로 쳐들어 간다.

특히 우측 몸통을 치기 직전까지 시선을 상대의 얼굴(눈)을 향하고 몸이 앞으로 기울어지거나 반대로 너무 뒤로 젖혀지거나 하지 않도록 주의하는 것이 중요하다. 또한 우측 몸통을 친 순간에는 오른손의 엄지와 검지에 힘이 너무 들어가지 않도록 하고 새끼 손가락, 약지를 조여서 치도록 유의한다. 재빨리 유연한 손 뒤집기와 스냅이 요구된다. 또한 친 순간에는 양팔꿈치가 펴지고 상체가 일어나고 허리가 들어간 상태, 즉 죽도의 치고 찌르기 부위가 가능한 한 자신의 체간보다도 멀리 떨어진 앞부분에서 우측 몸통을 포착할 수 있는

- 곁에서 들어간 정면을 치는 동작으로 공격한다. 상대가 틈을 좁혀 정면을 피하려고 하면 즉시 몸통을 친다

것이 바람직하다. 허리가 꺾이거나 얼굴이 앞쪽으로 기울어져 버리거나 팔꿈치가 구부러져서 양주먹이 체간(體幹)에 가깝게 있는 것 같아서는 좋은 몸통 치기라고는 말할 수 없다.

조금 치고 찌르기 그 자체의 이야기가 길어졌지만, 즉 몸통 치기는 공격으로부터의 자세의 변화가 커서 몸 놀림이 큰 포인트가 된다고 하는 것이다. 그런 까닭에 충분한 공격을 실시하지 않으면 상대를 유혹하기가 곤란해지는 것이다.

□얼굴을 공격해서 우측 몸통(상대가 후퇴)

곁(왼쪽)에서 얼굴을 공격해서 상대가 후퇴했으면 얼굴을 가리려고, 받아내려고 죽도를 잡은 손목을 올린 순간을 포착해서 과감히 우측 몸통으로 쳐들어 간다. 몸통 치기의 요령, 유의점은 앞서 서술한 상대가 전진해서 막으려고 하는 경우와 마찬가지지만 상대가 후퇴하기 때문에 말을 사용해서 허리가 들어간 탄력 있는 몸통 치기를 특히 유의해야 한다. 죽도의 쥠, 손바닥의 뒤집기도 중요한 포인트다.

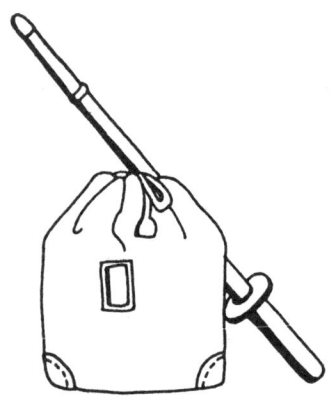

• 곁에서 들어가 상대가 정면을 피하려고 후퇴해서 죽도를 잡은 손목을 올리면 앞으로 내딛어 몸통을 친다

팔뚝을 공격하다

□ 팔뚝을 공격해서 얼굴(곁에서 뒤로 돌린다)

　기회를 봐서 상대의 뒤(오른쪽)에서 오른쪽 팔뚝을 치는 동작(오히려 오른쪽 팔뚝을 찌르는 듯한 동작)으로 공격한다. 칼끝의 기세에 눌려서 상대가 후퇴하면서 오른쪽 팔뚝을 막으려고 무심결에 칼끝을 내리든가 벌어진 상태가 되었다고 한다. 그래서 그 순간을 포착해서 과감히 앞으로 내딛어 정면을 친다.
　칼끝 공격에 대해서 상대가 대항하듯이 전진해서 막으려고 하는 경우도 있지만 정면 치는 법의 요령은 같다.
　팔뚝을 공격하는 경우 자칫하면 시선이 팔뚝을 향해 버려서 상대에게 이쪽의 의도를 간파당해 오히려 속아 버리는 경우가 있다. 기본 자세대로 상대의 눈을 중심으로 전체를 관찰하는 듯한 시선이 중요하다. 뒤(오른쪽)에서 공격하는 경우는 특히 공격해 들어가는 순간(자신의 칼끝은 내려간다)을 상대에 거꾸로 포착당하지 않도록 충분한 주의와 강한 기백이 요구된다.
　상대의 죽도 아래를 돌려서 치는데 칼끝을 필요 이상으로 돌리거나 하지 말고 앞으로 나가면서 재빨리 중심을 잡아 먹찌르기로 얼굴로 뻗치는 듯한 일련의 동작으로서 기술을 발휘할 수 있도록 유의하는 것이 중요하다.

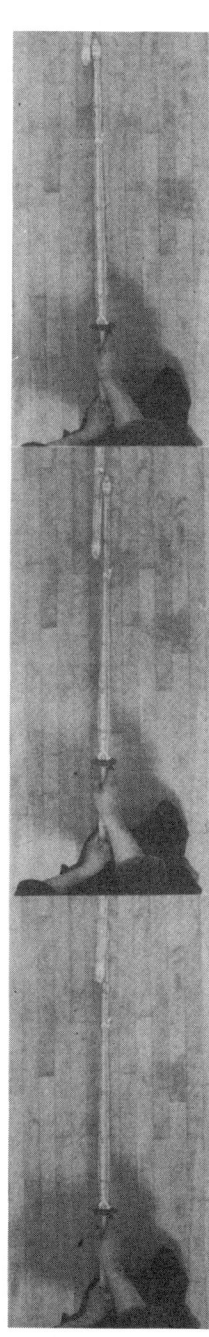

● 팔뚝을 공격하는 경우 상대가 똑바른 자세일 때는 평행으로 들어가도록 한다

- 곁에서 뒤로 돌려 팔뚝을 치는 것 같은 동작으로 공격한다. 상대가 후퇴해서 팔뚝을 막으려고 칼끝을 벌리면 정면을 친다

- 곁에서 공격해 들어가 팔뚝을 치는 것 같이 가장하고 상대가 물러나면 얼굴을 친다

□ 팔뚝을 공격해서 얼굴(겉에서 공격해 들어간다)

기회를 봐서 상대의 겉(왼쪽)에서 오른쪽 팔뚝을 치는 동작(오른쪽 팔뚝을 찌르는 듯한 동작)으로 공격한다. 그 기세에 눌려서 후퇴하면서 칼끝을 내리든가 벌려서 팔뚝을 맞으려고 하는 순간을 포착해서 과감히 정면으로 잘 쳐들어 간다. 상대가 오른쪽 손목을 막으려고 죽도에 휘감는 듯한 형태로 칼끝을 내려 벌어진 상태가 되는 경우도 많이 있다. 또한 상대가 앞으로 나가면서 오른쪽 팔뚝을 막으려고 하는 경우도 있지만 이것은 공격에서 치고 찌르기로의 연계에 무리가 없으면 쉽게 억제할 수 있다.

상대가 그대로 칼끝을 내려서 벌어진 상태가 된 경우에는 즉시 일직선으로 정면을 향하는 것이다. 휘감는 듯한 상태라면 상대의 죽도 아래에서 돌려 얼굴을 향하지 않으면 안 된다. 칼끝이 상대의 중심을 잡아서 최단 거리를 통과해 얼굴을 향하도록 유의하자.

학습에 즈음해서──꾀어서 칠 때의 유의점

① 상대의 버릇이나 움직임을 잘 보고 공격한다. 간격에 주의해서 자신의 자세를 잘 굳히고 상대의 버릇이나 움직임을 잘 관찰해서 가장 적절한 공격법을 취하도록 연구할 것.

② 기회를 잘 보고 공격을 취할 것. 초조해하거나 무리를 해서 공격을 걸어도 효과적인 유혹은 되지 못한다. 기회를 단적으로 포착하는 연구가 필요하다.

③ 손끝만의 유혹은 금물이다. 발을 사용해서 마음도 몸도 움직여

서 공격을 걸지 않으면 효과적인 유혹은 되기 어렵다.

④ 정말로 치고 찌르는 셈으로 공격을 걸 것. 어중간한 공격이나 속임수로는 상대를 유혹할 수 없고 오히려 상대에게 속아 어처구니없는 실패를 하게 된다. 주의가 중요하다.

승리를 향해서—심리면의 정석 4

연습에서 강한 선수와 시합에서 강한 선수의 심리적 특징의 차이

일상의 학습에서는 매우 강한 사람이 막상 시합에 나가면 눈 깜짝할 사이에 져 버린다. 반대로 평소의 학습에서는 대단한 것도 없는데 시합이 되면 매우 강하다고 하는 예는 주변에도 많이 볼 수 있다.

학습시에는 상태가 좋거나 강한 사람이 시합에서 자기 실력을 충분히 발휘할 수 없는 것은 어떻게 된 것일까?

스포츠의 연습의 중요성을 지적한 속담에 '학습에서 울고 시합에서 웃어라'고 하는 것이 있다. 이 의미는 평소의 연습을 중요시 여기고 진지하게 몰두하고 시합 때에는 느긋하게 평소 연습의 성과를 충분히 발휘하라고 하는 해석이다.

연습에서 강하고 시합에 약한 선수의 심리적인 특징에는 항상 이기려고 하는 의식이 강해서 자기의 실력을 충분히 발휘하려고 하는 나머지 시합이 되면 딱딱하게 굳어지거나 해서 실력을 발휘할 수 없거나 주위로부터의 기대를 과잉으로 의식하거나 자신보다 강하다고 생각되는 상대의 일거수 일투족에 현혹당하거나 하는 등 일반적으로 과긴장 때문에 '연다'의 경향을 볼 수 있다.

성격적으로는 꼼꼼함, 성실함, 고지식함, 신경질 등의 특징을 보이는 경우가 많이 있다.

한편 시합에 강한 선수의 경우는 자기의 실력을 믿고 위기적 장면이나 선택적 장면에서의 즉각 판단이 정확하고 정서적으로도 안정되고 여유 있기 때문에 실력을 발휘하기 쉽게 되어 있다. 어느 쪽이냐 하면 단념이 빠르고 태도 돌변의 마음이 강한 경우도 많이 볼 수 있다.

연습에서 강하고 시합에서 약한 선수의 지도면에서는 다음과 같은 점을 유의사항으로서 들 수 있다.

① 시합은 연습의 일환임을 자각시킬 것

연습에서 강한 사람이 시합에서 그 실력을 발휘할 수 없는 것은 시합을 너무 의식해서 승리에 초조해하기 때문임을 깨닫게 해야 한다. 평소의 편안한 마음을 갖게 하는 것이 중요하다.

② 자기의 실력을 믿게 할 것

아무리 강한 상대일지라도 상대는 자신과 같은 인간인 것. 인간이라면 어딘가에 약점이 있음을 깨닫게 해서 자신의 실력에 자신을 갖게 하도록 하는 것이다.

③ 정신적으로 의지할 곳을 갖게 할 것

정신적인 안정을 꾀하기 위해서 '마음 의지할 곳'을 갖게 하는 것도 중요하다. 마스코트, 징크스, 친구, 명선수나 감독, 코치, 종교 등 뭐든지 좋으니까 자신이 정신적인 의지로서 삼고 있는 것에 마음을 맡기게 하는 것도 하나의 방법이다.

④ 자기 암시를 이용한 자율 훈련법을 이용할 것

'자신은 강하다! 절대로 지지 않는다!'라고 다짐해 두면 정말로 강해진다고 한다. 자기 암시의 방법도 하나의 수단이다.

제5장

의표를 찌른다

상대의 의표(意表)를 찌른다

정통의 검풍

검도에서는 '연습'을 일반적으로 '학습'이라고 하는 말을 사용한다. '연습'도 '학습'도 본질적으로는 다를 바 없다고 생각할 수 있다. 그렇지만 '학습'에는 옛날을 생각한다고 하는 자의가 있다. 즉, 뛰어난 많은 선인들이 정진하고 노력해서 차츰 이룩해 온 일반적인 도(전통적인)를 마치 아이가 모범을 보고 연습하는 마음으로 진의를 다하자고 하는 것 같은 의미가 포함되어 있다.

따라서 일상의 검도 연습은 '올바른 자세' '올바른 간격'에서 '이합이 있는' 올바른 기본에 근거한 교전이나 치고 찌르기'의 연습, 즉 '정통의 검풍'의 추구를 위한 '학습'의 중심이 되어 실시되지 않으면 안 된다.

시합이나 호격 학습에서의 공격 방법이나 치고 찌르기의 방법은 본인의 개성과 함께 상대에 따라 또는 때와 경우에 따라 천차 만별 모든 방법이 이용된다. 그렇지만 결국 가장 안정되고 마지막에 위력을 발휘하는 것은 '정통의 방법(상도)'이다라고 하는 사실을 충분히 염두에 두고 생각해 주기 바란다.

공격과 작전

시합에서는 자신이 가지고 있는 기술이나 체력 등 모든 가능성이나 능력을 경주해서 승리를 얻기 위해(유효한 치고 찌르기를 완성시키기 위해) 상대와 교전을 한다. 체력이나 기술에 차가 없는 경우 정석으로는 통하지 않기 때문에 소위 '작전'에 의해 승패가 결정되는 경우가 있다.

시합의 작전은 일반적으로 기술적인 작전(전술)과 심리적인 작전으로 크게 나눠진다. 물론 양자가 표리 일체의 관계에 있음은 당연한 일이다.

심리적인 작전

시합에 있어서 심리적인 작전이란 시합을 유리하게 전개하기 위해서 상대의 선수를 치거나, 의표를 찌르거나, 상대의 예상에 어긋난 움직임을 보여서 심리적인 동요를 일으키게 하는 것이다. 그렇게 함으로서 지금까지 무너뜨릴 수 없었던 상대를 공격하거나, 막을 수 없었던 공격을 방어하는 계기가 생기는 것이다.

의표를 찌르는 공격

여기에서 말하는 '의표를 찌르는 공격'이란 심리적인 작전의 대표적인 것이다.

'상대의 중심을 칼끝으로 공격한다'와 '얼굴이나 팔뚝, 먹 찌르기 등의 치고 찌르기의 부위를 칼끝으로 공격하는' 것으로 치고 찌르기 기회를 만들어 내는 방법에 대해서 지금까지 설명을 해 왔다. 이런 공격 방법이 일반적으로 이용되는 정통 공격 방법의 예다.

전통적인 칼끝의 교전 중에서도 하나의 방법이나 같은 전법에 구애

되어 있는 경우에 좀체로 이길 수 있는 기회를 잡을 수 없는 경우가 있다. 자칫하면 '원 패턴'이 되어 상대에게 칼쓰는 솜씨를 간파당할 우려가 있고 공격에 대한 정신적인 면역성을 만들게 함으로서 모처럼의 날카로운 공격이 탄생하지 못하게 되는 것이다.

또한 양자가 실력이 비슷하여 나갈 수도 물러날 수도 없는 교착상태가 되는 경우도 있다. 이와 같은 때 방어 준비도 경험도 없는 것 같은 생각도 하지 않은 부위 등을 갑자기 공격한다. 그러면 상대는 의표를 찔려서 무심결에 자세를 무너뜨리거나 심리적으로 동요해서 판단을 틀리고 어떻게 대처해야 좋을지 모르게 되는 경우가 많다. 그 때 치고 찌르기의 기회(승기)를 잡을 수 있다.

의표를 찌를 뿐만 아니라 하나의 작전이나 전법에만 구애되지 말고 변화 풍부한 작전(공격법)은 상대에게 심리적인 동요를 주어 '평상심'을 잃게 만들기 때문에 승기를 잡는데 효과적이다. '변화 있는 공격'에 대해 「오륜서」 중에서 '산과 바다의 변화'라고 하는 말로 표현해서 이기기 위한 중요한 심리적 작전의 하나로 들고 있다.

의표를 찌르는 공격의 함정

다만, '의표를 찌르는 공격'은 어디까지나 '의표를 찌르는 공격'으로서 정상적인 공격 방법은 아니다. 따라서 처음 이용했을 때는 '의표를 찌르는 공격'일지라도 몇 번이나 반복해서 사용하면 효과는 없고 상대에게 있어서 '여느때의 공격'밖에 되지 않는다. 또한 공격 방법으로서는 보통과 다른 변형의 필사적인 공격 방법이 되는 경우가 많아진다. 그 때문에 상대에게 간파당해 버리면 스스로의 무덤을 파는 것 같은 자멸 행위가 되어 버린다. 정통의 교전이 있어야만 비로소

'의표를 찌르는' 것이 되는 사실을 잊어서는 안 된다.

정통의 교전을 통해서 항상 상대에게 만전의 주의를 기울여서 여유를 갖고 '선'을 빼앗고 있었다고 하자. 그러면 상대가 의표를 찔러서 치려고 해도 그 자체의 무너짐이 오히려 치고 찌르기의 호기가 되어 유리하게 전개될 것이다. 정신적으로 소극적이 되면 신체도 딱딱해지고 치고 찌르기 어려워져서 상대가 생각하는 급소다. 경계하는 것은 중요하지만 상대에게 '선'을 빼앗기는 듯한 약세가 되는 것은 금물이다.

• 의표를 찌른다

의표를 찌른 칼끝 공격

□ 과감히 아래를 공격한다──정면

서로 중단의 자세로 칼끝 교전(중심의 쟁탈)이 계속된다. 기회를 봐서 칼끝을 크게 내리고 강한 기백을 담아서 1보 전진하면서 상대의 오른쪽 주먹을 아래에서 퍼 올리는 듯한 기분으로 공격해 들어간다.

상대가 죽도를 누르고 공격을 막으려고 칼끝을 내린 순간을 포착해서 과감히 휘둘러 올려 정면을 친다. 왜냐하면 갑자기 큰 동작을 보여 상대를 동요시키기 위해서다.

□ 과감히 아래를 공격하는 경우의 유의점

(1) 어중간하게 공격해 들어가지 말 것. 공격이 불충분하면 반대로 틈을 만드는 결과가 되기 때문에 기력을 담아서 과감히 공격해 올린다.

(2) 공격해 들어가는 칼끝은 낮아져도 상대의 중심선에서는 벗어나지 않도록 한다. 너무 칼끝이 낮아지면 밸런스를 무너뜨려서 치고 찌를 수 없게 되는 경우도 있다.

(3) 상대의 자세의 무너짐을 포착하면 주저없이 과감히 정면으로 쳐들어 간다.

(4) 아래로부터의 공격에 대해서 앞으로 나가 막으려고 하는 사람과 물러나서 막으려고 하는 사람이 있는 것을 확인하고 기술을 발휘하는 것이다.

제3부――검도의 완결편 391

● 과감히 아래를 공격해서 상대가 칼끝을 누르려고 후퇴하면 즉시 정면으로 뛴다

• 아래를 공격하는 이미지

• 아래를 공격당하면 상대는 그 죽도를 누르듯이 칼끝을 내린다. 즉시 의표를 찌르고 크게 휘둘러 올린다

• 아래를 공격하면 급소를 겨냥당한 것 같아서 상대는 본능적으로 후퇴해 버린다

제3부——검도의 완결편 393

• 과감히 아래를 공격할 때 가까운 거리라면 상대에게 당한다

• 중심이 뒤나 앞이나 치고 찌르기 동작으로 옮길 수 없다

• 먼 거리에서는 미치지 않는다

□ 과감히 아래를 공격한다──한 손 얼굴(옆 얼굴)

　기회를 봐서 칼끝을 내리고 상대의 주먹을 노리듯이 공격해 올린다. 상대가 물러나면서 팔뚝을 지키기 위해 칼끝을 오른쪽으로 벌리든가 누르려고 해서 물러나는 순간을 왼발을 앞으로 내밀고 오른손을 칼자루에서 떼어 우측 허리에 얹고 왼손과 오른손을 교환해서 휘둘러 올리고 그대로 상대의 우측 얼굴을 친다.

　이 기술은 공격했을 때에 칼끝을 약간 오른쪽으로 벌리고 물러나는 상대에게 유효하다. 과감히 아래에서 칼끝으로 공격해 올리듯이 간격을 줄이면 상대는 그 기세에 눌려 조금씩 후퇴하면서 칼끝을 내리고 이 공격을 막으려고 했다고 하자. 그 때에 한 손 우측 얼굴을 친다. 상대가 후퇴해서 먼 간격이 되기 때문에 한 손 기술을 이용하는 것이다.

• 칼끝을 내려 주먹을 노리는 듯이 공격하고 상대가 후퇴한 순간에 왼발을 내밀어 한 손 얼굴을 친다

□ 한 손 기술의 유의점

한 손 기술은 일종의 뜀틀 도구적인 성격을 가진 기술이기 때문에 먼 간격으로부터의 기술로서 효과적이다. 1족 1도의 간격으로부터의 기술이 압도적으로 많은 현대 검도에서는 먼 간격으로부터의 기술에 익숙치 않은 경우가 많은 것 같다. 그 때 갑자기 의표를 찌르듯이 한 손 기술을 사용하면 대응하지 못하고 당하는 경우도 많이 있다. 그러나 의표를 찌르는 기술이기 때문에 항상 사용하고 있어서는 상대도 익숙해져 버려서 방어도 하기 쉬워 무른 기술이 되어 버린다.

(1) 공격했을 때 원칙적으로 상대가 나왔을 때는 가까운 간격이 되기 때문에 한 손 기술은 사용하지 않는 편이 안전하다. 나오는 상대는 한 손 우측 얼굴이나 멱 찌르기나 본능적으로 막혀 버리는 경향이 있다.

(2) 한 손 기술은 제수의 기술보다도 힘이 약하다고 해서 시합 규칙에서도 '확실한 것'이 아닌 한 유효가 되지 않는다고 한다. 따라서 타력을 강하게 하기 위해서도 몸의 안정을 유지하는데 있어서도 치고 찌르기 때의 오른손과 왼손의 교환 작용을 충분히 발휘시키도록 유의해야 한다.

(3) 어중간한 마음으로 기술을 발휘하면 상대에게 간파당할 뿐만 아니라 앞으로 나갈 수 없어서 상대로부터 당하는 경우가 많이 있다. 어중간한 기술의 발휘는 엄금이다.

(4) 만일 실패해도 절대로 물러나지 않도록 하는 것이 한 손 기술을 발휘하는 경우의 철칙이다.

• 상대가 팔뚝을 막으려고 자세를 우측으로 벌릴 때도 한 손 얼굴은 효과가 있다

• 한 손 얼굴은 먼 거리의 상대를 치기 위해 왼발을 앞으로 내밀어 몸은 반신이 된다

□과감히 아래를 공격한다——두 손 멱 찌르기 1

과감한 아래로부터의 공격에 대해서 상대가 이 공격을 피하려고 칼끝을 내린 상태에서 죽도를 잡은 손목이 무너졌다고 하자. 즉시 이 기회를 틈타서 격렬하게 두 손의 멱 찌르기를 발휘한다.

□과감히 아래를 공격한다——한 손 멱 찌르기

과감히 아래로부터의 공격에 대해서 상대가 죽도를 잡은 손목을 내리고 물러났을 경우에 공격한 자세인 채 왼쪽주먹을 앞으로 내밀어서 한 손으로 목 언저리를 찌른다. 이 경우에 오른쪽 주먹은 우측 허리로 잡아 당겨서 몸의 밸런스를 유지하고 멱 찌르기에 스피드와 위력을 더한다.

이 기술은 칼끝을 내리고 물러나 있는 사람에게 효과적이다.

□과감히 아래를 공격한다——오른쪽 팔뚝

과감한 아래로부터의 공격에 대해서 그 기세에 눌려 죽도를 잡은 손목을 올린 상태로 물러나려고 하는 기회를 포착해서 오른쪽 팔뚝을 친다.

● 과감히 아래를 공격하여 상대가 이것을 견딜 수 없어 칼끝을 내리고 죽도를 잡은 손목이 무너졌다. 그 때를 격렬하게 두 손으로 떡 찌른다

● 과감히 아래를 공격하여 죽도를 잡은 손목이 올라가면 팔뚝으로 나간다.

● 죽도를 잡은 손목을 올린 상태

● 한 손 멱 찌르기의 경우는 약간 반신이 되지만 오른발을 앞으로 내민다

□과감히 아래를 공격한다──두 손 멱 찌르기 ②

과감한 아래로부터의 공격에 대해서 칼끝을 올린 상태로 얼굴 혹은 팔뚝을 막으려고 자세를 무너뜨리고 물러나려고 하는 기회를 포착해서 두 손으로 멱 찌른다.

□과감히 아래를 공격한다──정면

과감한 아래로부터의 공격에 대해서 특히 죽도를 잡은 손목을 당기고 칼끝을 올린 상태로 물러나려고 하는 기회를 포착해서 정면으로 쳐들어간다.

□과감히 아래를 공격한다──뛰어 들어 몸통

과감한 아래로부터의 공격에 대해서 상대는 얼굴 치기를 예상하고 이것을 막으려고 죽도를 잡은 손목을 올린다. 이 기회를 놓치지 않고 포착해서 뛰어들어가 우측 몸통을 친다. 이 기술을 이용할 때는 공격에 대한 상대의 반응을 확인하고 뛰어들 때의 시간적인 간격 잡는 법이 중요하다. 상대가 죽도를 잡은 손목을 올리고 물러났다고 해서 기계적으로 뛰어들면 효과가 없다. 간격과 기회에는 충분히 주의해 주기 바란다.

• 상대가 죽도를 잡은 손목을 끌어
당겨 칼끝을 내리면 얼굴도 나간다

• 죽도를 잡은
손목을 끌어
당겨서 칼끝이
올리간 상태

• 왼발, 왼쪽
주먹으로 찔러
올리는 느낌으로
나간다

- 상대의 죽도를 잡은 손목이 올라간 것을 확인하고 몸통으로 뛰어든다

- 얼굴을 막으려고 죽도를 잡은 손목을 올린 상태

메기 수

'메기 수'는 의표를 찌른 일종의 유도(誘導) 기술이라고 생각할 수 있다. 과감히 왼쪽 어깨에 죽도를 메면 상대는 여기에 속아서 죽도를 잡은 손목을 올리거나 칼끝을 동요시키거나 해서 타격의 기회가 생긴다.

메기 수는 어떤 자세의 상대에게나 효과가 있는 것은 아니다. 칼끝을 벌리고 준비하거나 공격했을 때에 죽도를 잡은 손목이 올라가는 것 같은 버릇이 있는 상대에게는 보다 효과가 있다. 칼끝이 벌어져 있으면 우측 얼굴, 죽도를 잡은 손목이 올라가는 상대에게는 팔뚝을 치는 것이 효과적이다.

의표를 찌른 큰 기술이 생각대로 먹혀들어 갔을 때만큼 호쾌하고 통쾌한 것은 없다. 검도를 하는 사람에게 있어서 누구나 한 번은 시합이나 학습에서 이겨 보고 싶은 기술의 하나가 '메기 수'다. 그러나 이런 기술은 어디까지나 의표를 찌른 변칙 기술에 가까운 것으로 초보자가 이용하는 것은 바람직하지 않다고 말할 수 있을 것이다. 오히려 자세를 무너뜨려 정확한 기본 습득의 방해조차 되는 경우가 있다.

• 메기 수는 벌려서 준비하는 상대에게 효과가 있다

• 죽도를 잡은 손목이 올라가는 상대에게도 효과가 있다

□ 메기 수의 유의점

(1) 과감히 멜 것.

메기 수는 일종의 유도 기술이기 때문에 정말로 치는 셈으로 메지 않으면 상대는 속아 넘어가지 않는다. 어중간한 메기는 오히려 상대에게 틈을 보여 팔뚝을 맞게 된다.

(2) 반드시 마음으로 공격하고 멜 것.

상대에게 공격당한 상태에서 메도 효과는 없다. 항상 먼저 취해서 마음으로 이기고 있는 상태에서 메도록 한다.

(3) 손목이나 손바닥을 부드럽게 해서 멜 것.

죽도의 손잡이를 단단히 잡고 있으면 효과적이고 유연한 치기로 이어지지 않는다. 손목을 부드럽게 해서 쥐고 손목 뒤집기를 이용해서 치도록 하면 효과적이다.

(4) 칼끝을 중심에 고정시키는 자세의 상대에게 메기 수를 사용하면 위험하다. 메기 수는 옆으로부터의 공격 기술이기 때문에 칼 쓰는 솜씨를 확실히 볼 수 있어 방어당하기 쉽고 또한 멨을 때에 오른쪽 팔뚝을 겨냥당하기 쉽다.

□ 멱 찌르기를 공격하면서 메고 얼굴

기회를 봐서 상대의 멱 찌르기를 공격하면서 오른발을 약간 오른쪽 비스듬히 앞으로 내딛고 죽도를 왼쪽 어깨에 메듯이 해서 잡는다. 상대는 의표를 찌른 동작에 무심결에 물러나면서 우측을 막고 몸이 약간 뒤로 젖혀진다. 그 기회를 포착해서 크게 휘둘러 올려 정면을 친다.

• 오른발을 오른쪽 비스듬히 앞으로 내밀어 어중간해지지 않도록 과감히 메고 재빨리 왼발을 끌어 당긴다

제3부──검도의 완결편 409

• 중심을 공격하여 겉에서 누른다

• 상대의 죽도를 겉에서 눌러 상대가 후퇴하면 메고 우측 얼굴을 친다

□겉에서 눌러 크게 메고 얼굴

상대의 자세가 약간 벌어진 상태일 때 상대의 죽도를 겉에서 가볍게 누르면서 중심을 공격한다. 상대가 이것을 꺼리고 후퇴하면 그 기회를 포착해서 칼끝을 누른 채로 크게 왼쪽 어깨에 메고 우측 얼굴을 친다.

□겉에서 눌러 작게 메고 얼굴

상대의 죽도를 겉에서 가볍게 누르면서 중심을 공격한다. 상대가 약간 후퇴해서 몸이 뒤로 젖혀진 순간에 죽도를 왼쪽 어깨에 작게 메고 나가는 기세로 우측 얼굴을 친다. 공격하면 벌리고 후퇴하는 상대에게 효과적이다.

□중심을 공격해서 메고 팔뚝

칼끝을 상대의 중심에 고정시키고 공격한다. 오른발을 비스듬히 오른쪽 앞으로 내딛으면서 과감히 죽도를 왼쪽 어깨에 메고 그대로 상대의 죽도에 평행히 휘둘러 내려 오른쪽 팔뚝을 친다.
공격했을 경우에 죽도를 잡은 손목이 올라가는 상대에게 효과적이다.

제3부──검도의 완결편   411

● 공격하면 벌리는
상대에게 작게 멘다

• 곁에게 크게 메기 얼굴과 같은 요령이지만 공격하면 벌리고 후퇴하는 상대에게 보다 유효하다

● 중심을 공격하여 상대가 죽도를 잡은 손목을 올리면 메고 팔뚝을 친다

□뒤에서 후려쳐서 메고 팔뚝

상대의 죽도를 뒤에서 작게 후려치고 나가면서 메고 우측 팔뚝을 친다.

공격하면 얼굴을 막으려고, 팔뚝을 막으려고 죽도를 잡은 손목을 올리는 버릇이 있는 상대에게 효과적이다.

• 메기 수의 효과가 있는 상대의 대응. 얼굴을 막으려고 하거나 팔뚝을 막으려고 하거나 죽도를 잡은 손목이 올라가거나 한다

● 뒤에서 후려쳐 상대가 얼굴을 막으려고 하면 상대의 죽도와 평행히 휘둘러 내려 팔뚝을 친다

학습에 즈음해서——의표를 찌른 공격의 공죄 (功罪)

상대의 의표를 찌른 호쾌하고 큰 기술이 생각대로 먹혀 들어갔을 때만큼 통쾌한 일은 없다. 검도를 하는 사람에게 있어서 한 번은 대담한 한 손 얼굴이나 한 손 멱 찌르기 등을 해 보고 싶은 법이다. 또한 메기 기술도 효과적일 것이다. 그러나 이런 기술은 어디까지나 의표를 찌른 기술로 어느 쪽이냐 하면 변칙적인 것이다. 그 때문에 초보자에게는 별로 권장할 수 없다. 오히려 자세를 무너뜨려 올바른 기본을 잃는 경우도 있을 것이다.

여기에서는 어느 단계까지 기본을 몸에 익힌 분들이 폭 넓게 다채로운 공방을 전개할 수 있도록 감히 '의표를 찌른 공격'을 들었다.

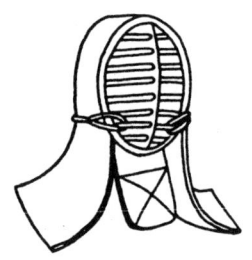

■ 승리를 향해서──심리면의 정석 ⑤

스포츠 적성으로서의 심리적 특질

상대의 힘과 기술을 겨루는 경기 스포츠를 보다 효과적으로 실시하기 위해서는 그 스포츠에 필요한 신체적, 심리적인 성능을 갖추고 있는 것이 필요하다. 이것을 스포츠 적성이라고 한다.

스포츠에 대한 흥미나 관심은 스포츠 적성으로서의 심리적 자질의 기본적인 것이다. 아무리 체격이나 체력이 우수해도 그 스포츠에 흥미를 갖지 않고 연습을 계속할 수 없는 사람은 고등 기능을 얻을 수 없다. 특히 일류 선수로서 활약하기 위해서는 목적 달성을 지향하고 다른 욕망을 억제하고 생활을 규제해서 장기간에 걸쳐 힘든 트레이닝을 계속해야 한다. 그 과정에서는 신체적인 피로나 고통, 고독감, 집단으로부터의 강한 규제, 불안, 공포, 열등감 등의 심리적인 압력과의 싸움과 그 극복 등이 요구된다.

또한 시합장에서 자기 기능을 충분히 발휘할 수 있기 위해서는 정신적인 긴장을 높이면서 한편으로 정서의 조절을 할 수 있어야 한다.

스포츠의 연습이나 시합 과정에 있어서 끊임없이 자기를 훈련하고 협조적인 인간 관계를 만들어서 자발적, 적극적으로 행동하는 것이 요구되고 있다. 따라서 개인의 심리적 자질은 스포츠 적성으로서 매우 중요한 것이다.

오조린(N. G. 오조린, 소련) 등은 스포츠맨이 갖춰야 할 의지적 요인으로서 다음의 3항목을 들고 있다.

① 독창성

자신의 활동에 목표를 정하고 이 목표 달성을 위해 행동의 조직을 자주적으로 할 수 있는 능력.

② 규율성

자신의 의지를 단체의 필요성, 요구에 부응시킬 수 있는 능력.

③ 결단력

복잡한 활동 조건하에 있어서 자주적으로 책임있는 판단을 내리고 어디까지나 이 판단을 실행에 옮기는 능력.

④ 용감함과 불굴함

장해나 곤란과의 투쟁에 있어서 필요한 의지력을 발휘하는 능력으로 자제심, 인내력, 과대한 긴장에 견디는 능력, 피로감을 극복하고 고통에 견디는 정신력의 전제가 된다.

'선수가 지녀야 할 심리적 특성'으로서, ① 인내·지구, ② 감투·국면 타개, ③ 판단·과단(果斷), ④ 침착·평상심, ⑤ 창의 연구를 들고 있는 학자도 있다.

모든 스포츠 선수에 공통으로 요구되는 일반적인 스포츠 적성의 심리적 요인은 다음의 3항목을 들고 있다.

① 스포츠에 대한 강한 흥미와 흥미를 발전시킬 수 있는 자질.

이것을 위해서는 움직이고, 활동하는 것에 기쁨을 느낄 수 있어야 한다.

② 목표 달성에 대해서 정신을 집중하고 지속할 수 있는 자질.

장해나 곤란을 극복하고 자기를 훈련할 수 있어야 한다.

③ 공통의 목표 실현을 위해서 역할을 분담하고 책임을 완수할 수 있는 협동성.

④ 적극적으로 정신적인 긴장을 높이고 강한 투지를 가지고 경기 할 수 있는 자질.

⑤ 위기적 장면이나 선택 장면에서 상황을 정확 또는 신속하게 판단하고 재빨리 실행할 수 있는 자질.

⑥ 위기적 장면이나 긴장 장면에 있어서 감정이나 정서를 조절하고 정신을 안정시킬 수 있는 자질.

⑦ 자주적으로 행동하고 장해나 곤란에 부딪치거나 새로운 장면에 직면했을 때도 관점을 바꾸거나 창의적인 연구를 하거나 해서 적응할 수 있는 자질.

스포츠 적성의 심리적 자질로서 개인의 성격 특성도 들 수 있다. 성격 특정은 스포츠의 성적에 영향을 끼치는 중요한 조건으로 선수로서의 장래의 가능성을 예측하기 위한 단서를 주는 것이라고 생각할 수 있다.

제6장

변화에 따라서 치다

공격했을 때의 상대의 상황에 따른 치고 찌르기

시합에 즈음해서 상대의 '기선을 제압하는 것' '선수를 치는 것' '쉴새없이 공격하는 것' 등은 이미 서술한 심리적인 작전의 대표적인 것이다. 여기에서 시합의 운용 방법에 대해서 생각해 보자.

선수를 치다

'선수'는 다음의 세 가지로 나누고 있다. 즉, 첫째는 우리쪽에서 적에게 거는 선수로 '공격의 선수', 둘째는 적에게서 우리쪽에 걸 때의 선수로 '대기의 선수', 셋째는 나도 걸고 적도 서로 걸 때의 선수로 '상호 선수'라고 하고 있다.

이 세 가지의 선수의 '베개를 누른다'고 해서 정신적인 선수의 중요성을 강조 항상 선수의 선수를 치지 않으면 진지한 승부에 승리를 얻기는 어렵다고 서술하고 있다.

'시합에 강한 사람', 즉 투장이라든가 포인트 게터(point getter), 대타라고 일컬어지는 선수는 이 선취 방법의 요령을 얼마간의 형태로 체득하고 있을 것이다.

위압하다

가령 방심하여 실패를 하지 않더라도 상대의 예봉(銳鋒)을 그대로 받는 것은 큰 희생을 예상해야 한다. 따라서 노련한 투장은 바로 싸움을 시작하려고 하는 일순간 전에 교묘하게 상대의 기선을 제압해서 혹은 투지를 슬쩍 돌리듯이 그 예봉을 피해 전국을 자신에게 유리한 태세로 이끌어 간다. 선취하는 마음 외에 상대를 위압하는 의식을 덧붙여서 '꺾는다'고 하는 말로 표현하고 있다.

예봉을 슬쩍 돌린다

 상대의 예봉을 그대로 받지 않기 위해서 이쪽의 허둥대는 기분에 상대를 끌어들여 이 예봉을 피하는 것이다. 예를 들면 수직으로 오는 압력을 피해서 비스듬히 하여 그 힘을 약화시키는 의미라고 생각하면 될 것이다.
 예를 들면 반드시 적절하지 않을 지도 모르지만 아이의 장난을 그치게 하는데 (1) 아이를 위협해서(꺾는다) 멈추게 하는 방법과 (2) 아이의 흥미를 다른 방향으로 돌려서 멈추게 하는 방법이 있다. 예봉을 돌리는 것은 (2)와 같은 방법이다.

다짐해 두다

 「종연초(從然草)」의 제109단에 '고명의 나무 오르게'라고 하는 이야기가 있다. 참대정도로 된 곳에서 순간의 마음도 놓아서는 안 된다고 가르치고 있다. '백리 여행은 99리로서 반이다'라고 하는 가르침도 있다. 가령 얼굴을 치고 이겼다고 생각해도 유효에 이를 때까지는 마음을 놓치 말라. '잔심'의 중요성이 여기에서 강조된다.

첫 일발

 실력 백중의 사람끼리 서로 비술을 다해서 싸우는 난전이 되면 상당히 승리를 얻기는 어려운 법이다. 전신 전령을 다한 첫 일발에 승패를 거는 경우가 많이 있다. 대결을 중요시 그리고 최초의 일발에 전정력을 쏟는 것이 포인트다.

쉴새 없이 공격하다

공격하고 공격하고 계속 공격함으로서 상대를 방전 일색으로 떨어뜨려 반격의 기회를 주지 않는 전법이다.

상대에게 심리적인 부담을 준다

상대에 대해서 강하다고 믿게 하거나 매우 상대하기 어렵다고 하는 관념을 만들게 해서 투지를 둔화시키거나 심리적인 동요를 일으키거나 하는 전법이 있다. 흔히 상대에 대해서 시위를 해서 상대를 위압하고 협박하는 방법이 취해진다.

이상적인 시합 선택(자기의 페이스로)

중요한 시합에 즈음해서 자신의 오랜 기간 쌓아온 페이스를 무너뜨리는 일 없이 충분히 그 실력을 발휘하는 것은 승부에 대해서 가장 중요한 심리적 조건이다. 모든 학습은 이 심경에 도달하기 위한 수련의 과정이라고 생각해도 좋을 것이다.

무욕(無欲)으로 시합을 하다

가장 긴장한 시합의 장면에 있어서 무심의 심경으로 싸우는 것이 최고라고 한다. '명예도 필요없다, 돈도 필요없다, 지위도 필요없다'고 하는 무욕의 심경이야말로 때로는 실력을 웃도는 승부의 결과를 남기는 경우가 있다고 하는 것이다. 무욕은 무심을, 무심은 부동지

(不動智)를 유발하기 때문이라고 한다.

상대의 움직임에 따른 치고 찌르기

공격했을 때의 상대는 후퇴하려고 하든가, 앞으로 나오려고 하든가, 치려고 나오는 등 크게 세 가지의 동작을 보인다.

여기에서 공격했을 때에 상대가 보이는 동작에 따라 어떤 기술을 사용해야 하느냐에 대해서 생각한다.

```
공격하다  ① 후퇴하려고 한다.
         ② 앞으로 나오려고 한다.
         ③ 치기 시작하려고 한다.
```

• 물러나서 공격을 피할 때는 쫓아 간다

이쪽의 공격에 대해서 후퇴하려고 하는 경우

상대가 후퇴하려고 하면 원칙적으로는 '쫓아 들어가서' 치고 불충분하면 2,3단 계속해서 쳐서 '연속 수'로 발전시킨다.

> 공격하다
> →(상대의 움직임) 후퇴하려고 한다
> →쫓아 들어가서 얼굴, 2·3단의 기술

□쫓아가서 얼굴

칼끝 공격에 의해 상대가 후퇴하거나 후퇴하려고 하는 기회를 포착해서 크게 쫓아 들어가서 얼굴을 친다. 먼 간격이 되어도 걷기 스텝이 아니라 올바른 내딛기 스텝에 의해 정면을 친다. 간격에 따라서는 연결 스텝이 되는 경우도 생각할 수 있지만 안정된 내딛기 스텝으로의 쳐들어가기 학습을 반복하는 것이 중요하다.

□팔뚝──얼굴(2단 수)

공격에 대해서 상대가 후퇴하려고 하는 기회를 포착해서 오른쪽 팔뚝을 친다. 더욱이 상대가 물러나서 칼끝을 내리고 또는 옆으로 벌려서 막으려고 하는 순간을 얼굴로 향하는 것이다.

그 때 상대를 마음으로 충분히 공격하고 나서 공세를 취한다. 상대가 비교적 똑바로 준비하고 있을 때에는 위에서, 칼끝을 중심에서 오른쪽이나 왼쪽으로 벌리고 준비하고 있는 상대에게는 아래에서

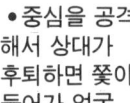

• 중심을 공격
해서 상대가
후퇴하면 쫓아
들어가 얼굴

• 중심을 공격해서 팔뚝을 치고 더욱 물러나면 즉시 얼굴로 나온다

퍼올리듯이 쳐 가면 효과적이다.

팔뚝을 친 후는 칼끝의 힘을 늦추지 말 것, 왼발의 잡아 당김을 빠르게 해서 자세를 가다듬으면서 얼굴로 향해 간다.

□ 얼굴──얼굴

기회를 봐서 얼굴로 쳐들어 가서 상대가 1보 물러나 칼끝을 내리고 있든가 몸을 돌려서 피했을 경우에 얼굴로 나가는 여세를 이용해서 다시 앞으로 내딛어 얼굴을 친다.

□ 팔뚝──몸통

기회를 봐서 상대의 오른쪽 팔뚝을 친다. 상대가 물러나서 죽도를 잡은 손목을 올려 빼려고 하는 순간을 휘둘러 올려 오른쪽 비스듬히 앞으로 나가서 우측 몸통을 친다. 만일 오른쪽 팔뚝을 쳤을 때에 상대가 앞으로 나가 뺐을 경우는 몸을 오른쪽으로 피해 우측 몸통을 친다. 후퇴하는 상대의 경우에는 특히 발의 이동을 잘 하고 몸이 펴져 불성공으로 끝나지 않도록 충분히 주의해야 한다.

□ 멱 찌르기──얼굴

상대가 칼끝을 내리고 혹은 옆으로 벌리고 준비하고 있을 때에 기회를 봐서 과감히 목을 공격한다. 상대가 그 기세에 눌려서 후퇴하든가 몸을 뒤로 젖히려고 피하려고 하는 기회를 포착해서 재빨리 얼굴로 향한다.

□ 팔뚝──얼굴──몸통(3단 수)

3단으로 공격하는 기술로서의 전형적인 기술이다. 요령은 전술의 팔뚝—얼굴과 얼굴—몸통을 연속해서 실시하면 된다. 몸 놀림, 죽도 놀림을 경쾌하게 하고 자세도 무너뜨리지 않고 단숨에 쳐들어 가는 것이 포인트다. 마찬가지로 다음의 세 가지도 그 요령이다.

□ 팔뚝—얼굴—얼굴

□ 멱 찌르기—얼굴—얼굴

□ 멱 찌르기—얼굴—몸통

(1) 처음은 일타 일타를 크고 정확하게 천천히 친다. 연습함에 따라서 차츰 작고 정확히 빠르게 연속해서 치고 찌르기를 할 수 있도록 해 나간다.

(2) 치고 찔렀을 때 왼발을 재빨리 끌어 당긴다. 손쪽을 빨리 하려고 생각하면 발의 움직임을 경쾌하게 하면 균형 잡힌 치기를 발휘하기 쉬워진다.

(3) 연속해서 치고 찌르기를 할 때에 처음의 치고 찌르기는 목적으로 하지 않고 다음의 치기를 목적으로 해서 치고 찌르는 경우도 있지만 어디까지나 상대의 변화를 포착해서 틈이 생긴 순간을 쳐 가는 것이 중요하다.

(4) 시선에 주의할 것. 시선은 항상 전체에 골고루 상대의 전체적인 움직임을 놓치지 않도록 주의할 것.

(5) 치고 찌르기 후에 칼끝을 늦추지 말 것. 치고 찌르면 칼끝을 늦추는 버릇의 사람이 많이 있다. 이래서는 연속 수는 제대로 칠 수 없다. 치고 찌른 후에 칼끝을 늦추지 말고 연속해서 앞으로 나가 칠

수 있도록 주의하는 것이 중요하다.

(6) 1호흡으로 공격할 것. 1타마다 호흡을 하고 있으면 빠른 연속의 기술은 발휘하기 어렵다. 왕성한 기력을 가지고 단숨에 쳐들어 가도록 유의하는 것이다.

(7) 같은 리듬으로 치지 않는다. 치고 찌르는 경우에 상대와의 거리나 공격하는 부위 등에 따라 휘둘러 올리는 동작이 달라야 한다. 기계적인 동일 리듬으로 쳐들어 가면 상대에게 간파당해 맞춰져 버린다.

이쪽의 공격에 대해서 앞으로 나가려고 하거나, 치려고 하는 경우

이쪽의 공격에 대해서 상대가 앞으로 나가든가 치고 나가려고 하는 경우에는 그 순간을 포착해서 치고 찌르든가, 후려치든가, 쳐서 떨어뜨리는 것을 생각할 수 있다.

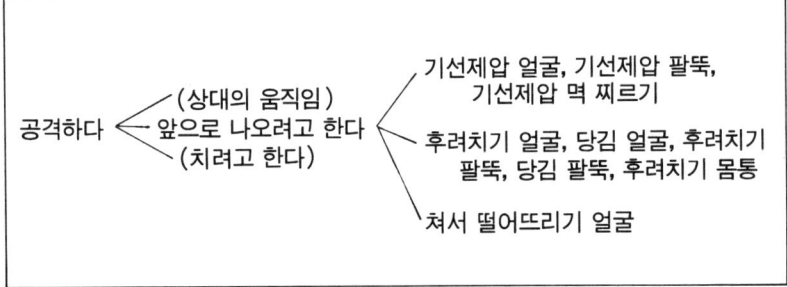

기선제압 수

상대의 기술이나 동작의 첫머리(나가는 순간)는 가장 좋은 타격의 기회이기 때문에 절대로 놓쳐서는 안 된다. 어떤 기술을 칠 때라도 반드시 첫머리가 있는 법이다. 능숙한 사람은 가능한 한 그 첫머리를 눈치채이지 않도록 하고 또한 첫머리를 여러 가지 공격법으로 바꾸고 있지만 그래도 첫머리는 겨냥당하기 쉽고 공격당하면 약한 부분이다.

상대의 움직임을 잘 보고 행동하는 것이 중요하다. 상대의 움직임에 가장 잘 보이는 것은 칼끝과 죽도를 잡은 손목이다. 칼끝이 오른쪽이나 왼쪽으로 벌어지면 얼굴, 죽도를 잡은 손목이 올라갔을 경우는 우측 팔뚝을 공격하는 것이 정석이다.

(1) 반드시 앞으로 나가서 칠 것
상대는 나가려고 할 때이기 때문에 그 기세에 눌려서 후퇴하는 일 없이 반드시 앞으로 나가 승부한다고 하는 강한 기백이 없으면 성공은 하지 못한다.

(2) 신체도 앞으로 나갈 것
칠 마음에 초조해하고 죽도를 잡은 손목만의 기술이 되지 않도록 주의하고 신체 전체로 특히 허리부터 나가서 치도록 한다.

(3) 치는 타이밍을 생각할 것

• 중심을 공격해서 상대가 나오려고 하면 얼굴도 나간다

간격이 접근하고 스피드도 있기 때문에 칠 때의 동작이 복잡해지기 쉽지만 기본적으로는 치고 찌르기 동작을 작게 해서 몸으로 치도록 하면 성공하기 쉽다.

□기선제압 얼굴

칼끝 공격에 의해 상대가 앞으로 나와 응하려고 하는 기회를 포착해서 나오는 순간 얼굴을 친다. 상대를 마음으로 제압하고 기백으로 얼굴을 쳐야 한다.

□ 기선제압 팔뚝

칼끝 공격에 대해서 상대가 앞으로 나오려고, 치고 나오려고, 휘둘러 올리려고 하는 기회를 포착해서 우측 팔뚝을 친다. 이 때 상대가 중단의 자세인 채로 있을 때에 치는 경우 죽도가 좀 올라간 순간을 치는 경우 휘둘러 올려 뻗친 순간을 치는 경우 등 기회는 여러 가지 있다. 중요한 것은 상대가 앞으로 나오려고 하거나 치려고 하는 순간에 즉시 팔뚝을 치는 것이다.

□ 기선제압 멱 찌르기

칼끝 공격에 의해 상대가 앞으로 나와 응하려고 하거나 치려고 하는 첫머리를 포착해서 두 손으로 목을 찌른다.

후려치기 수

칼끝 공격에 대해서 상대는 앞으로 나와 응하려고 하거나 치려고 한다. 그 기회를 포착해서 상대의 죽도를 오른쪽 또는 왼쪽으로 후려쳐서 자세를 무너뜨리고 치고 찌르기를 하는 기술을 '후려치기 수'라고 한다.

후려치기 수에는 후려치기 얼굴, 후려치기 팔뚝, 후려치기 몸통, 후려치기 멱 찌르기의 4가지 기술이 있다. 후려치기 얼굴과 후려치기 몸통에는 겉과 뒤에서의 후려치는 방법이 있다.

(1) 후려치는 경우는 좌측 허리와 우측 주먹을 축으로 해서 오른쪽 손목을 부드럽게 해서 양손으로 후려치고 신체 전체로 내딛어 후려치

도록 한다.

(2) 후려쳐서 치고 찌를 때 왼발이 남지 않도록 잡아 당김에 주의한다.

(3) 후려치는 방법은 호를 그리듯이 후려치고 후려친 죽도의 방향과 힘을 그대로 치고 찌르기에 활동할 수 있도록 유효하게 작용시키는 것이다.

(4) 후려치는 기회는 상대가 나오는 순간, 후퇴하는 순간이 유효함을 이해해 두면 좋을 것이다.

(5) 상대 죽도의 끝을 후려치는 것보다 중간에 가까운 곳을 과감히 후려치도록 하는 것이다.

□끝에서 후려치고 얼굴

칼끝 공격에 대해서 상대가 앞으로 나와 응하려고 하거나 치려고 하는 기회를 포착한다. 그리고 오른발부터 나가면서 상대의 죽도의 중간 정도를 겉 아래에서 비스듬히 위쪽으로 후려쳐 올려 그대로 휘둘러 올려서 얼굴을 친다. 칼끝이 낮은 상대에 대해서는 비스듬히 위에서 비스듬히 아래로 후려쳐 떨어뜨려 치는 경우도 있다. 이 방법은 상대의 칼끝이 오른쪽이나 왼쪽으로 기울어져 있는 칼끝이 오른쪽이나 왼쪽으로 기울어져 있는 자세일 때에도 효과적이다.

● 칼끝 공격에 대해서 상대가 앞으로 나오면 후려치고 얼굴을 친다

□ 뒤에서 후려치고 얼굴

나오는 상대의 죽도를 뒤에서 비스듬히 위쪽으로 후려쳐 올리고 얼굴을 친다. 상대의 칼끝이 낮은 경우에는 비스듬히 위쪽으로 후려쳐 떨어뜨리고 얼굴을 친다.

□ 잡아 당기고 얼굴

나오는 상대의 죽도를 곁에서 날카롭게 당겨서 자세를 무너뜨리고 얼굴을 친다. 뒤에서 잡아 당기고 얼굴, 마찬가지로 잡아 당기고 팔뚝을 칠 때도 같은 요령이다.

□ 후려치고 팔뚝

나오는 상대의 죽도의 중간 정도를 아래에서 비스듬히 오른쪽 위로 작게 후려쳐 올리고 오른손의 손목을 왼쪽으로 뒤집어서 날카롭게 오른쪽 팔뚝을 친다.

이 경우는 허리부터 앞으로 나가도록 하고 상대의 눈에 시선을 맞추고 왼발을 재빨리 잡아 당겨서 자세를 무너뜨리지 않도록 하고 치는 것이 중요하다. 후려쳤을 때에 죽도가 상대의 죽도로부터 떨어지지 않도록 주의하는 것이 포인트다. 팔뚝을 친 후의 칼끝의 결정도 중요하기 때문에 잊지 않도록 한다.

□ 후려치고 몸통

나오는 상대의 죽도의 중간 정도를 아래에서 약간 비스듬히 오른쪽 위로 크게 후려쳐 올려 그대로 휘둘러 올리고 좌우의 손목을 뒤집어서 우측 몸통을 친다. 그 때 죽도를 잡은 손목을 왼쪽으로 당기지 않고 앞으로 손목을 뒤집듯이 하는 것이 중요하다. 이 기술은 공격했을 때에 죽도를 잡은 손목이 올라가는 상대에 대해서도 효과적이다. 허리를 당기거나 벌리거나 한 상태에서 쳐 들어가는 경우가 많기 때문에 신체 전체로 쳐들어 가도록 유의하는 것이 포인트다.

□ 후려치고 멱 찌르기

나오는 상대의 칼끝이 높을 경우는 왼쪽(오른쪽)으로 후려쳐 찌르고 칼끝이 낮을 경우에는 왼쪽 아래로 후려쳐 떨어뜨리고 똑바로 찌른다.

□ 쳐서 떨어뜨리고 얼굴

칼끝 공격에 대해서 상대가 얼굴로 쳐들어 오면 그 죽도를 곁에서 날카롭게 쳐서 떨어뜨리고 얼굴을 찌른다.

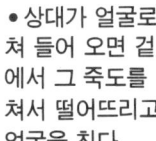

• 상대가 얼굴로 쳐 들어 오면 곁에서 그 죽도를 쳐서 떨어뜨리고 얼굴을 친다

■ 승리를 향해서──심리면의 정석 [6]

근성(根性)과 그 양성(養成)

스포츠에 있어서 근성이란 무엇을 의미할까? 근성이 있는 선수와 근성이 없는 선수를,

① 연습 때는 좋은 기록을 내거나 해서 강하지만 시합에서는 그 실력을 발휘할 수 없다.

② 경기중 불리한 조건하에 있어도 그 경기를 방기하지 않고 끝까지 분발한다.

③ 항상 강한 투지를 가지고 경기하거나 연습하거나 하고 어디까지나 자기의 목표를 달성하려고 하는 '끈기'가 있다.

등으로 구별해서 표현하는 경우가 있다.

국제 경기의 경험이 있는 코치가 근성이 있는 선수로서 든 사람들에 대해서 조사해 보고 다음과 같은 공통점을 발견하고 있다.

① 이기기 위해서는 어떤 고통이나 곤란도 견디고 그것을 극복할 노력을 한다. 오히려 고통에 견디는 일에 기쁨이나 만족감을 느끼고 있다.

② 한 가지 일에 몰두하는 행동 경향을 가지며 이것이 일상 생활에도 연습에도 나타나고 다른 사람보다도 조금이라도 많이 연습하려고 하는 태도를 가지고 자기에 대해 매우 엄격하다.

③ 괴로운 연습에 견디고 그것을 계속 실행하는 것으로부터 강한 자기 신뢰감이나 자신을 몸에 키우고 있다. 어떤 사람은 자신이라고 하기 보다도 오히려 신념으로까지 되어 있다.

④ 현상에 만족하지 않고 항상 뭔가를 하려고 하는 강한 의욕을 가지고 그 실현을 위해서 노력한다. 소위 욕심이 있는 선수다. 따라서 자신의 몸에 맞는 연습법을 연구하거나 일상 생활에서도 그것을 실천하거나 하고 있다.

이런 사실로부터 스포츠 선수에 요구되고 있는 근성은 높은 목표를 가지고 그 목표 달성을 위해서 심신의 작용을 통합하고 더구나 그것을 지속하는 의지라고 생각할 수 있으며 목표 달성을 위해서 모든 곤란이나 장해를 극복하는 목표 수행의 경향성이라고 할 수 있다. 이것은 승부의 세계에서는 공통으로 요구되는 사항이고 또한 사회 생활에 있어서도 필요한 사항이다.

또한 근성이라고 하는 말에는 단순한 태도가 아니라 행동력 혹은 실천력의 의미도 포함되어 있다. 그리고 태도나 행동에 있어서도 거기에 일관성이 있는 것이 전제로 되어 있다. 좋은 의미에서도 나쁜 의미에서도 근성은 어떤 것에 철저하고 태도나 행동에 일관성이 있을 때에 사용되는 말이다.

즉, 근성 있는 선수란 일시적으로 시합 때만 격렬한 투지를 발휘해서 경기하는 선수가 아니라 그 투지가 높은 목표를 지향한 지속적인 태도나 행동의 일환으로서 위치지워져 있는 선수다. 구체적인 목표로서는 세계 기록이나 국내 기록을 만든다든가 자기 기록이나 기능을 발전시키는 것, 상대를 이기는 것, 자기에게 이기는 것 등 여러 가지 있다. 그러나 그 목표 실현을 위해서 그것을 방해하는 자기의 욕망을 극복하고 곤란이나 고통을 극복해서 목표 실현을 위해 필요한 사항을 실천하고 실천적인 태도를 가진 선수가 근성 있는 선수라고 불린다.

일반적으로 근성은 곤란을 견디거나 그것을 극복하거나 하는 경험을 거듭함으로써 형성되는 것이다. 그 경험은 가장 강제적인 것부터 가장 허용적인 것까지 폭 넓지만 어쨌든 스포츠에 있어서의 근성은 기능을 발전시키는 계획적, 합리적인 연습을 하는 속에서 곤란이나 고통을 견디는 경험이 반복되어야 한다. 또한 그 곤란이나 고통을 견디는 경험은 명확한 목표 의식(목표 실현을 위해 실천하는 실천적인 태도가 선수의 '삶의 보람'이며 '사회적 사명'이라고까지 생각하는 목표)을 수반하고 그 목표 달성을 위한 수단으로서 위치지워지는 것이 필요하다.

즉, 신체적, 정신적인 고통을 견디고 목표 달성의 방향에 정신을 집중해서 지속함과 동시에 내면적인 안정을 유지하고 심신의 작용을 적절히 조절할 수 있도록 하는 것으로 기본적으로는 실천을 통한 소위 인간 형성이라고 해도 과언은 아니다.

이것을 위해서는 지도자와 선수와의 인간적인 상호 이해가 필요하고 지도자의 애정과 선수의 신뢰감이 전제가 되어야 한다.

제7장

상대의 움직임을 보고 치다

공격의 3원칙

검도에 있어서 상대를 공격하기 위해서는 세 가지의 원칙이 있다고 한다. 일도류의 가르침에 있는 '3살법(殺法)', 즉 '마음을 죽이고 칼을 죽이고, 기술을 죽인다'고 하는 검도의 사용법이 그것이다.

'3살법'이란 다음과 같이 설명되고 있다.

'적을 꺾는데 3법이 있다. 칼을 죽이고 기술(수)을 죽이고, 마음을 죽이는 이것이다. 칼을 죽인다고 하는 것은 적의 칼을 좌우로 눌러서 혹은 후려쳐 떨어 뜨리거나 해서 마음대로 사용못하게 함을 말한다.

기술(수)을 죽인다고 하는 것은 내가 먼저 날카롭게 공격해 들어가서 치고 찌르고 가령 격돌할 것이라고도 예상치 않고 분진해서 적에게 접근하자마자 즉시 발을 걸어서 비틀어 넘어뜨리고 혹은 몸을 부딪혀서 적으로 하여금 방어에 힘을 기울여서 기술을 베풀 겨를도 없게 함을 말한다.

이와 같이 하면 자못 마음이 용감하고 기술이 훌륭한 사람도 그 기세에 꺾여서 기술을 발휘할 수 없게 된다. 이 방법에 의해 용감히 작용해서 적이 첫머리를 눌러 항상 '선수'를 칠 때는 적은 나의 용기에 두려워하고 마음을 빼앗겨서 그저 싸워 잘 되는 것이다. 수련을 거듭한 후의 연구라고 알아야 한다. 이것을 '세 가지의 꺾기'라고도 한다.

적이 쳐내는 후를 치면 상격(相擊)이 되고 적의 작용에 휘말리면 '선수'를 빼앗긴다. 따라서 이 쳐내는 칼을 발로 밟는 마음가짐으로 순식간에 되쳐서 '선수'를 잡아 적에게 2번째의 칼을 칠 수 없도록 해야 한다. 이것을, 검을 밟는다고 한다. 밟는다고 하는 것은 발로서 밟는 것 뿐만 아니라 신체로서 짓밟아 내 칼로 밟는 마음 가짐으로서 적으로 하여금 다시 쳐 낼 수 없도록 해야 한다. 이것도 역시 적을 꺾는 한 방법이다.

「오륜서」화(火)권에 '검을 밟는다고 하는 것'의 항목이 있다.

'검을 밟는다고 하는 마음은 병법에 한결같이 이용할 수 있는 것이다.……매사를 적이 공세를 취하면 그대로의 이치를 돌려 받아서 적이 하는 것을 짓밟아 이기는 마음이다. 또한 한치의 병법도 적이 쳐내는 칼 다음에 치면 순간 순간 잘 되지 않는다. 적이 쳐내는 칼은 발로 짓밟는 마음으로서 쳐내는 것을 이겨 2번째를 적이 칠 수 없도록 해야한다. 밟는다고 하는 것은 발에 한정 해서는 안 된다. 몸으로 서는 밟고, 마음으로서도 밟고, 물론 칼로서도 짓밟아 다음 번을 적이 잘 하지 못하도록 유의해야 한다. 이것이 매사에 있어 선수의 마음이다. 적과 한 번이라고 해서 당면한 마음으로는 안 된다. 그대로 나중에 자기 것이 되는 마음이다. 잘 음미해야 한다.

그렇게 항상 선수, 선수라고 선수를 치는 것은 3살법이 효과를 올리기 위한 대전제임을 설명하고 있다. 만일 후수가 되어 상대에게 끌려 다니는 것 같으면 3살법은 실시할 수 없는 것이다.

「오륜서」화(火)권에서는 다시 '꺾는다고 하는 것'의 항 속에서,

'꺾는다고 하는 것은 예를 들면 적을 약하게 보지 않고 내가 강한 듯이 되어 꺾는다고 하는 마음 가짐이다. 대부분의 병법도 적 소수의 정도를 얕보지 않고 또는 많다고 적을 속여서 약점을 찌르게 되는 것이 아니라 우두머리부터 기세 등등하게 공격해서 멋지게 꺾는 마음이다. 꺾는다고 하는 것이 약하면 당할 수 있는 것이다. 손바닥에 쥐고 꺾는 마음을 잘 분별해야 한다. 또한 한치의 병법 때도 내 손에

부족한자 또는 적의 박자가 조금 맞지 않게 될 때 조금도 틈을 주지 않고 눈을 마주보지 않도록 하고 똑바로 꺾는 것이 중요하다. 조금도 일으켜 세우게 하지 않는 것이 제일이다. 잘 음미해야 한다, 라고 3살법의 마음 가짐을 서술하고 있다.

이와 같이 3살법은 끊임없이 적극적으로 공격하러 나가고 상대에게 조금의 여유도 다시 설 틈도 주지 않고 있다. 공격으로 격렬하게 맞서는 것이기 때문에 상대가 응전하는 것은 매우 어려울 것임에 틀림없다. 동시에 공격하는 측에 있어서도 절대 쉬운 것이 아니라 상대이상으로 고통스럽고 힘이 드는 경우도 많다. 따라서 그 고통을 극복할 만한 엄격한 수련을 쌓아서 극복해야 한다.

편안히 여유있게 준비해서 이길 수 있을 리가 없다. 3살법은 어쨌든 엄격한 방법이지만 공격의 원칙으로서 이해하고 수련해 주기 바란다.

치고 찌르기를 건 후 상대의 움직임을 보고 치다

지금까지는 검도의 '교전' 실제에 대해서, 특히 '칼끝'의 작용에 의해 상대의 칼끝을 자신의 중심부로부터 떼어 치고 찌르기의 기회를 만드는 '칼끝에 의한 공격'에 대해서 생각해 왔다.

지금부터는 스스로 적극적으로 기술을 걸거나 상태가 치려고 하는 기술을 먼저 걸어서 제압하거나 상대의 자신 만만한 기술을 반대로 거는 등 '기술을 건다'로서 상대에게 동요를 주어 자신에게 유리한 치고 찌르기의 기회를 만드는 것.

즉, '기술에 의해 공격하는'것에 대해서 생각해 보기로 한다.

기회를 봐서 공격해서 치고 찌르기를 걸었을 때에 상대가 취하는 동작을 관찰한다. 그러면 '물러난다'든가 '응해서 물러난다' 혹은 '응해서 치고 나오려고 한다'고 하는 세 가지의 경우로 크게 나눠지는 것 같다.

```
치고 찌르기에 의한 공격⇨① 물러난다
              ⇨② 응해서 물러난다
              ⇨③ 응해서 치고 나가려고 한다.
```

이쪽이 공격을 건 1점의 치고 찌르기가 유효 치고 찌르기로서 먹혀 들어가 버리면 문제없다. 그러나 발휘한 기술이 불충분해서 1점이 되지 않았을 때 '치고 찌르기 후에 보이는 상대의 동작'에 의해 어떤 기술을 발휘해야 할지 정확히 판단할 필요가 있다. 이것이 이 장의 과제다.

공격에 대해서 상대가 물러나는 경우

상대가 물러나는 경우는 기세 등등하게 공격해서 '쫓아 가'치고 불충하면 2·3단 계속해서 치는 '연속 수'로 발전시키는 것이 원칙적인 방법임은 이미 서술했다.

칼끝의 공방으로부터 치고 나가 상대가 물러났을 때 이 정석에 근거해서 어떤 기술을 사용할지 판단해서 공격하는 것이다.

□공격해서 얼굴⇨물러난다(상대)⇨얼굴~얼굴(2단 수)

칼끝 교전에서 기회를 봐서 정면으로 쳐들어 간다. 상대가 벌리듯

제3부──검도의 완결편 451

● 공격해서 얼굴을 쳤을 때 상대가 자세를 무너뜨리고 후퇴하면 즉시 얼굴을 친다

이 칼끝을 내리든가 남기듯이 후퇴해서 얼굴 치기를 피한 순간, 1판째의 여세를 이용해서 더욱 앞으로 내딛어 정면을 친다.

학습의 단계에서 치게 하는 측(상대)은 1판째를 확실히 치게 하도록 유의하고 수련이 진행됨에 따라서 1판째를 치게 하지 않도록 한다. 이렇게 함으로서 치는 측은 올바르게 칠 수 있고, 맞는 측은 '맞지 않도록' 양자에 효과가 있는 것이다.

작전적으로 2판째의 얼굴을 노리는 경우 1판째를 의식적으로 얕게 치고 2판째에서 결판짓듯이 치는 경우도 있다.

□공격해서 팔뚝⇨물러난다⇨팔뚝~얼굴

기회를 봐서 공격하여 상대의 오른쪽 팔뚝을 친다. 상대는 이것을 막으려고 칼끝을 내리고 물러나거나 자세를 벌리고(칼끝은 올라가 있다)물러나서 치고 찌르기를 피한다. 이때 팔뚝 치기의 기세에 편승해서 그대로 뒤에서부터 정면으로 뻗치는 것이다. 상대의 물러나는 방법이나 자세의 무너지는 방법에 따라서 내딛기의 정도나 휘둘러 올리는 방법에 주의해야 한다.

팔뚝 치기하러 나갔을 때 보통은 그대로 뒤에서 얼굴을 치지만 상대의 상황에 따라서 죽도를 아래에서 돌려 곁에서 얼굴을 노리는 경우도 있다고 하는 사실도 충분히 생각할 수 있다.

□공격해서 멱 찌르기⇨물러난다⇨멱 찌르기~얼굴

칼끝으로 공격해서 상대의 목 언저리를 두 손으로 찌른다. 상대가 그 기세에 눌려서 칼끝을 내리든가 벌린 상태로 후퇴한 순간을 포착

● 상대가 팔뚝을 감싸듯이 물러나면 죽도를 아래에서 돌려 겉에서 얼굴을 친다

● 상대가 멱 찌르기를 피해 후퇴하면 멱 찌르기 수의 기세를 타고 얼굴로 달려든다

해서 즉시 정면으로 뻗친다. 처음의 멱 찌르기 기술을 확실히 매듭지으려고 하는 기백과 기세가 없으면 오히려 상대에게 속을 위험성이 있다.

공격에 대해 상대가 응해서 물러나는 경우

공격에 대해서 응한다고 하는 것은 치고 찌르기를 막는다고 하는 의미로 생각할 수 있다. 예를 들어 얼굴을 막는 데에 신경을 빼앗기면 반드시 팔뚝이나 몸통이 무방비가 된다. 그때를 놓치지 않고 포착할 수 있으면 공격에 폭이 생길 것이다.

□공격해서 얼굴⇨응해서 물러난다⇨얼굴～몸통

기회를 봐서 상대의 정면을 친다.
상대가 얼굴을 막으려고 죽도를 잡은 손목을 올리고 후퇴한 순간 몸을 비스듬히 오른쪽으로 피하고 앞으로 내딛어 우측 몸통을 치는 것이다. 몸통을 칠 때는 왼발의 이동과 손 뒤집기에 유의해서 허리부터 나가는 듯한 기분으로 친다. 상체가 무너지지 않도록 할 것 등 기본적인 주의 사항을 근거로 해서 학습해 주기 바란다.

□공격해서 팔뚝⇨응해서 물러난다⇨팔뚝～몸통

기회를 봐서 오른쪽 팔뚝을 쳤을 때 상대가 후퇴하면서 빼고 얼굴을 치려고 죽도를 잡은 손목을 올렸다고 하자. 이 기회를 틈타서 오른발부터 내딛어 우측 몸통을 쳐들어 간다.

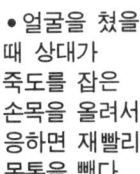

● 얼굴을 쳤을 때 상대가 죽도를 잡은 손목을 올려서 응하면 재빨리 몸통을 뺀다

제3부——검도의 완결편 457

● 팔뚝으로 나가 상대가 이것을 피하려고 무심결에 죽도를 잡은 손목을 올려서 응하면 역시 몸통을 공격한다

팔뚝에서 몸통으로 변화할 때 칼끝을 살려서 죽도를 잡은 손목을 당기지 말고 앞쪽으로 날카롭게 충분히 손을 뒤집듯이 해야 한다. 몸통 치기에 관해서는 역시 상체나 허리의 자세를 무너뜨리지 않도록 기본에 충실한 몸통치기를 유의해 주기 바란다.

공격에 대해 상대가 응해서 치고 나오려고 하는 경우

공격에 대해서 상대가 응하자마자 즉시 치고 나오는 경우가 있다. 이 때 후퇴해서 피하는 것보다도 상대가 응한 후의 나오는 순간을 공격해서 과감히 치고 나가는 것이다. 후퇴해서 수세로 돌림으로서 공격에 철저하는 편이 상대를 제압하는 데에는 효과가 있을 것이다.

기회를 봐서 상대의 정면을 쳤을 때 상대가 앞으로 나와서 응해 치고 나오려고 하는 기회를 포착해서 즉시 우측 몸통을 친다. 상대가 물러나는 경우와 달리 서로 간격이 너무 가까와지기 때문에 보다 날카로운 '손바닥 뒤집기'나 '몸의 변화'가 요구된다. 죽도의 치기로 정확히 몸통을 칠 것 더욱이 타격시의 시선의 방향, 목의 위치, 허리의 자세 등 기본적인 몸통 치기의 방법이 실천되지 않으면 정확한 타격이 되지 않는다. 또한 간격이 가깝기 때문에 기계적으로 앞으로 치고 나가는 정도는 치고 찌르기가 너무 깊어서 유효는 되기 어렵다. 임기 응변의 몸의 운용이 요구된다.

□공격해서 팔뚝⇨응해서 치고 나가려고 한다⇨팔뚝~몸통

오른쪽 팔뚝을 쳤을 때에 상대가 여기에 응해서 치고 앞으로 나려

● 얼굴에 대응해서 상대가 치고 나오려고 했을 때 재빨리 손바닥을 뒤집어서 몸통을 친다

• 팔뚝의 경우도 마찬가지, 상대가 죽도를 잡은 손목을 올리면 무방비 몸통을 노린다

제3부——검도의 완결편 461

● 멱 찌르기를 막았을 때는 그 자리에서 팔뚝을 친다

고 한다. 이 기회를 포착해서 재빨리 우측 몸통을 치는 것이다.

상대가 물러나는 경우와 달리 상당히 간격이 가까와진다. 그 때문에 팔뚝에서 몸통으로 변화하는 타이밍 맞추는 법이 중요한 포인트다. 또한 죽도를 잡은 손목을 앞으로 내밀고 등줄기를 펴고 순식간에 손바닥을 뒤집는 것이 유효치기로 이어지기 위해서는 필요한 것이다.

□공격해서 멱 찌르기⇨응해서 치고 나오려고 한다⇨멱 찌르기~팔뚝

기회를 봐서 목 언저리를 공격하고 멱 찌르기 기술이 가볍게 받아 넘겨지거나 불충분해지거나 했을 경우, 특히 응해서 치고 나오려고 하는 상대에 대해서는 그 죽도를 유혹하듯이 똑바로 휘둘러 올려 죽도를 잡은 손목이 올라간 순간에 오른쪽 팔뚝을 친다. 이 때에는 간격의 관계로 작게 물러나서 치는 경우가 많을 것이다.

더욱이 이 기술은 상대를 칼끝이나 기술로 쫓아 갔을 때에도 마찬가지로 공격하면 효과가 있다. 또한 멱 찌르기 하러 나갔을 때 너무 깊이 들어가면 다음 기술을 발휘하는 수 없기 때문에 찔렀을 때의 간격에는 충분히 주의해야 한다.

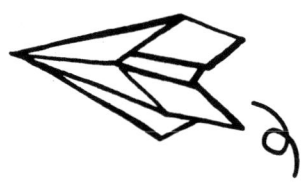

학습에 즈음해서——연속 수의 유의점

 이 장은 치고 찌르기를 건 후의 상대의 움직임에 따른 치고 찌르기 소위 '연속 수'로 이어지는 몇 가지의 원리에 대해서 검토를 했다.
 '연속 수'는 일종의 유혹하고 나서 치고 찌르는 기술, 즉 다른 부위를 공격해서 거기에 대한 상대의 변화에 따라서 틈이 생긴 곳을 찌르는 기술이라고도 생각할 수 있다. 또한 다른 부위를 공격하고 연속해서 다른 부위를 친다고 하는 연속 수라고도 생각되고 있다.
 이 기술은 가령 유혹할 목적을 가지고 기술을 건다고 해도 단순한 페인트적인 치기가 되면 진짜 효과적인 기술이 되기 어려운 법이다. 따라서 학습 단계부터 1판 1판의 치고 찌르기를 정확히 해서 치고 찌르기 후의 상대의 움직임에 따라서 1판 1판의 치기와 치기의 간격이 연속해 있는 듯이 정말로 쳐 나가지 않으면 진짜 학습이 되지 않는다.
 또한 쳐 냈으면 성공할 때까지 연속해서 쳐들어 가는 왕성한 공격 정신도 중요하다. 여러 가지 장면을 생각하고 시간을 들여서 공세를 취하는 기회와 방법을 연구해 보자.
 연속 수의 학습상의 전반적인 유의점을 거듭해서 들어 둔다.
 (1) 상대의 움직임에 따라서 기계적이 되지 않고 더구나 단숨에 기술을 발휘할 수 있도록 할 것.
 (2) 최초의 치고 찌르기 때 왼발(뒷발)의 잡아 당김을 재빠르게 해서 다음 동작을 기민하게 할 수 있도록 준비할 것.
 (3) 어중간한 치고 찌르기가 아니라 1판 1판에 전력을 다해서 정확히 칠 것.

• 상대가 자세를 벌리고 후퇴했을 때는 얼굴을 공격한다

• 대응해서 죽도를 잡은 손목을 올렸을 때는 빈 몸통을 친다

• 팔뚝을 막고 물러났을 때도 얼굴을 노린다

■승리를 향해서──심리면의 정석 ⑦

멘틀 플랙티스의 효과

운동의 트레이닝에서는 실제로 신체를 움직여서 실시하는 신체적 연습이 중시되고 반복 연습이 강조되어 연습 횟수나 연습 시간이 비교적 문제가 된다. 멘틀 플랙티스(mental practice)는 멘틀 리허설, 이미지 트레이닝 등이라고도 불리며 신체적 연습에 대해서 외부로부터 관찰할 수 있는 운동을 수반하지 않고 마음 속으로 운동의 장면이나 운동을 상상하고 실시하는 연습법이다. 주로 운동에 수반되는 시각적, 운동 감각적인 이미지를 상기해서 운동의 개념화가 이루어진다.

멘틀 플랙티스의 효과는 경험적으로도 과학적으로도 지적되고 있지만 보다 효과적인 실시 방법으로서 다음과 같은 것을 들 수 있다.

① 가능한 한 현실감을 수반하도록 해서 연습할 것.

그러기 위해서는 타인이 운동을 하고 있는 것을 보고 있는 이미지가 아니다. 자신이 적극적으로 그 운동을 실시하고 있는 이미지를 그릴 것.

② 실제의 신체적 연습과 조합해서 교대로 실시할 것.

③ 연습하는 것에 대한 이미지를 이끌어 내는 말이나 이것과 비슷한 과거의 경험을 이용해서 연습할 것.

④ 외계로부터의 방해 자극을 줄이고 집중해서 이미지가 상기시키는 것 같은 상태로 실시할 것.

⑤ 정신적인 피로를 고려해서 1회의 연습 시간은 단시간에 실시할 것. 5분간 정도가 적당하다.

⑥ 평소부터 이미지를 상기시키는 연습을 실시해서 이미지를 선명히 그리거나 의도한 방향으로 변환시킬 수 있는 능력을 높혀 둘 것.

이와 같이 멘틀 플랙티스는 운동 기능의 학습을 보다 효과적인 것으로 하기 위해서 이용되는 경우가 많지만 더욱이 실제적인 경기의 장면에서 과도의 긴장감이나 불안 등을 저감하거나 해소하기 위한 방법으로서도 이용되고 있다. 예를 들면 얼기 쉬운 사람에게 안락 의자에 걸터 앉아 느긋히 쉬고 있는 자기의 모습을 상기시키거나 실패의 불안을 느끼고 있는 사람에게 잘 되었을 때의 동작이나 느낌을 이미지로 그리게 해서 자신을 갖게 하는 것 등이다.

또한 단시간에 이루어지는 단판 승부의 종목에 있어서의 주의 집중. '의욕' 등을 높이는 트레이닝에도 응용되고 있다.

검도에 있어서도 종래 이 방법은 널리 채용되어 이루어지고 있다.

제8장

치고 찌르기에 대응해서 치다

상대의 공격에 응하다

이 장은 상대가 먼저 쳐들어 왔을 경우의 순간적인 대응 동작, '응수'에 대해서 생각한다.

검도는 상대도 공격하려고 상대하고 있기 때문에 '일방적인 걸기수'만으로 승패를 결정할 수는 없다. 상대의 공격에 대응하는 기술이 필요해진다. 상대가 공격해 왔을 때 그 죽도를 '빼기' '뒤집기' '비벼올리기' '쳐서 떨어뜨리기' 등으로 대응하고 즉시 반격해 나가는 기술을 총칭해서 '응수'라고 한다.

대응하는 방법과 반격의 변화로 다채로운 기술이 탄생하는 것이다.

'응수'에서는 상대가 치고 찔러 오는 것을 '예지하고 있는 경우'와 '예지하고 있지 않는 경우'가 있지만 어쨌든 상대가 치고 찔러 오는 것을 기다리고 있는 것 같은 기분이나 체세로 있는 것은 매우 위험하다. 어떤 경우라도 '선수'의 마음=왕성한 공격 정신을 잊어서는 안 된다. 특히 상대에게 공격당했을 때의 '응수'는 뒷전이 되고 자세도 수비가 되어 방심해서 실수하는 경우가 많이 있다.

'선수의 기분'과 '어느때라도 공격할 수 있는 자세'로 상대를 향해야 한다.

유혹을 걸듯이 상대에게 자신의 틈을 보여 '응수'를 유도해내는 경우도 있지만 이 때에는 성공하는 경우도 있지만 상대에게 역을 찔리는 경우도 많기 때문에 별로 바람직한 방법이라고는 말할 수 없을 것이다.

'기검체(氣劍體) 일치의 공격'에 의해 상대가 치기를 하지 않을 수 없는 상태로 만드는 것이 주의다.

'세 가지의 공격'에 대해서

상대를 공격하기 위해서는 세 가지의 공격 도구가 있다고 한다. '기·검·체'가 그것이다. 칼끝으로 잘 공격해도 기합과 몸놀림의 공격이 수반되지 않으면 상대를 무찌를 수 없다. 몸만으로 공격해도 칼끝이 죽고 얼이 빠져 있는 것 같아서는 오히려 상대에게 당한다.

마음만 앞서도 칼끝과 몸이 말을 듣지 않으면 기술은 먹히지 않는다.

'칼끝, 몸놀림, 기합'의 세 가지가 혼연일체가 되어 움직일 때 상대의 첫머리를 눌러 기술이 끝나는 순간을 포착하는 등 상대의 움직임에 따른 유효한 기술을 발휘할 수 있다고 하는 것이다. 이 세가지의 공격 중 하나라도 빠지면 모처럼 좋은 데까지 공격해도 역습당하거나 하게 된다. 그러나 기검체가 일치하고 있어도 공격하는 데에만 마음이 빼앗겨서 상대도 공격해 오는 것을 잊어 버리면 방심하여 실수하게 될 것이다. 상대는 항상 의료를 찌르고 나와 쳐오는 것이라고 생각하고 공격하는 중에도 지키는 것(다음을 준비하는 것)을 잊어서는 안 된다. 물론 이 때의 '지킨다'고 하는 것은 동작에 의해서만 지키는 게 아니라 올바른 동작으로 공격하는 것=공격함으로 지켜지고 있다고 하는 도리를 알고 항상 올바른 공격을 유의하도록 해 주기 바란다.

치고 찌르기에 대응해서 찌르다

빼기 수

'빼기 수'는 상대의 치고 찌르기를 몸이나 죽도의 놀림에 의해 빼서 허공을 찌르게 하고 그 틈을 즉시 포착해서 공격을 하는 기술이다. 빼기를 당함으로써 상대가 순간적으로 몸도 기술도 다해서 '공격'도 '수비'도 할 수 없게 되는 상태다. 즉, 가장 좋은 공격의 기회인 것이다. 그 빼는 방법에는,

① 상대와의 거리를 두고 빼는(남겨두는) 방법

• 상대에게 맞기 직전에 빼는 요령이 포인트

예를 들면 상대의 정면 치기에 대해서 후퇴하여 빼서 상대의 얼굴을 치는 '얼굴 빼기 얼굴' 등은 대표적인 방법이다.

② 상대의 치고 찌르기에 대해서 몸이나 죽도의 방향을 바꿈으로서 빼는(피하는) 방법

예를 들면 상대의 정면 치기에 대해서 몸을 오른쪽 또는 왼쪽으로 놀려 피하고 빼서 몸통을 치는 '얼굴 빼기 몸통' 등은 대표적인 방법이다.

□얼굴 빼기 얼굴

상대가 기회를 봐서 정면을 쳐 오면 몸을 놀려서 정면을 친다. 이 경우의 빼는 법은 2종류 있다.

① 후퇴하면서 휘둘러 올려 빼는 방법

이 방법은 고무도에 볼 수 있고 쳐 내리는 것 같은 경우에 효과적으로 초보적 기본적인 방법이다. 그러나 현대 검도와 같이 양팔을 펴고 쳐들어 오는 얼굴 치기에는 효력은 적고 오히려 이용당해 맞을 위험성이 있다.

② 몸을 오른쪽으로 벌려서 빼는 방법

상대의 얼굴 치기에 대해서 오른발을 약간 오른쪽 비스듬히 앞으로 내밀어 몸을 피하고 스치듯이 휘둘러 올려 상대의 얼굴을 친다. 이 때에 치는 타이밍이 너무 빨라도 너무 느려도 효과가 없다. 또한 오른쪽으로 너무 벌어지지 않도록 주의해야 한다. 상대가 휘둘러 올리고

• 상대의 기술을
충분히 이끌어
내고 나서 몸을
우측으로 벌려
얼굴을 친다
-몸을 우측으로
벌려서 빼는 방법

정면으로 나가려고 하는 순간에 동작을 일으켜서 스치듯이 치는 정도의 타이밍이 좋다고 한다. 첫머리를 치면 '기선제압 얼굴'이 되어 버린다. 충분히 주의해서 학습할 필요가 있다.

□얼굴 빼기 팔뚝

상대가 기회를 봐서 얼굴로 쳐들어 왔을 때 왼발을 약간 왼쪽으로 내밀고 몸을 왼쪽으로 피한다. 그리고 죽도를 상대의 죽도 아래에서 원을 그리듯이 돌려 빼고 휘둘러 올림과 동시에 오른발을 왼쪽으로 잡아 당겨서 오른쪽 앞으로 나감과 동시에 쳐 내린다. 이 때 오른쪽 허리를 비틀어서 상대와 정대하도록 향하지 않으면 올바른 치기가 되지 않는다.

□얼굴 빼기 몸통(우측 몸통)

상대의 얼굴 치기에 대해서 오른발을 오른쪽 비스듬히 앞으로 내밀면서 죽도를 좌측으로 쓰러뜨려 우측으로 빼면서(스치듯이) 상대의 우측 몸통을 친다. 오히려 '기선제압 수'의 요령으로 상대가 얼굴로 온 순간을 즉시 뛰어 들어 몸통을 치도록 유의하는 것이다. 빠지는 경우는 허리를 펴고 몸으로 빼도록 하는 것이 중요하다.

□얼굴 빼기 몸통(좌측 몸통)

상대의 얼굴 치기에 대해서 왼쪽으로 빼는 기술이다. 칠 때에 죽도를 손목이 뒤집히지 않도록 치는 힘이 약해지는 경우도 있기 때문에

● 상대가 얼굴로
오면 왼발을 약간
앞으로 내딛어
빼고 재빨리
팔뚝을 친다

제3부——검도의 완결편 475

● 상대의 얼굴을 기선제압 수의 요령으로 몸통으로 뺀다

몸도 무너지기 쉬워서 초보적인 단계에서는 별로 취급하지 않는 편이 좋은 기술이다.

□ 팔뚝 빼기 얼굴

상대가 오른쪽 팔뚝을 쳐오는 것을 왼발부터 1보 후퇴하면서 휘둘러 올려 뺀다. 상대의 죽도가 앞으로 떨어지고 몸이 앞으로 기울어진 순간을 포착해서 얼굴을 친다.

죽도를 잡은 손목을 내려서 빼는 방법도 있지만 이 경우는 얼굴을 칠 때에 타이밍이 맞지 않아 상대가 달아나거나 휘둘러 올릴 때 반대로 몸통으로 뛰어 들어오는 경우도 있다.

기본적으로는 휘둘러 올리는 것과 빼는 것을 동시에 일련의 동작으로서 실시하도록 하는 것이 성공의 포인트다. 더욱이 팔뚝을 뺄 때에 죽도를 왼쪽에 메도록 해서 빼는 방법도 있지만 똑바로 왼쪽 주먹을 앞으로 내미는 것 같은 느낌으로 휘둘러 올려 빼는 것이 기본적으로 올바르게 빼는 법이다.

□ 팔뚝 빼기 팔뚝

상대가 오른쪽 팔뚝을 쳐 오는 것을 왼발부터 왼쪽 비스듬히 뒤로 몸을 놀리면서 칼끝을 내리고 상대의 치기를 빼고 오른쪽 팔목을 친다. 손목의 스냅과 함께 충분한 몸놀림이 있어야 한다.

제3부―― 검도의 완결편 477

● 상대의 팔뚝을
휘둘러 올려서
빼고 얼굴을 친다

● 칼끝을 내려
상대의 팔뚝을
빼고 팔뚝을 친다

● 상대가 팔뚝을 빼고 앞으로 기울어진 순간을 포착해서 한 손 얼굴을 친다

□팔뚝 빼기 우측 얼굴(한 손 얼굴 · 옆 얼굴)

상대가 오른쪽 팔뚝을 쳐 오는 것을 왼발을 약간 왼쪽 비스듬히 앞으로 내밀고 손잡이로부터 오른손을 떼어 왼손으로 휘둘러 올려서 친다. 상대가 허공을 가르고 죽도가 아래로 떨어져서 몸이 앞으로 기운 순간을 포착해서 오른발을 비스듬히 뒤쪽으로 당기고 오른쪽 허리를 오른쪽으로 비틀어서 몸을 반신으로 함과 동시에 상대의 우측 얼굴을 친다. 친 순간에 오른손을 우측 허리로 잡아 당겨서 왼손과의 교환 작용에 의해 타력을 올려 몸을 안정시켜야 한다.

뒤집기 수

'뒤집기 수'는 상대의 공격을 '수비' 또는 '비벼 올림' 등에 의해 대응하고 대응한 반대측으로 죽도를 뒤집어서 뒤집는 힘을 이용하여 치는 기술이다. 매우 견실한 기술로 더구나 상대의 의표를 찌르는 기술이기도 하기 때문에 충분히 음미하고 학습해서 몸에 익혀 둘 필요가 있다. 얼굴 뒤집기 얼굴(우, 좌)은 상당한 단련이 없으면 불가능한 어려운 기술이기 때문에 여기에서는 생략한다.

또한 얼굴 뒤집기 팔뚝은 별로 많이는 사용되지 않지만 유효한 기술이다. 낮게 쳐 오면 팔뚝 뒤집기 팔뚝, 높게 쳐 오면 얼굴 뒤집기 팔뚝과 짝을 지어서 학습하면 효과적인 기술이 된다.

제3부——검도의 완결편 481

● 오른발을 비스듬히 앞으로 내밀어 겉으로 대응하고 우측 몸통을 친다.

□ 얼굴 뒤집기 우측 몸통

상대의 정면 치기에 대해서 오른발을 약간 오른쪽 비스듬히 앞으로 내딛고 죽도의 좌측(겉)에서 비벼 올리듯이 대응하고 대응한 반대측으로 죽도를 뒤집어 우측 몸통을 치고 오른발부터 오른쪽으로 뺀다.
죽도를 잡은 손목을 위쪽으로 크게 밀어 내듯이 맞이하는 기분으로 대응한다. 친 후에 왼손을 손잡이에서 떼지 않도록 주의하는 것도 중요한 것이다.

□ 얼굴 뒤집기 좌측 몸통

상대의 얼굴 치기에 대해서 왼발을 약간 왼쪽으로 내밀고 칼끝을 왼쪽으로 뻗어 죽도의 우측(뒤)에서 비벼 올리듯이 대응한다. 그리고 즉시 오른발을 왼쪽 앞으로 당기듯이 하고 나가 대응한 반대측으로 죽도를 뒤집어서 상대의 좌측 몸통을 친다. 친 후 펴 올리지 않도록 멈추어 치는 것이 포인트다. 퍼 올리면 치기가 가볍게 보이거나 평치기로 보이는 경우가 많다.

□ 팔뚝 뒤집기 얼굴

상대가 오른쪽 팔뚝을 쳐 오는 데 대해서 죽도의 좌측(겉)에서 비벼 올리듯이 대응하고 죽도를 반대측으로 뒤집어서 오른발부터 나가 상대의 얼굴을 친다.

● 팔뚝을 겉으로 대응하고 뒤집기 얼굴로 휘둘러 내린다

● 상대의 오른쪽 팔뚝을 겉으로 대응하여 뒤집고 오른쪽 팔뚝으로 휘둘러 내린다

□팔뚝 뒤집기 팔뚝

팔뚝 뒤집기 얼굴의 요령과 거의 같다. 상대가 오른쪽 팔뚝을 쳐 오는데 대해서 왼발을 왼쪽으로 내밀고 칼끝을 오른쪽으로 벌려서 상대의 죽도를 자신의 죽도 좌측(겉)에서 대응하고 오른발을 왼발 앞으로 끌어 당김과 동시에 죽도를 반대측으로 뒤집어서 상대의 오른쪽 팔뚝을 친다. 팔뚝 뒤집기 팔뚝은 특히 앞으로 나가서 뒤집도록 하는 것이 포인트다. 언제라도 맞이하는 것 같은 기분을 잊지 않도록 대응하는 것이다.

비벼 올림 수

'응수' 중에서도 '비벼 올림 수'는 가장 기본적인 것이다. 비벼 올림의 대응하는 방법은 쳐 오는 상대의 죽도를 '비벼 올리듯이 후려쳐 올린다'고 생각해도 좋을 것이다. 휘둘러 올리는 도중에 비벼 올리는 것이 가장 이상적인 비벼 올리는 방법이다. 받아내고나서 휘둘러 올려 치면 유효한 '비벼 올림 수'로는 이어지지 않는다.

□얼굴 비벼 올림 얼굴(겉 비벼 올림)

상대가 얼굴을 쳐 왔을 때에 왼발부터 1보 물러나서 죽도의 좌측(겉)에서 비벼 올리고 그대로 휘둘러 올려 1보 내딛어 정면을 치는 것이 기본이다. 그러나 상대의 얼굴치기 동작은 작고 스피드도 있는 경우가 많기 때문에 이 경우에는 맞이하듯이 나가서 대응하고 그대로 치지 않으면 효과적으로 치고 찌를 수 없는 경우가 많이 있다.

• 1보 후퇴하여 비벼 올리고 앞으로 내딛어 얼굴을 친다. 이것을 일련의 동작으로 실시한다

□얼굴 비벼 올림 얼굴(뒤 비벼 올림)

상대의 얼굴 치기를 죽도의 우측(겉)에서 비벼 올리고 얼굴을 친다. 바로 뒤로 물러나서 비벼 올리면 상대와의 사이가 좁아져서 칠 수 없게 되는 경우가 많기 때문에 비스듬히 왼쪽 뒤로 물러나서 손목으로 각도를 더해 비벼 올리든가 제자리 또는 앞으로 나가서 비벼 올려 치는 것이 효과적이다.

□얼굴 비벼 올림 몸통(좌측)

상대의 정면 치기에 대해서 오른발을 비스듬히 오른쪽 앞으로 내밀면서 비벼 올리고 왼발을 오른발쪽으로 잡아 당김과 동시에 상대의 좌측 몸통을 친다. 왼쪽 허리를 왼쪽으로 비틀어 몸을 상대 측면에 정대하면서 좌측 몸통을 치도록 해야 한다.

□얼굴 비벼 올림 몸통(우측)

상대의 정면 치기를 죽도의 우측(뒤)에서 비벼 올리고 왼쪽으로 변화해서 상대의 우측 몸통을 친다. 기본적으로는 무리한 타법이 되는 경우가 많이 있다.

● 비스듬히 왼쪽
으로 물러나 비벼
올리고 제자리
또는 앞으로
내딛어 친다

● 오른발을 오른쪽 비스듬히 앞으로 내딛어 비벼 올리고 곧 왼발을 끌어 당겨 우측 몸통을 친다

□ 팔뚝 비벼 올림 얼굴

상대가 오른쪽 팔뚝을 쳐 왔을 때 얼굴의 경우와 마찬가지로 왼발부터 조금 물러나면서 죽도를 잡은 손목을 앞으로 내밀고 후려쳐 올리듯이 비벼 올리고 그대로 앞으로 내딛어 얼굴을 친다. 그러나 오른쪽 팔뚝 치기는 일반적으로 동작이 작고 스피드가 있기 때문에 비벼 올릴 경우는 앞으로 나가서 비벼 올리도록 하는 것이 효과적이다.

□ 팔뚝 비벼 올림 팔뚝

상대가 오른쪽 팔뚝을 쳐 오는데 대해서 왼발을 약간 옆으로 내밀고 죽도를 잡은 손목을 앞으로 뻗어 죽도의 우측(뒤)에서 작게 비벼 올리고 오른발부터 나가 그대로 상대의 오른쪽 팔뚝을 친다.

상대의 오른쪽 팔뚝 치기를 자신의 죽도의 좌측(겉)에서 대응하여 얼굴을 치는 경우도 많이 있지만 변칙적인 기술이라고 생각할 수 있다. 기본적으로는 우측(뒤)에서 대응해 가는 것이 정석이다.

□ 먹 찌르고 비벼 올려 얼굴(겉 비벼 올림)

상대가 제수(諸手)로 목 언저리를 찔러 오는 것을 오른발부터 앞 또는 약간 우측 비스듬히 앞으로 나가면서 비벼 올려 정면을 친다. 상대의 먹 찌르기에 대해서 원칙적으로 물러나서 대응하지 않도록 하는 것이 중요하다.

● 왼발부터 약간 물리고 후려치듯이 비벼 올려 그대로 앞으로 내딛어 얼굴을 친다

• 작게 비벼
올리고 그대로
팔뚝을 친다

● 상대의 멱찌르기를 오른발보다 앞이나 약간 오른쪽 비스듬히 앞으로 내딛고 비벼 올려 정면을 친다

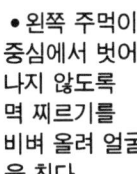

- 왼쪽 주먹이 중심에서 벗어나지 않도록 멱 찌르기를 비벼 올려 얼굴을 친다

□ 멱 찌르고 비벼 올려 얼굴(뒤 비벼 올림)

자신의 죽도의 우측(뒤)에서 멱 찌르기 수를 비벼 올려 얼굴을 친다. 특히 왼쪽 주먹의 위치가 자신의 몸의 중심에서 벗어나지 않도록 할 것과 죽도를 잡은 손목을 과감히 앞으로 뻗어서 비벼 올리는 것이 중요한 포인트다.

쳐서 떨어 뜨리기 수

상대가 치고 찔러 오는 것을 몸을 놀리면서 죽도의 찌르기 부분에서 쳐서 떨어뜨리고 상대의 자세가 무너진 순간을 포착해서 치는 기술이다. 일도류의 극적인 의미의 '쳐서 떨어뜨리기'로 통하는 대표적인 기술이다.

이 기술에는 얼굴 쳐서 떨어뜨리기 얼굴, 몸통 쳐서 떨어뜨리기 얼굴, 팔뚝 쳐서 떨어뜨리기 팔뚝, 멱 찌르기 쳐서 떨어뜨리기 얼굴 등이 있지만 가장 대표적인 것은 '몸통 쳐서 떨어뜨리기 얼굴'이다.

□ 몸통 쳐서 떨어뜨리기 얼굴

상대가 우측 몸통을 쳐 오는데 대해서 왼발부터 몸을 왼쪽으로 돌려서 오른쪽 아래로 쳐서 떨어뜨리고 오른발부터 나가 상대의 얼굴을 친다.

쳐서 떨어뜨리기에 대해서 상대가 거기에 저항하여 죽도를 휘둘러 올리는 순간을(반작용을 이용해서) 몸통으로 변화해서 쳐들어 갈 수도 있다. 이것도 효과적인 기술은 아니다.

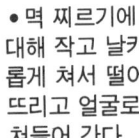

● 멱 찌르기에 대해 작고 날카롭게 쳐서 떨어뜨리고 얼굴로 쳐들어 간다

제3부──검도의 완결편 497

● 일본 검도 3판째의 요령으로 멱 찌르기를 부드럽게 해서 찌른다

□ 멱 찌르기 쳐서 떨어뜨리기 얼굴

상대의 제수 멱 찌르기에 대해서 오른발부터 약간 오른쪽 비스듬히 나가면서 날카롭게 쳐서 떨어뜨리고 즉시 얼굴로 쳐 들어 간다. 정대해서 앞으로 나가 쳐서 떨어뜨리는 기분이 중요하다.

□ 멱 찌르기에 대한 응수

쳐서 떨어뜨리기가 아니지만 상대의 제수 멱 찌르기의 기세를 1보 후퇴하면서 약화시켜 대응해서 되찌르는 기술이 있다. 발놀림과 손바닥의 부드러움, 품의 깊이가 포인트다.

학습에 즈음해서──치고 찌르기에 대응하는 기술의 종류

이 표는 '수를 거는 측'의 치고 찌르기(얼굴, 팔뚝, 몸통, 멱찌르기)에 대응하는 '응하는 측'의 기술을 나타낸 것이다.

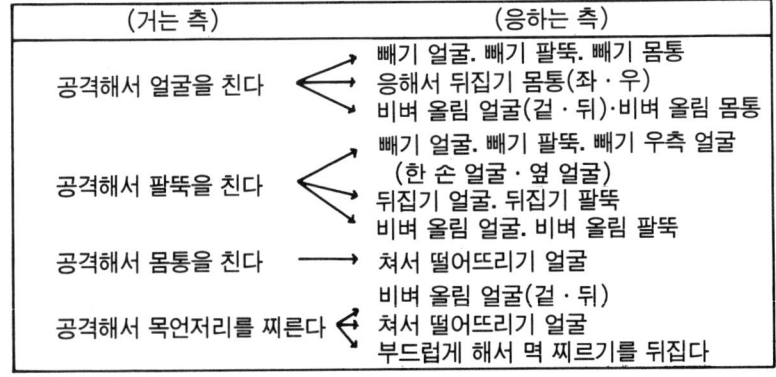

■승리를 향해서——심리면의 정석 ⑧

버릇 '습관' 나쁜 버릇과 그 예방법

나쁜 버릇이 몸에 배는 방법은 그 버릇의 정도, 경기 수준, 학습기라면 그 단계, 성차 등에 따라 다른 것으로 각양각색이라고 말할 수 있다. 나쁜 버릇은 교정해야 하지만 그 때에는 그 선수가 경기를 시작하고 오늘날까지의 시기에 어떤 경기상의 경험, 정신, 심리적 경과, 생활 체험을 거쳐 왔느냐 실제로 표출되는 버릇의 정도, 본인의 버릇에 대한 인식과 거기에 대한 방향성 등 개인이 가진 정보를 가능한 한 알 필요가 있다. 그런 정보를 분석해서 나쁜 버릇의 주인, 원인을 찾아낼 수 있으면 교정을 위한 대책도 세울 수 있다.

일반적으로 나쁜 버릇의 원인으로서는 시간적으로도 양·질적으로도 불충분한 기본 연습, 기본, 원점의 간과, 아류(我流) 연습기의 지나친 장기(長期), 학습시의 잘못된 피드백(feedback) 정보 등을 들 수 있다.

버릇은 의식 무의식중에 표출하는 것으로 그 사람의 퍼스낼리티를 표현하고 있는 것이라고 조차 일컬어진다. 경기를 실시하는데 있어서도 그것은 기술면, 작전면, 지도면 등에 여러 가지 재미있는 얼굴을 내민다. 그렇지만 경기중에서는 어떻게 자기의 버릇을 억제하느냐라고 하는 가지 억제, 어떻게 상대의 버릇을 간파하느냐라고 하는 식별력과 분석력이 요구된다. 버릇은 모르는 사이에 나와 버리므로 깨닫고 있는 버릇이라도 정상적인 때는 의식하고 억제할 수 있지만 아무리 억제해도 나오는 경우가 있다. 긴장, 동요, 흥분 등이 격렬한 감정의 기복이기 때문에 '억제하고 있다'고 하는 의식이 희박하고 잊어버리는 경우가 있다. 이와 같은 때에 상대에게 이용당해서 방심하여 실수를 하게 된다.

■승리를 위해서——교정해야 하는 버릇

버릇의 교정

　교정하지 않으면 앞으로의 진전의 방해가 될 것 같은 나쁜 버릇은 개량이나 교정을 해야 한다. 개량이나 교정이 필요해졌을 경우에는 우선 버릇이 나온 배경 그 원인은 무엇인가를 상세히 분석해서 기술 본래가 가진 기본을 재평가하는 것이 제일이다.
　기본으로 되돌아가서 버릇을 억제한다. 혹은 수정하도록 노력하는 것이 중요하다.
　또한 나쁜 버릇이 생기지 않도록 하기 위해서는 '기본 동작'을 소홀히 하지 않고 항상 중요시 여겨 자신의 마음에도 몸에도 잘 기억시켜 두는 것이 무엇보다도 중요한 것이다.

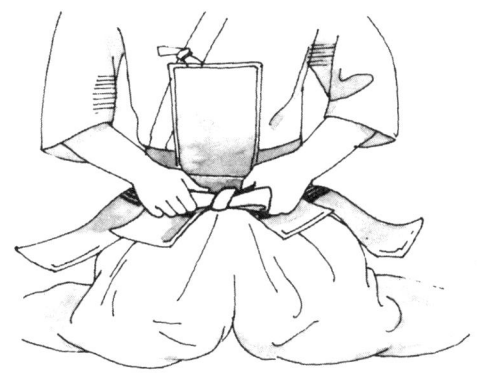

제9장

칼날 교전으로부터의 공격

올바른 칼날 교전

검도의 많은 기술은 1족 1도의 간격 등 서로 떨어진 위치에서 앞으로 내딛어 치는 것이 기본으로 되어 있다. 그러나 서로 신체가 접촉한 상태, 즉 '날밑 밀어대기'나 '몸 부딪힘'으로부터의 공격법도 중요한 기술이다. 특히 '날밑 밀어대기'로부터의 기술에 대해서는 충분히 검토를 덧붙일 필요가 있을 것이다.

올바른 날밑 밀어대기의 마음 가짐

'날밑 밀어대기'는 양자가 쌍방으로부터 서로 쳤을 때 또는 한편의 공격을 다른쪽이 막아 내든가 해서 서로 죽도가 부딪히고 더욱이 서로 앞으로 나가려고 할 때 자연히 쌍방의 칼날이 올라가서 날밑과 날밑으로 교전해서 몸과 몸이 서로 접촉하는 상태가 되는 경우에 일어난다.

날밑 밀어대기는 '처음부터 좋아서 실시하는 것이 아니다'라고 일컬어지는 경우도 있지만 폭 넓은 실전의 장면에서는 필요 불가결의 것이다.

따라서 올바른 날밑 밀어대기에 대해서 검토를 덧붙일 필요가 있다. 그래서 올바른 날밑 밀어대기를 하기 위한 몇 가지의 주의점을 서술해 보자.

1. 날밑 밀어대기가 되면 조금의 망설임도 없이 차분히 앉아 아랫배에 힘을 주고 죽도를 잡은 손목을 올려 죽도의 절선을 비스듬히

• 올바른 날밑 밀어대기

오른쪽 위로 올려서 날밑에 의해 서로 교전할 것.

2. 신체가 움츠러들지 않도록 다리 허리를 펴고, 얼굴을 들고, 얼굴과 얼굴을 나란히 해서 키 재기를 하고 상대에게 지지 않는 것 같은 기분이 되어 날밑 밀어대기를 할 것.

3. 날밑 밀어대기는 단순한 힘 겨루기가 아니라 어깨나 팔, 손목 등에 필요 이상의 힘을 주지 않고 적극적으로 타격의 기회를 찾아내도록 유의할 것.

4. 항상 상대와 정대해서 올바른 날밑 밀어대기를 하도록 유의할 것.

5. 발놀림이 중요하기 때문에 충분히 주의할 것.

6. 소극적(작전적)으로 시간의 지연을 꾀하거나 접근해서 상대에게 기술을 발휘시키지 않도록 하거나 쉬기 위한 것이 되지 않도록 항상 적극적인 공격을 할 수 있도록 준비할 것.

여기에서「오륜서」수지권에 나타난 검도의 '자세'에 대해서 서술하기로 한다. 특별히 날밑 밀어대기에 대해서 서술하고 있는 게 아니라 전반적인 검도(병법)의 자세에 대해서 설명하고 있지만 날밑 밀어대기를 하는 경우의 자세에 대해서도 많이 참고로 해야 할 항목일 것이다.

1. 병법 자세라고 하는 것

몸의 공격(자세), 얼굴은 숙이지 않고, 젖히지 않고, 기울어지지 않고, 일그러뜨리지 않고, 눈을 어지럽히지 않고, 눈썹사이에 주름을 짓고 눈동자를 움직이지 않도록 하고 의미심장하게 바라보고 콧날을 똑바로 하고 조금 아래턱을 내미는 마음이다. 목은 뒷줄기를 똑바로 목덜미에 힘을 주고 어깨에서 전신은 한결같이 느껴 양어깨를 내리고 등줄기를 제대로 엉덩이를 내밀지 않고 무릎부터 발끝까지 힘을 주고 허리가 구부리지 않도록 배를 당기고, 쐐기를 박아조이고 허리춤 칼집에 배를 기대고 허리띠가 편하지 않도록 쐐기 박는다고 한다. 대체로 병법의 자세에 있어서 평소의 자세를 병법의 자세로 하고 병법의 자세를 여느때의 자세로 하는 것이 중요하다. 잘 음미해야 한다.

또한 침입 때의 마음 가짐으로서 '키재기라고 하는 것'의 항목에서는,

1. 키재기라고 하는 것

키재기라고 하는 것은 어쨌든 적에 쳐들어 갈 때 나 자신이 움츠러들지 않도록 하고 발을 옮겨라, 허리를 옮겨라, 목을 옮겨라, 강하게 들어가서 적과 톡톡히 늘어서서 키를 비교하는데 비교라고 생각하는 만큼 키가 커지고 강하게 들어갈 것 주의한다. 잘 연구해야 한다.

라고 해서 몸을 움츠리는 게 아니라 오히려 키가 커지고 강하게 들어갈 것을 설명하고 있지만 참고로 해야 할 부분이다.

칼날 교전에서의 치고 찌르기의 기회

물러나기 수

날밑 밀어대기나 접근해 있을 때 혹은 몸 부딪힘 등 상대에게 틈이 생기거나 적극적으로 상대에게 틈을 만들게 하거나 했을 때 즉시 물러나면서 치는 것이 '물러나기 수'다.

□ 물러나기 얼굴(정면)

날밑 밀어대기의 교전에서 기회를 살피고 기회를 봐서 상대의 죽도를 잡은 손목을 세게 밀고 왼발부터 갑자기 뒤로 물러나 정면을 친다. 오른쪽 주먹의 위치가 중요한 포인트가 된다. 치기를 할 때에

오른쪽 주먹을 바로 앞으로 당기는 것이 확실하면 상대에게 눈치채여 효과적인 얼굴 치기를 할 수 없게 된다. 그 뿐만 아니라 오히려 상대에게 칠 기회를 주게 될지도 모른다. 주의하도록 하자.

치는 간격을 잡는데 있어서 기회를 봐서 왼발부터 후퇴하기 시작해서 간격을 잡고 (특히 오른쪽 주먹의 위치는 그대로 해 두는 것이 포인트) 상대의 자세가 무너진 순간에 앞발(오른발)을 끌어 당기면서 조금 위로 빼듯이 휘둘러 올려 정면을 치는 방법도 있다.

□ 물러나기 얼굴(우측 얼굴)

날밑 밀어대기의 상태에서 기회를 엿보고 기회를 봐서 상대의 죽도를 잡은 손목을 왼쪽 비스듬히 앞쪽으로 밀듯이 하면서 뒷발(왼발)을 1보 물린다. 동시에 크게 휘둘러 올려서 상대의 죽도의 자세가 무너져서 우측 얼굴에 틈이 생긴 순간을 손목을 젖혀서 우측 얼굴을 친다.

□ 물러나기 얼굴의 유의점

① 물러나기 얼굴은 앞으로 내딛어 치는 기술보다도 힘이 약하고 자세도 무너지기 쉬워 부정확대해지기 쉬운 것이다. 따라서 발놀림을 정확히 하고 왕성한 기력, 충실한 기세를 가지고 치는 것이 중요하다. 특히 애매한 기술은 금물이다.

② 상대와의 간격을 생각하고 항상 상대에게 정대해서 죽도의 치고 찌르기부에서 위로부터 치도록 유의해야 한다.

③ 죽도는 상대의 죽도에 가능한 한 평행히 움직이는 것이 효과적

인 기술로 이어진다.

④ 날밑 밀어대기 때의 오른쪽 주먹의 위치가 타격의 간격을 잡을 때에 중요한 포인트가 되는 것을 유의해야 한다.

⑤ 항상 올바른 날밑 밀어대기를 유의하고 적극적으로 기술을 발휘하도록 유의해야 한다.

• 날밑 밀어대기에서 상대의 죽도를 잡은 손목을 세게 밀고 왼발부터 갑자기 물러나 정면을 친다

• 날밑 밀어대기에서 상대의 죽도를 잡은 손목을 왼쪽 비스듬히 전방으로 밀고 왼발부터 물러나 손목을 뒤집어 우측 얼굴을 친다

• 어중간하게 물러나면 이용당한다

□물러나기 몸통 ①

　날밑 밀어대기의 상태에서 기회를 봐서 물러나기 얼굴과 마찬가지로 상대의 날밑을 위에서 눌러 본다. 상대가 되밀어 오면 그 기회를 포착해서 물러나면서 휘둘러 올려 상대가 거기에 따라서 죽도를 잡은 손목을 올리는 순간 우측 몸통을 친다.

□물러나기 몸통 ②

　날밑 밀어대기의 상태에서 기회를 봐서 상대를 오른쪽 비스듬히 앞으로 밀어 상대의 죽도를 잡은 손목이 올라간 순간을 왼발부터 물러나서 우측 몸통을 친다. 왼발을 비스듬히 앞으로 내딛고 오른발을 뒤로 물려서 치는 방법도 있다.

□물러나기 몸통의 유의점

　물러나기 몸통을 실시할 경우에는 특히 다음 사항에 유의할 필요가 있다.
　① 몸통을 쳤을 때 몸이 앞으로 기울어지기 쉬우므로 허리를 구부러지지 않도록 할 것. 친 순간은 등줄기도 양팔도 충분히 펼 것. 발의 이동을 잘 해서 재빨리 자세를 가다듬는 것이 중요하다.
　② 자칫하면 옆을 향하고 죽도만 상대를 향하고 있는 경우가 있다. 이래서는 손끝만의 치기가 되어 유효한 타격이 되지 않는다. 반대로 상대로부터 공격당하는 경우도 있기 때문에 반드시 상대와 정대해서 물러나도록 하는 것이 중요하다.

- 상대의 날밑을 위에서 밀고 되밀리어 후퇴하면서 휘둘러 올려 죽도를 손목이 올라가는 순간 친다

- 친 순간은 등줄기도 양팔도 충분히 편다

- 반드시 상대와 정대해서 물러난다

□ 물러나기 팔뚝 ①

날밑 밀어대기의 상태에서 기회를 봐서 상대의 죽도를 잡은 손목을 왼쪽 비스듬히 앞으로 밀면 오른쪽 비스듬히 앞으로 되밀어 오는 경우가 있지만 그때는 그 힘을 이용해서 왼발을 왼쪽 비스듬히 뒤쪽으로 물러나면서 죽도를 상대의 우측 팔뚝쪽으로 뒤집어서 친다. 이 경우 죽도를 가능한 한 상대의 죽도로부터 떼지 않도록 하고 물러나서 치는 것이 효과적이다.

□ 물러나기 팔뚝 ②

날밑 밀어대기의 상태에서 기회를 봐서 상대의 죽도를 잡은 손목을 가볍게 민다. 그리고 상대가 지지 않으려고 되밀어 왔을 경우 오른손이 다 펴진 순간을 왼발부터 후퇴하면서 오른쪽 팔뚝을 친다.

날밑 밀어대기의 상태에서 기회를 봐서 상대의 죽도를 잡은 손목을 오른쪽 비스듬히 위로 날카롭게 튀겨 올리듯이 해서 무너뜨리고 후퇴하면서 오른쪽 팔뚝을 친다.

□ 물러나기 팔뚝의 유의점

① 칠 때에 상대의 오른쪽 팔뚝 방향으로 좌우의 발끝이 향하도록 왼발부터 크게 물러나고 오른발을 왼발에 재빨리 끌어다 붙이도록 할 것.
② 몸을 뒤로 젖히면서 상대의 죽도와 평행이 되도록 해서 칠 것.
③ 쳤을 때 허리를 당기지 않도록 한다.

● 상대의 죽도를 잡은 손목을 왼쪽 비스듬히 전방으로 밀고 되미는 기회를 이용해서 왼쪽 비스듬히 후방으로 물러나면서 우측 팔뚝쪽으로 뒤집어 친다

제3부——검도의 완결편 515

● 상대의 죽도를 잡은 손목을 가볍게
밀고 되미는 순간 똑바로 후퇴해서 팔뚝

• 날밑 밀어대기에서 상대의 죽도를 잡은 손목을 오른쪽 비스듬히 위로 튀겨 올리고 팔뚝

• 날밑 밀어대기에서 상대의 죽도를 잡은 손목을 밀면 물러났기 때문에 그대로 밀고 들어가서 정면을 친다

□ 날밑 밀어대기 · 몸 밀기에서의 정면 치기

　날밑 밀어대기에서 상대의 죽도를 잡은 손목을 앞으로 밀면 물러나기 때문에 그 틈을 타서 정면을 치는 경우가 있다. 소위 몸 밀기에서의 정면 치기다.

몸 부딪힘

　몸 부딪힘이란 치고 찌르기 후의 여세를 몰아 자신의 신체를 상대에게 부딪힘과 동시에 양주먹을 상대의 하복부에서 퍼 올리듯이 하여 쳐서 상대의 자세를 무너뜨려 치고 찌르기의 기회를 만드는 중요한 기술이다. 몸 부딪침은 상대의 기세를 꺾음과 동시에 상대의 자세가 무너진 순간을 즉시 치면 효과적인 공격의 도구가 되고 또한 신체를 단련하는 수단이 되는 것이다.
　「오륜서」 수지권에는 '몸의 부딪침이라고 하는 것'이라고 해서 다음과 같이 서술되어 있다.

1. 몸의 부딪힘이라고 하는 것

　몸 부딪힘은 적 옆으로 침입해서 몸으로 적에게 부딪히는 마음이다. 조금 내 얼굴을 옆으로 돌리고, 내 왼쪽 어깨를 내밀어 적의 가슴에 부딪힌다. 부딪히는 것 내 몸을 어느 정도나 강하게 해서 부딪히는 것. 기세좋게 장단에 들뜬 마음으로 들어가야 한다. 이 들어가는 것, 들어갈 수 없는 것은 적 2간이나 3간격이나 떨어질수록 강한 것이다. 적이 죽어 들어올 정도로 부딪힌다. 잘 단련해야 한다.

□ 몸 부딪힘을 할 경우의 유의점

① 손끝만이 아니라 허리를 중심으로 해서 전신으로 부딪히도록 할 것.
② 오른쪽 어깨를 내밀듯이 하고 세게 상대에게 부딪힘과 동시에 양주먹으로 세게 아래에서부터 밀어 올리(퍼 올리)듯이 할 것.
③ 몸 부딪힘 때에는 절대로 머리를 숙이지 말 것.
④ 몸 부딪힘과 타격이 일련의 동작으로서 이루어지도록 할 것.
⑤ 충실한 기세로 집중시켜서 할 것.
⑥ 몸 부딪힘에서 상대의 자세를 무너뜨릴 때에는 옆에서 부딪히는 방법도 효과적이다.

```
몸 부딪힘에서의 타격
정면→몸 부딪힘 (상대가 물러난다)→쫓아가 얼굴
              (자신이 밀린다)→물러나기 얼굴·물러나기
              몸통
```

□ 정면⇨몸 부딪힘⇨상대가 물러 난다⇨쫓아 들어가서 얼굴

기회를 봐서 정면으로 쳐들어 간 자세로 상대에게 세게 부딪혀서 양손으로 찌르고 떨어져서 상대의 자세를 무너뜨린다. 상대가 몸 부딪힘의 기세로 후퇴하며 얼굴에 틈이 생긴 순간을 포착해서 즉시 쫓아 들어가 정면을 친다. 얼굴을 친 순간에는 턱을 당기고 허리가 들어간 올바른 자세가 유지되어 있어야 한다. 발의 이동을 잘 해서 올바른 잔심이 나타나도록 하는 것도 중요하다.

□정면⇨몸 부딪힘⇨자신이 밀린다⇨물러나기 얼굴

기회를 봐서 정면으로 쳐들어 간 자세로 상대에게 세게 부딪힌다. 상대가 몸 부딪힘을 받아내서 되밀어 얼굴에 틈이 생긴 순간을 포착해서 순간적으로 물러나기 얼굴의 요령으로 후퇴하면서 얼굴을 친다.

□정면⇨몸 부딪힘⇨자신이 밀린다⇨물러나기 몸통

기회를 봐서 정면으로 쳐들어 간 자세로 상대에게 세게 부딪힌다. 상대가 몸 부딪힘을 받아내서 되밀어 죽도를 잡은 손목이 **뻗쳐** 몸통에 틈이 생긴 순간을 포착해서 물러나기 몸통의 요령으로 후퇴하면서 우측 몸통을 친다.

정면을 친 몸 부딪힘에서 상대가 물러나면 쫓아 들어가서 치고 상대가 강해서 몸 부딪힘이 통하지 않을 것 같을 때에는 상대의 미는 힘을 이용해서 물러나서 치거나 피해서 치거나 한다. 임기 응변의 대응을 할 수 있도록 학습을 하는 것이 중요하다.

더욱이 서로의 학습 속에서 몸 부딪힘을 받아내는 경우에는,

① 아랫배에 힘을 주고 죽도를 잡은 손목을 내리고 확실하게 받아 낼 것.

② 오히려 전진해서 반대로 몸 부딪힘을 하는 것 같은 기분으로 받아낼 것.

③ 절대로 머리를 숙이지 말 것.

④ 뒷발(왼발) 뒤꿈치를 올려서 받아낼 것.

등의 점에 유의하면 효과적인 학습이 될 것이다.

● 몸 부딪힘에서는 죽도를 잡은 손목을 단단히 하고 머리를 숙이지 않고 허리부터 부딪힌다

● 정면 치기에서 몸부딪혔을 때 상대가 물러나면 쫓아가서 얼굴을 친다

● 정면 치기에서 몸부딪혔을 때 상대에게 밀리면 물러나서 몸통을 친다

제3부──검도의 완결편 523

학습에 즈음해서──치고 찌르기 기회의 예

검도의 치고 찌를 기회는 상대의 첫머리(나가려는 순간·물러나려는 순간) 자리잡은 순간, 끝난 순간이라고 일반적으로 일컬어지고 있다. 그렇지만 날밑 밀어대기로부터의 기술 특히 '물러나기 수'의 경우는 주로 '끝난 순간'을 치는 기술이다. 상대의 힘을 이용해서 밀고 오는 것을 물러나거나 피하거나 해서 상대의 팔이나 몸이 펴진 순간을 포착해서 치도록 하는 것이 효과적인 기술의 발휘 방법이다.

| 날밑 밀어대기 | ⇨ | 물러나기 얼굴 또는 전진해서 얼굴
물러나기 몸통
물러나기 팔뚝 |

□ 얼굴을 치려고 하는 경우

① 상대의 죽도를 잡은 손목을 밑에서 위로 밀어 올린다. 상대가 지지 않으려고 위에서 아래로 되민다. 그렇게 하면 상대의 죽도를 잡은 손목이 내려가서 얼굴에 틈이 생겨 타격의 기회가 생긴다.

② 상대의 죽도를 잡은 손목을 가볍게 밀었을 때 아무런 저항도 없으면 얼굴에 틈이 생겨서 타격의 기회가 된다.

□ 몸통을 치려고 하는 경우

• 죽도가 평행해졌을 때는 치는 기회

• 죽도를 잡은 손목을 당기면 너무 가까와서 치고 찌를 수 없다. 또한 죽도를 어깨에 걸치거나 죽도를 잡은 손목을 높이 올리거나 해도 안 됨

① 상대의 날밑을 위에서 민다. 상대는 지지않으려고 죽도를 잡은 손목을 아래에서 위로 되민다. 죽도를 잡은 손목이 올라가서 몸통에 틈이 생기자마자 즉시 친다.

② 상대의 죽도를 잡은 손목을 가볍게 앞으로 민다. 상대가 거기에 저항해서 되밀면 상대의 팔이 펴져서 몸통에 틈이 생기기 때문에 그 때를 노린다.

□오른쪽 팔뚝을 치려고 하는 경우

① 상대의 죽도를 잡은 손목을 가볍게 왼쪽 혹은 왼쪽 비스듬히 앞으로 밀면 상대가 지지 않으려고 되민다. 그 때 상대의 양손이 펴진다. 이 틈을 놓치지 않고 오른쪽 팔뚝을 친다.

② 상대를 오른쪽 비스듬히 앞으로 세게 밀어서 자세를 무너뜨려 타격의 기회를 만든다.

□상대의 힘을 이용한 타격

상대가 세게 밀고 공격해 오면 그 힘을 이용해서 역을 취해 물러나면서 친다. 예를 들면,

① 상대가 앞에서부터 밀고 왔을 경우는 상대에게 저항하지 않으면 상대의 팔이 펴져서 몸통에 틈이 생기기 때문에 물러나기 몸통을 치는 기회가 된다.

② 상대가 왼쪽에서 죽도를 잡은 손목을 밀고 왔을 경우에 상대에게 저항하지 않으면 상대의 팔은 왼쪽으로 펴져서 오른쪽 팔뚝, 우측 몸통을 타격할 기회가 생긴다. 손을 뒤집으면 얼굴 치기도 가능해진

다.

• 날밑 밀어대기에서 물러났을 때 얼굴을 막히면 팔뚝, 팔뚝을 막히면 얼굴을 친다

■승리를 향해서——심리면의 정석 9

시합에 있어서의 작전

개인이나 팀이 최고의 능력을 발휘해서 상대에게 이기기 위해서는 작전이 필요하다. 체력이나 기술에 차이가 없을 경우에는 작전에 의해 승패가 결정된다고 해도 과언이 아니다.

'작전'이란 상대에게 이기기 위해서 개인이나 팀이 모든 가능성이나 능력을 가장 합리적으로 활용하는 '임기 응변의 기술'이다.

또한 작전은 보통 전술과 심리적인 작전으로 크게 나눠진다. '전술'이란 각각의 기술에 즈음해서 상대를 공격하거나 방어하거나 하는 가장 유효한 움직이는 방법을 의미하는 기술적인 작전이다. '심리적 작전'이란 시합을 유효하게 전개하기 위해 상대의 선수를 치거나 의표를 찌르거나 해서 상대를 심리적으로 동요시키는 방법을 의미한다. 물론 전술과 심리적인 작전을 엄밀히 구별할 수는 없다. 유효한 공격이나 방어의 형태는 동시에 상대에게 심리적인 동요를 일으키는 방법이기도 하며 상대의 심리적인 동요를 이용한 공격이나 방어의 방법도 많이 있다.

또한 심리적 작전은 상대를 잘 공격하거나 방어하거나 하는 계기를 만들거나 그 공격법이나 방어법을 쉽게 하기 위해서 이루어지기 때문에 양자 모두 밀접한 관련이 있는 것은 당연하다.

□심리적 작전

① 상대의 기선을 제압한다

상대의 기선을 제압한다. 선수를 친다. 쉴새없이 공격한다 등의 방법이다. 선제 공격에 의해서 상대를 동요시켜 상대가 가지고 있는 실력을 충분히 발휘시키지 않도록 하는 방법으로 '선수필승'이란 이것을 의미한다. 전술의 전환도 기선을 제압하듯이 이루어졌을 때에 보다 효과적이다.

단, 선제 공격에 의해 성공한 후 방심하면 상대에게 역전의 기회를 주게 되기 때문에 어디까지나 공격을 우선하는 마음 가짐이 필요하다.

② 물결을 탈 것

자기나 팀의 페이스 배분을 확인하고 자기나 자신팀의 페이스로 시합을 진행시키는 것이 중요하다. 시합은 서로의 페이스 무너뜨리기라고 해도 과언이 아니다. 자기의 페이스를 파악하는 노력을 잊어서는 안 된다. 또한 상대의 페이스에 말려 들었을 때는 과감한 작전 등을 취해서 상대가 무너졌을 때를 놓치지 말고 자기의 페이스로 전환하는 것도 중요하다.

③ 고비나 사점을 파악할 것

시합에 있어서 고비는 승패의 갈림길로 물결을 타는 기회임과 동시에 가장 위험한 경우이기도 하다. 또한 사점(데드 포인트)을 어떻게 수복해서 사수하느냐도 문제다. 어쨌든 시합의 고비, 사점이 승패를 좌우하는 열쇠라는 사실을 명기해서 대응하는 것이 중요하다.

④ 상대의 의표를 찌른다. 허를 찌른다

상대의 준비가 되어 있지 않을 때나 준비가 되어 있지 않는 곳을 불시에 찔러서 상대의 냉정함을 무너뜨리거나 당황시키거나 상대가 어떤 행동을 하려고 하는 심리적인 틀에 대해서 틀에서 벗어난 다른 행동에 의해 상대방의 판단을 빗나가게 하거나 행동의 방향을 잃게 하거나 하는 작전으로 페인트나 트릭 플레이도 하나의 방법이다.

⑤ 상대에게 심리적 부담을 줄 것

상대에 대해서 강하다고 믿게 하거나 도저히 상대할 수 없다고 느끼게 해서 전의를 잃게 하거나 심리적인 동요를 일으키게 하는 방법이다. 예를 들면 시합전의 데먼스트레이션(demonstration)에 의해 위압하거나 상대에게 불안이나 위축을 주는 것이다. 때로는 매스컴을 교묘하게 이용해서 이루어지는 경우 등도 있다.

⑥ 자기나 아군에게 암시를 건다

자기 암시라고 하는 것은 자기 자신의 지각, 관념, 신념, 의도, 행위 등이 타인으로부터 주어지는 말이나 그 밖의 심벌에 의해 이성에 호소하지 않고 무비판적으로 받아 들일 수 있는 심리적인 과정이다. '오늘은 상태가 좋다' '절대로 이길 수 있다'고 하는 자기의 신념이나 자신을 확립함으로서 상대를 압도하는 수단에 도움이 된다. 일반적으로 정서 불안한 시합장에서 신뢰하는 코치 등으로부터의 암시는 자신 회복, 정신 안정에 크게 유용하다. 이것도 작전의 하나다.

제10장

상단에 대한 공격

상단에 대한 자세, 마음 가짐─중단 수

이 장에서는 상단에 대해서 어떻게 공격할지 본다. 예전의 한때 보다는 적어도 상단을 취하는 사람이 상당히 많은 것은 확실하다. 상단을 상대에게 했을 때 경험 부족 등으로 대응 방법(전법)을 모르는 까닭에 방심하여 실패를 했다고 말할 수 있는 중단의 예도 수없이 볼 수 있다.

그래서 여기에서는 '상단을 취하는 상대와 대했을 경우의 중단에서의 대응 방법'의 기본적인 방법에 대해서 검토해 나간다. 우선 대표적인 기술을 소개하기 전에 상단의 자세와 그것에 대한 자세에 대해서 살펴 보자.

상단의 자세는 '공격 자세' '하늘의 자세'라고도 해서 모든 것을 다 태우는 듯한 '불의 성질'을 가진 자세다. 즉, 자신의 몸을 전부 밖으로 내보여서 몸을 지키는 자세다. 타는 불과 같은 격렬한 기성을 가지고 당당히 준비하고 공격해 오는 것이 본래의 상단 공격이다.

중국의「음양오행설」에 따르면 '불의 성질'을 가진 상대의 자세는 '물의 성질'을 가진 중단의 자세에 약하다고 한다. 중단의 자세에도 여러 가지 방법이 있지만 칼끝을 상대의 왼쪽 주먹에 붙이는 소위 '평청안(平晴眼)'의 자세가 상단에는 가장 강한 자세라고 한다.

'상단의 자세'는 이미 서술했듯이 '불'과 같이 격렬한 기성이 몸을 지니는 것보다 빨리 내려쳐서 상대를 쓰러뜨리려고 하는 '필사'의 자세로 상대해 오는 것이다. 따라서 상단과 상대할 때는 '어디부터라도 쳐 와라'고 하는 자신과 상대의 공격에 움직이지 않는 '부동심'

이 특히 중요하다. 자신을 가지고 상대하고 상단의 상대 공격에 마음을 움직이지 않으면 상단은 쳐내릴 뿐이기 때문에 쉽게 피할 수도 있다. 늦거나 주저하는 마음이 생겨서는 상대에게 점점 말려 들기 때문에 상단에 대해서는 소극적인 마음은 버리고 적극적으로 강한 마음으로 상대하는 것이 중요하다.

상단에 대해서는 '평청안'의 자세가 가장 강한 자세법이라고 하지만 구체적으로는 어떻게 준비하면 좋을까?

이것은 제수 좌상단의 자세에 대한 중단의 자세법이라고도 말할 수 있다. 그렇지만 상단에 대한 경우는 죽도를 잡을 손목을 조금 올리고 칼끝을 상대의 왼쪽 주먹에 붙여서 왼쪽 팔뚝을 공격하는 것이다.

죽도를 잡은 손목을 조금 올리고 칼끝을 상대의 왼쪽 주먹에 붙이는 것은 상대의 얼굴 치기와 팔뚝 치기를 막기 쉽고 더욱이 스스로부터 팔뚝, 얼굴에 대한 공격도 거리가 가깝기 때문에 유리해진다. 이때 칼끝을 내리면 얼굴이나 팔뚝을 맞기 쉬우므로 요주의다. 또한 칼끝을 오른쪽으로 벌리면 우측 얼굴을 맞기 쉬우므로 주의해야 한다.

칼끝을 왼쪽으로 향하는 '안개의 자세'는 팔뚝을 충분히 막을 수 있는 자세다. 그러나 이 자세는 그 성격상 '방어적'인 자세이기 때문에 항상 '선수'로 옮길 수 있는 마음과 예리한 몸놀림이 있어야 한다. 그리고 항상 '팔뚝', '멱 찌르기'를 공격하도록 유의해야 한다. 또한 이 자세는 좌측 얼굴과 왼쪽 팔뚝에 틈이 생기기 쉬우므로 그 점도 충분히 고려할 필요가 있다.

상단 자세를 취하는 사람에게 있어서는 중단에 상대의 '나가려는 순간'과 '물러나려는 순간'을 가장 치기 쉬운 기회다. 대개 상단을

• 두 손 좌상단의 자세

• 평청안의 자세

• 안개의 자세

취하는 사람은 그 기회를 노리고 있다고 생각해도 좋을 것이다. 따라서 상단에 상대하려면 항상 매끄러운 발놀림과 죽도의 움직임으로서 몸도 죽도도 '주저앉는'일 없이 상대에게 '나가려는 순간' '물러나려는 순간'의 계기를 주지 않도록 하는 것도 중요하다. 단, 매끄러운 움직임이라고 해도 규칙적인 움직임에서는 오히려 상대에게 타이밍을 간파당해서 맞는 경우가 있으므로 주의가 필요하다.

매끄러운 움직임의 공격 동작중에서 상대의 치기에 '대응하는 동작'이 일어나서 상대의 공격에 대해서는 막는 동작으로부터 '공격하는 동작'이 일어나도록 하는 것이 공격법의 주의라고 한다. '머무른다' '주저 앉는다'는 '맞는 호기'라고 하는 점을 항상 염두에 둘 필요가 있다.

걸기 수──얼굴

상단의 자세는 먼 간격이 효과적인 것과 그저 휘둘러 내리면 칠 수 있다고 하는 이점이 있다. 그렇지만 상단자세를 취하려고 해서 태세를 갖춰 버릴 때까지는 공방 모두에 매우 불리한 것이다. 따라서 그 기회를 놓치지 말고 공격해 들어가서 치고 찌르는 것은 현명한 방법이다.

□공격해서 얼굴

상대가 상단으로 휘둘러 올리는 도중 또는 상단 자세를 채 취하지 않은 사이에 크게 앞으로 내딛어 정면을 친다.

□ 멱 찌르기를 공격해서 얼굴

목 언저리를 공격해서 상대가 죽도를 잡은 손목을 내려 막으려고 하는 순간에 얼굴을 친다. 강한 기세로 멱 찌르기를 공격하는 것이 중요한 포인트다.

□ 기선제압 얼굴

상대가 기술을 걸려고 하는 그 순간을 포착해서 과감히 앞으로 내딛어 얼굴로 쳐들어 간다. 중심에서 오른쪽을 공격하여 반면을 노리는 경우도 있어 제수 좌상단의 상대의 중심에게 오른쪽을 공격하도록 한다. 그리고 상대가 오른쪽 옆으로 막으면 상대의 죽도를 따라서 비스듬히 위에서 오른쪽 반면을 단숨에 공격한다.

제3부——검도의 완결편 537

• 상대가 상단으로 준비하는 도중 크게 앞으로 내딛어 정면을 친다

• 상대의 기술 처음에 과감히 앞으로 내딛어 얼굴을 친다 ▼

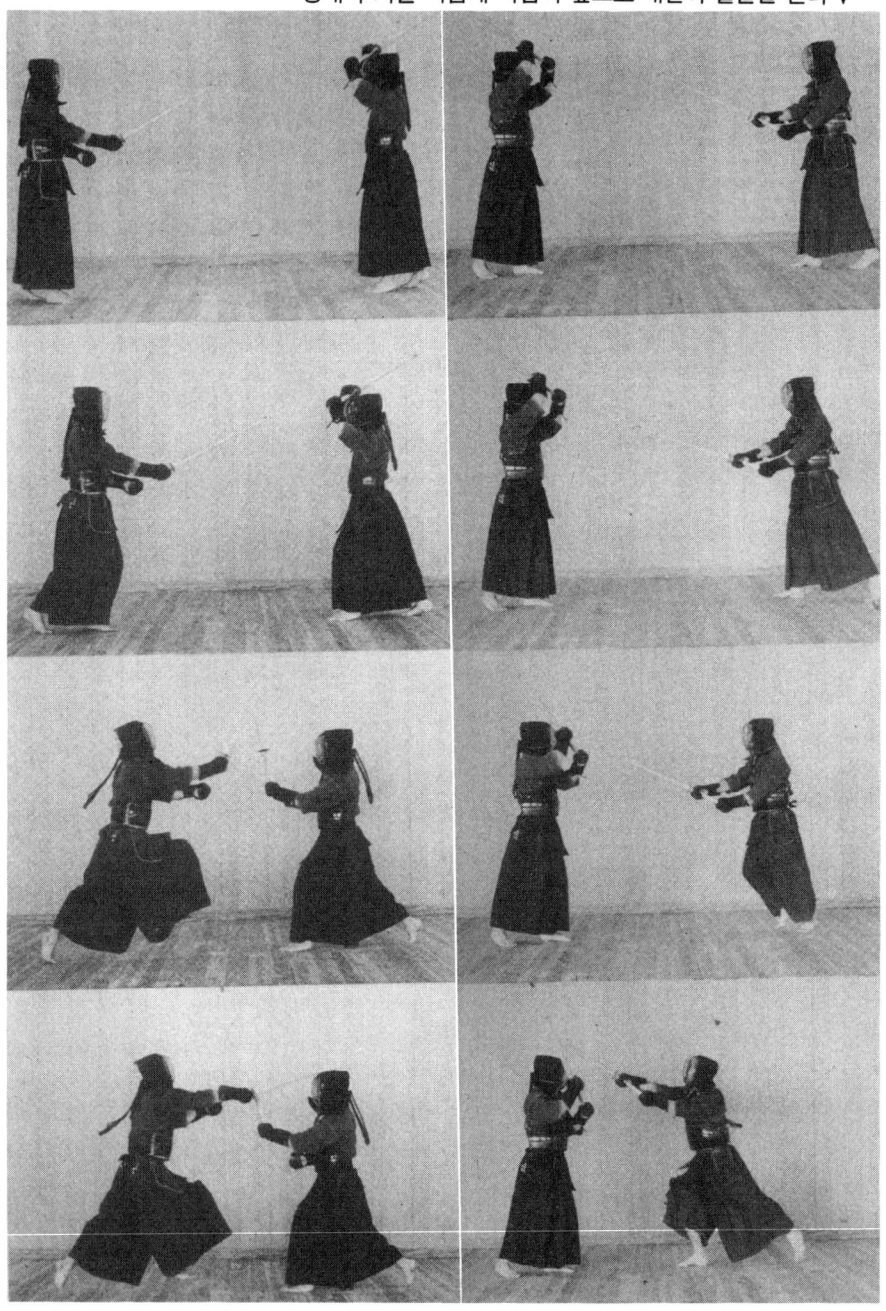

▲ • 멱찌르기를 찌를 기색을 보여서 상대가 막으려고 하면 크게 앞으로 내딛어 얼굴을 친다

상단에 대한 자세, 마음 가짐—
팔뚝 · 몸통 · 멱 찌르기

상단에 대한 팔뚝 치기

'제수 좌상단'에 중단으로 상대하는 경우에는 '왼쪽 팔뚝을 공격해서 멱 찌른다.' 혹은 '멱 찌르기를 공격해서 팔뚝을 친다.'고 하는 것이 공격법의 정석이라고 한다. 칼끝이 강하다고 해서 특정 부위에만 칼끝을 고정시키고 있거나 가만히 움직이지 않고 태세를 취하고 있으면 상대에게 공격의 계기를 쉽게 주게 된다. 기계적인 칼끝이나 몸의 움직이는 법도 상대에게 타이밍을 간파당해서 맞는 경우는 앞에도 서술했다. 상단의 강한 기백에 지지 않고 더욱 강한 기력과 자신을 갖고 간격에 주의해서 공격하는 것이다.

멱 찌르기와 왼쪽 팔뚝을 공격하면서 기회를 봐서 간격을 좁혀 팔뚝 혹은 멱 찌르기를 한다. 이쪽의 공격에 대해서 나오려고 하면 '기선제압 팔뚝' 혹은 '기선제압 멱 찌르기'를 발휘할 기회다. 또한 왼쪽 팔뚝을 공격해서 오른쪽 팔뚝을 치는 경우도 있다.

□ 상단에 대한 팔뚝 치기의 유의점

① 상단에 대한 치고 찌르기는 자칫하면 허리를 다치기 쉬우므로 확실히 허리를 넣고 크게 앞으로 내딛어 치고 찌른 것. 어중간해서는

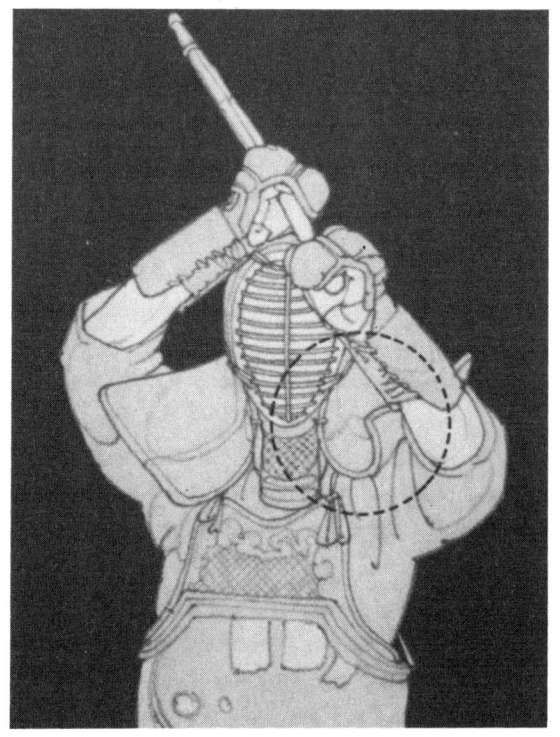

• 상단에 대할 때는 점선안을 칼끝으로 공격한다

안 된다. 자신을 갖고 치고 찌르는 것이다.
② 오른쪽 팔뚝 치기 때 특히 크게 앞으로 내딛지 않으면 불성공으로 끝나는 경우가 많이 있다.

□공격해서 왼쪽 팔뚝

상대가 제수 좌상단의 자세를 취하는 도중 또는, 직전 혹은 상대가 어디를 공격할까 망설이고 있는 순간을 알아채고 앞으로 내딛어 왼쪽 팔뚝을 친다. 오른쪽 팔뚝을 공격할 때는 왼쪽 팔뚝보다 먼 거리가 되기 때문에 더욱 크게 앞으로 내딛을 필요가 있다.

□시작을 공격해서 팔뚝(왼쪽)

제수 좌상단의 상대가 기회를 봐서 치려고 하는 그 순간을 포착해서 즉시 앞으로 내딛어 치도록 한다. 팔뚝을 칠 때는 역시 깊이 내딛어 치는 것이 중요하다.

□기선제압 팔뚝(왼쪽)

제수 좌상단의 상대에 대해서 중단으로부터 기회를 봐서 간격을 좁힌다(상대에게 칠 기회를 주지 않는 것 같은 간격의 좁히는 법에 주의). 상대가 치려고 죽도를 잡은 손목을 움직여서 앞으로 나오려고 하면 그 나오려고 죽도를 잡은 손목을 약간 움직인 순간을 포착해서 왼쪽 팔뚝을 친다.

□왼쪽 팔뚝을 막으면 오른쪽 팔뚝

제수 좌상단의 상대에 대해서 중단으로부터 기회를 봐서 왼쪽 팔뚝을 공격하여 상단이 그 공격을 막으려고 왼쪽 주먹을 끌어다 붙인 순간을 포착해서 오른쪽 팔뚝을 친다.

□칼끝이 왼쪽 비스듬한 상대에 대해서

제수 좌상단의 자세에서 칼끝을 왼쪽 비스듬히 자세를 취하고 있는

● 상대가 상단
으로 준비하는
도중 과감히
앞으로 내딛어
왼쪽 팔뚝을
친다

▼ •상대가 나오려는 순간에 즉시 앞으로 내딛어 **팔뚝을 친다**

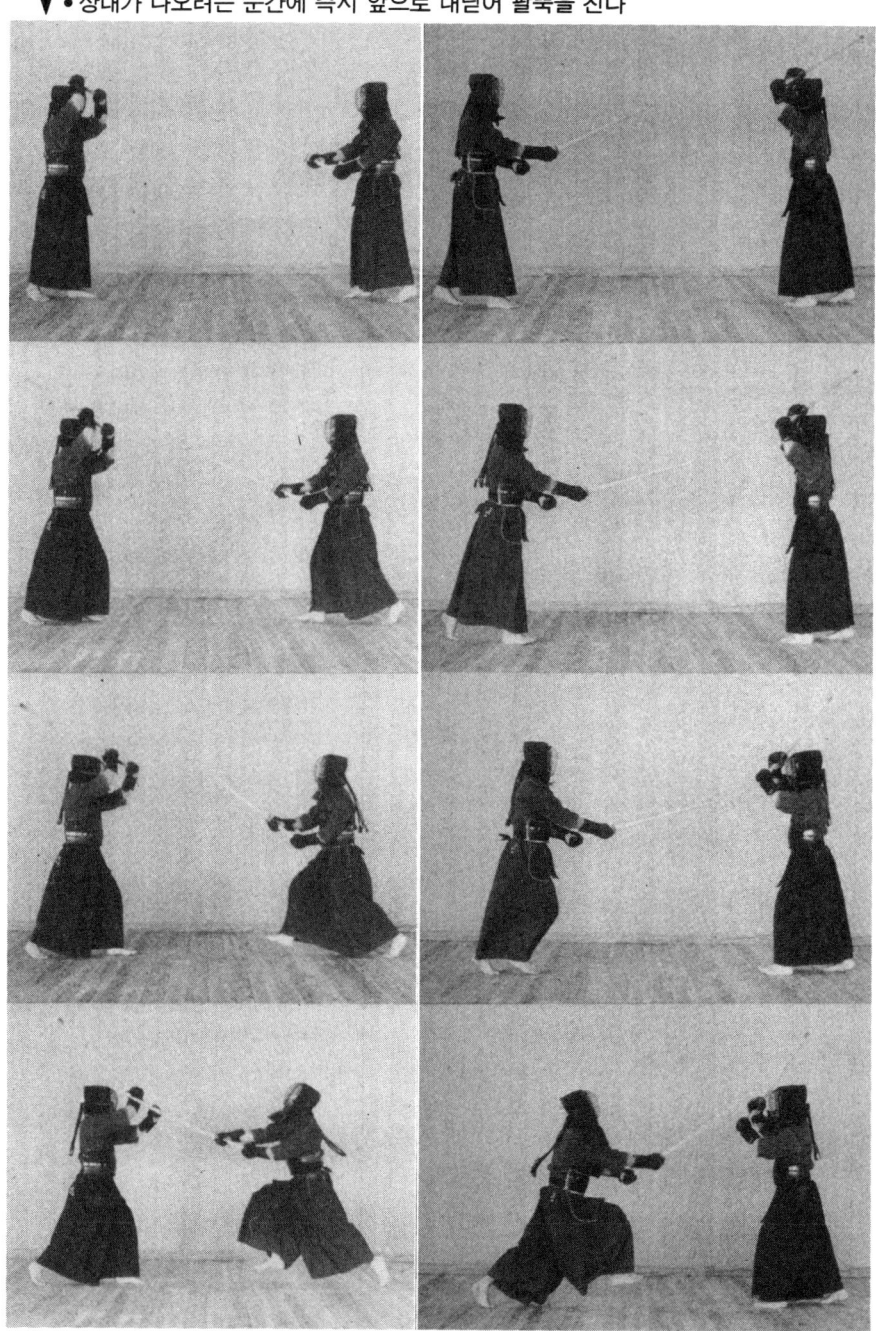

•기회를 봐서 틈을 좁히고 상대의 죽도를 잡은 손목이 약간 움직이면 순간을 ▲
포착해서 왼쪽 팔뚝을 친다

▼ • 왼쪽 팔뚝을 공격해서 상대가 막으려고 하면 오른쪽 팔뚝을 친다

• 칼끝을 왼쪽 비스듬히 준비하고 있는 상대에게는 상대의 오른쪽을 칼끝으로 ▲
공격하고 막으면 크게 앞으로 내딛어 오른쪽 팔뚝을 친다

상대에 대해서 중단으로부터 칼끝으로 상대의 우측을 공격하여 상단이 우측 옆으로 막았을 때에 크게 앞으로 내딛어 오른쪽 팔뚝을 친다. 이것과는 반대로 상대가 제수의 상단일 때(칼끝을 오른쪽 비스듬히 자세를 취한다)는 왼쪽을 공격하여 상대가 왼쪽 옆으로 막으면 크게 왼쪽 팔뚝을 치는 것이 중요하다.

상단에 대한 중단으로부터의 몸통치기

제수 좌상단의 상대에 대해서 강한 기백을 가지고 멱 찌르기 또는 팔뚝을 공격한다. 상단이 죽도를 잡은 손목을 올려서 혹은 물러난 순간을 과감히 앞으로 내딛어 우측 몸통을 친다. 몸통 타격 후의 자세는 비스듬히 오른쪽 앞으로 빠지는 경우와 비스듬히 왼쪽 앞으로 빠지는 경우가 있고 좌측 몸통의 경우도 있다. 또한 멱 찌르기 혹은 팔뚝을 공격했을 때 상단의 상대는 상체를 뒤로 젖히고 달아나는 경우가 있고 그 때에도 기회가 생겨 앞으로 내딛어 몸통을 칠 수 있다.

그 밖에 다음과 같은 공격법도 있다. 제수 좌상단의 상대에 대해서 상대에게 보조를 맞추는 일 없이 성큼 성큼 간격을 좁혀서(칼끝으로 멱 찌르기, 팔뚝을 안개의 자세와 같이 취하면서 걷기 스텝으로 공격해 들어가기) 상대가 순간 망설이고 죽도를 잡은 손목을 무너뜨린 순간을 포착해서 좌측 몸통을 친다. 또한 매끄러운 걷기 스텝에 의해 성큼 성큼 들어가는 공격법이 '의표를 찌른' 공격이 되어 효과를 올리는 때도 있다. 단, 몇 번이나 반복해서는 효과가 없다.

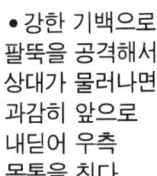

• 강한 기백으로
팔뚝을 공격해서
상대가 물러나면
과감히 앞으로
내딛어 우측
몸통을 친다

제3부——검도의 완결편 547

● 상대가 상단으로
준비하는 도중 크게
앞으로 내딛어 왼손
으로 찌른다

● 상대가 나오려는 순간을 포착해서 크게 앞으로 내딛어 멱찌른다

상단에 대한 멱 찌르기

□왼손 멱 찌르기

상대가 제수 좌상단으로 태세를 취하려고 상단으로 올리는 도중 혹은 올려서 채 자세를 취하지 않은 사이 또는 어디를 공격할까 망설이고 있는 순간을 포착하여 오른발(왼발)을 크게 앞으로 내딛어 왼손으로 목언저리를 찌른다. 제수 멱 찌르기의 경우도 거의 같은 요령으로 하면 될 것이다.

□왼손 멱 찌르기(기선제압 멱 찌르기)

제수 좌상단의 상대가 기회를 봐서 쳐들어오려고 하는 순간을 포착해서 오른발(왼발)부터 앞으로 내딛어 왼손으로 찌른다. 제수 멱찌르기 때는 먼 간격이 되기 때문에 확실히 내딛는 것이 중요하다.

학습에 즈음해서──상단 공격의 전법

불과 같이 타는 듯한 상단으로부터의 강한 공격에 대해서 중단은 물과 같이 냉정하게 더구나 강한 기백을 가지고 대응하고 공격해서 이겨야 한다. 그러나 실제로는 '어디부터라도 쳐와라'고 하는 자신이나 상대의 공격에 끄덕도 하지 않는 '부동심(不動心)'이 변해서 상단의 공격해 오는 기술에 '수동'이 되거나 상대의 죽도의 움직임을 너무 보고 '그대로 주저 앉아'버려서 대응하는 동작에서 일전하여 공격하는 동작으로 이어지지 않게 되어 맞아 버리는 경우가 많이 있다.

상단에 상대하는 마음 가짐에 대해서 더욱이 그 요점에 대해서 정리해 서술하기로 한다.

(1) 상단은 그 자세에서 봐도 상대를 쫓아 들어와 치는 것이 기본이기 때문에 상단의 상대에게 쫓기면 패한 듯하다.

그러나 상단으로부터 점점 공격에 몰렸을 경우에는 물러나지 않으면 맞고 단순히 물러나면 점점 더 상대의 페이스에 걸려들어 버릴 가능성이 있다.

이와 같은 경우 하나의 대책은 단순히 일직선으로 후퇴하는 게 아니라 좌우로 돌아다니는 것이다. 상단을 취하는 사람에게 있어서 중단의 상대가 왼쪽으로 돌면 자신의 왼쪽 팔뚝이 맞기 쉬움과 동시에 중단의 상대의 오른쪽 팔뚝이 죽도에 가려지기 때문에 공격하기 어렵게 되어 싫어하기 마련이다. 따라서 상단의 상대를 대했을 경우에는 언제라도 앞으로 나갈 수 있는 상태로 매끄럽게 자신의 '우측으로 좌측으로' 돌면서 공격하는 것이 득책이라고 한다.

(2) 상단에 대해서 중단이 방어 일변도에서는 항상 상단의 페이스가 되어 승기가 좀체로 찾아 오지 않는 법이다. 따라서 항상 먼저 공격하는 것을 잊지 않고 공격을 걸도록 하는 것이 중요하다.

이 경우의 공격법의 구체적인 일례로서 상단의 약점인 '멱 찌르기'와 '팔뚝'을 공격해서 상단에게 공격의 여유와 기회를 주지 않도록 하는 것이다.

(구체적 방법)
① 왼쪽 팔뚝을 공격한다
② 왼쪽 팔뚝으로 위장하고 오른쪽 팔뚝을 친다
③ 한 손 멱 찌르기를 한다

④ 기회를 봐서 의표를 찌른 뛰어 들어 얼굴을 친다(이 기술도 효과가 있는 경우가 많다).

⑤ 상대에게 보조를 맞추지 않고 걷기 스텝 등으로 성큼 성큼 공격해 들어가서 기회를 주지 않고 기술을 건다.

(3) 상단을 대했을 경우에 중단으로서는 가능한 한 접근전이라든가 혼전으로 끌어 들여 상대에게 틈을 주지 않고 차분히 상단을 취하게 하지 않도록 하는 것도 전법의 하나다.

(4) 상단을 대했을 경우에 중단으로부터의 칼끝 공격, 유도 등으로 자신 만만한 상단을 중단으로 내리게 해서 상대가 불충분한 상태에서 승부를 하는 전법도 있다.

(5) 단순한 1점 치기의 기술로는 좀체로 먹혀들지 않는다. 상대에게 차분히 자세를 취할 여유를 주지 않는 것 같은 '연속 수'로 공격하는 것도 전법의 하나다.

(6) 상단에 대해서 중단으로부터의 칼끝 공격이나 기술을 걸어서 상대의 자신 만만한 기술이 얼굴 치기인지 팔뚝 치기인지를 재빨리 간파해서 상단으로부터의 공격이나 유도에 속지 않도록 해야 하다. 반대로 공격을 할 수 있도록 유의하는 것이다.

(7) 흔히 볼 수 있는 경우이지만 그저 무턱대고 돌아 다니거나 먹 찌르기를 할 뿐만 아니라 상대를 잘 확인하고 상단의 상대를 이길 강하고 격렬한 기백으로서 상대하는 것이 승리로 이어지는 제1보일 것이다.

▰승리를 향해서──심리면의 정석 ⑩

스포츠 카운셀링과 자기 릴랙세이션법

스포츠 경기에 있어서 성적이나 승패는 경기자 혹은 팀 전원의 신체적 조건(기초 체력, 운동 능력, 운동 기능 등)에 의해서만 결정되는 게 아니라 다양한 심리적 요인이 영향하는 것은 말할 필요도 없다.

스포츠맨의 마음의 본연의 자세에 대한 과학적인 심리 트레이닝, 심리 상태를 과학적으로 컨트롤하는 심리적 원조의 기법인 카운셀링은 협의로는 신경증 등의 심리적 원인에 의한 부적응이나 정신 장애에 대한 심리 치료법으로 '언다'라고 하는 일시적인 이상 심리 상태에 대한 치료법으로서는 유효하다. 그러나 어는 것의 해소와 같은 말하자면 대증요법적인 심리 기술이 아니라 카운셀링을 통해서 시합이라고 하는 심리적으로 위기적인 장면에서도 항상 심리적 안정을 유지할 수 있는 것 같은 적응적 성격을 기르고 자신의 심리 상태를 스스로 컨트롤할 수 있도록 항상 평소부터 심리적 트레이닝을 하는 것이 보다 한층 바람직한 일로 이것을 스포츠에 있어서 심리적 컨디션 형성이라고 부르고 있다.

스포츠 카운셀링의 기법에는 상담 형식에 의한 조언, 지도를 비롯해서 다양한 자기 릴랙세이션법, 이미지 리허설법 등이 있지만 경기 장면에서의 어는 것을 억제하는 방법으로서 효과가 있는 자기 릴랙세이션에 대해서 설명한다. 이것들은 어는 것의 억제와 같은 적용 뿐만 아니라 오히려 평소부터 자기 릴랙세이션법을 훈련함으로서 개인의 심리적, 신체적 릴랙스의 수준을 높이고 그 결과로서 정신적 안정, 심리적 건강, 적응적 인간 관계, 정신 집중력 등이 좋아지고 감정의 컨트롤이 쉬워져서 말하자면 평상심을 항상 유지할 수 있도록 자신을 개조하는 뛰어난 심리적 컨디션 형성의 기법이다. 물론 전문가의 지도에 의해 이루어져야 한다.

이하 여러 가지 기법에 대해서 간단히 설명한다.

① **최면 이완법**

최면에 의해 얻을 수 있는 특수한 심리·생리적 상태, 즉 최면 트랜스(trance)가 가진 특성의 하나인 심리적·신체적 이완을 체험하는 방법이다. 카운셀러가 주는 언어에 의한 암시에 순차 반응함으로서 최면 상태로 유도되면 선수는 과도의 긴장이나 불안으로부터 해방되어 편리한 기분이 되고 평정한 심리 상태로 그 후의 경기에 임할 수 있게 된다. 불안을 제거하는 암시나 지지적인 암시도 유효하게 덧붙여져서 신체적으로도 불필요한 긴장이나 힘줌을 해소하고 적당한 근육 긴장을 유지할 수 있게 된다.

② **자율 훈련법**

정신 집중과 이완에 의한 자기 컨트롤법이다. 표준 연습, 명상 연습, 특수 연습 등의 단계적인 연습으로 이루어지며 하루 수 차례 자신 스스로 연습을 진행해서 일상적인 정신 건강법으로서 끊임없이 릴랙스를 유지할 수 있게 된다. 경기나 시합 직전이나 도중에도 타인의 원조를 빌리지 않고 심리적 컨디션을 조절할 수 있는 방법이다.

③ 점진적 이완법

단계적인 근육이완 훈련으로 신체 각부의 근육에 대해서 작은 부분으로부터 전신으로 점차 긴장——이완의 감각을 학습시켜 전신 릴랙스에 이르고 심리적 릴랙스도 얻을 수 있다고 하는 방법이다. 미리 연습을 해 둠으로서 일상의 정신적 안정에 유효함과 동시에 스포츠 장면에 있어서도 이완법으로서 이용되고 있다.

④ 호흡 조정법

호흡의 안정화 등 호흡 조정의 방법은 정신 집중, 타이밍의 컨트롤 등과 관련해서 스포츠에 있어서는 중요한 기법이라고 생각되고 있다. 최면 이완법이나 자율 훈련법의 호흡 조정 연습 등에 의해 바람직한 상태를 얻을 수 있다. 일상 자율 훈련법을 충분히 연습하고 또 최면 이완의 상태에서 그 안정의 심리적 신체적 상태를 습관지워 두는 등의 방법에 의해 경기 장면에서도 자신 스스로 릴랙세이션을 만들어 낼 수 있게 된다.

⑤ 악수 이완법

자율 훈련법이나 최면법에 의해 심리적, 신체적 릴랙세이션의 상태에 이른 후 손가락을 가볍게 쥔다고 하는 동작으로서 그 릴랙스를 느낀다고 하는 연습을 하고 악수를 하나의 단서로 해서 릴랙세이션이 생기도록 조건부 수속을 이용하고 있다. 필요한 때와 장소에서 자기 스스로 릴랙세이션을 만들 수 있다.

제11장

상단으로부터의 공격

상단으로부터의 공격

앞장은 '상단에 대한 공격'에 대해서 생각했다. 상단의 상대에 대해서 놀라거나 망설이거나 겁내는 일 없이 냉정하게 무리없이 대응하기 위해서는 상단의 상대와 수없이 학습하고 그 경험을 통해서 연구하는 것이 제일이다. 그러나 스스로 상단을 취해서 그 공방을 경험해 보는 것도 상단의 성격을 이해하는 방법의 하나라고도 말할 수 있다.

상단의 기술이나 한 손 기술은 검도의 중요한 기술의 하나이지만 제수에 의한 중단으로부터의 기술을 충분히 할 수 있고 나서 학습을 해도 늦지는 않는다고 한다. 그렇지만 승부를 하는 이상은 상단의 연구도 게을리할 수는 없다. 그래서 여기에서는 '상단으로부터의 공격'에 대해서 생각해 보기로 한다.

상단 기술을 알다

상단을 취해 보면 상단의 장점이나 단점을 실감으로서 이해할 수 있다. 따라서 반대로 상단을 취하는 상대가 '어떻게 공격하고' '어떻게 막느냐'의 방법을 이해하는 단서를 파악하게 되어 '대상단 전법'을 세우는 데에도 매우 도움이 될 것이다.

검도를 포함한 모든 승부의 세계에서는 실제의 승부 전의 '정보 수집'이 중요하다고 한다. 그리고 그 정보의 적절한 이용이 승패의 행방을 좌우하고 있음은 역사의 결과를 볼 필요도 없다. 손자병법

중에 '-지피지기자 백전불태, 부지피이지기 일승일부, 부지피부지기 매전필태-' (그를 알고 나를 알면 백전해서 지지 않고, 그를 모르고 나를 알면 1승 1부한다. 그를 모르고 나를 모르면 싸울 때마다 반드시 진다)라고 쓰여 있듯이 우선 상대를 알아야 한다.

상대의 입장이 되어(상단을 취해 보고) 장점이나 단점, 어디를 공격당하면 싫을까 등 많은 정보를 얻는다.

옛날부터 '보는 학습'이라고 해서 실제로 승부를 겨루지 않더라도 상대의 학습 방법이나 시합 모습 등을 견학하고 풍부한 정보를 머릿속에 넣어 두는 효과적인 학습법이 있었다.

실제의 학습이나 견학 등을 통해서 얻은 학습을 단서로 해서 상단의 상대와 대면하면 그 공방의 응보는 이치에 맞는 무리 없는 깊이 있는 것이 되어 간단히 지는 것 같은 일은 없어질 것이다.

불과 같은 상단 기술

상단의 자세는 '공격 자세'라든가 '하늘의 자세', '불의 성질을 가진 자세'등이라고 한다. 원래가 정정 당당히 정면을 가르고 '단 일격하에 쳐 이긴다'고 하는 활활 타는 불과 같이 격렬한 성격을 가진 자세다. '하늘'은 사람이나 땅위에 있고 위에서 아래를 누르고 여러 가지 자연 현상을 지켜보고 있다. 마찬가지로 상단도 위에서 아래의 움직임을 지켜 보고 틈이 생기면 즉시 내리칠 마음 가짐으로 상대가 공격해오면 자신의 몸을 지키는 것보다도 빨리 내리 쳐서 상대를 제압하는 것이 상단의 특색이다.

따라서 상단의 자세는 자신의 몸의 모든 것을 드러내고 몸을 지키는 것보다도 몸을 버리고 내리 치는 마음 가짐이 필요하다. '불과 같이 격렬한 기성'을 가지고 '자신을 가지고' 준비해야 한다.

상단은 상대를 눈 아래로 깔보고 자신의 정도를 나타내기 때문에 지금도 상단 기술은 무례 불손한 기술로서 싫어하는 사람이 있을 정도다.

원래 상단은 상위의 사람이 하위의 사람에 대해서 실시하는 기술로 그 경우에도 일단 '무례' 라든가 '실례'라든가 인사를 하고 상단의 자세를 취하는 것을 검도의 예로서 여기고 있을 정도로 하위의 사람은 상단의 사람에 대해서는 절대 취해서는 안 된다고까지 일컬어지는 경우도 있었던 것 같다. 그 정도이기 때문에 상단을 취할 경우에는 검도의 예의 정신을 잊지 않도록 유의해 주기 바란다.

상단의 자세

'상단의 자세'에도 여러 가지 방법이 있다. 그 중에서도 정통의 것은 왼손 앞, 오른발 앞의 '제수 좌상단의 자세'로 가장 많이 일반적으로 이용되고 있다. 중단에 대한 기술로서 다른 상단의 자세로부터의 기술보다도 비교적 유리한 점과 타격한 후 곧 중단의 자세도 취할 수 있다고 하는 이점이 있다.

이하 기본적인 자세법과 유의점에 대해서 설명한다.

☐ **제수 좌상단**

① 중단에서 상단으로 바꿀 때 자세에 틈이 생기지 않도록 주의할 것.

② 방심하지 말고 조용히 오른발을 당겨서 간격을 떼고 일단 뒤로

짚고 서서히 제수를 올려 상단으로 취한다.

③ 오른발을 물림과 동시에 재빨리 상단으로 바꾼다.

④ 기세 강하게 왼발을 앞으로 내밀고 재빨리 상단으로 바꾼다.

⑤ 상대의 중단의 죽도를 위에서 세게 쳐서 떨어뜨려 상대를 동요시키고 재빨리 상단으로 취한다.

⑥ 상대의 상단에 대해서 중단에서 상단으로 바꿀 때에는 간격을 1보 물러나서 잡는다.

⑦ '오른발을 뒤로 물린다', '왼발을 앞으로 내민다'고 하는 발의 이동을 상대와의 간격의 관계나 기세 등으로 임기 응변의 방법을 취한다.

□제수 우상단(諸手右上段)

① 상대 중단일 때에 뒷발부터 1보 물려서 간격을 떼고 오른발 앞인 상단으로 바꾼다.

② 상대 중단일 때에 1보 앞으로 내딛는 것 같은 기분으로 공격하고 상단으로 바꾼다.

③ 상대의 죽도를 위에서 세게 쳐서 떨어뜨리고 재빨리 상단으로 취한다.

④ 왼손 앞, 오른발 앞의 제수 상단에서 왼발을 물리든가 오른발을 내민다.

□왼손, 오른발의 상단

① 상대 중단에서 오른발을 물림과 동시에 오른손을 손잡이에서

• 제수좌상단

• 제수우상단
(왼손 앞, 오른발
앞의 제수상단)

• 왼손·오른
발 앞의 상단

• 오른손 앞,
왼발 앞의
제수상단

떼어 허리에 짚고 왼손을 올려 왼발앞의 상단이 된다.

② 왼손 앞, 왼발 앞, 제수 상단에서 오른손을 손잡이로부터 떼어 허리에 짚고 왼손 상단이 된다.

□오른손 앞, 왼발 앞의 제수 상단

① 상대 중단에서 오른발을 물려 뒤에 짚고 좌우의 손을 바꿔 오른손으로 손잡이 머리를 쥐고 죽도를 올려 오른손 앞, 왼발 앞의 제수 상단이 된다.

② 왼손 앞, 왼발 앞의 제수 상단에서 머리 위에서 좌우의 손을 바꿔 쥔다.

상단으로부터의 걸기 수—
상단에 있어서의 응수

상단 기술에는 각종의 자세에서 만들어지는 여러 가지 기술이 있다. 그렇지만 가장 일반적인 것이 제수 좌상단으로부터의 기술이다. 여기에서는 그 제수 좌상단으로부터의 대표적인 기술에 대해서 설명해 간다.

상단으로부터의 얼굴 치기

□상단 얼굴(정면)

상대가 중단으로 칼끝을 높이 올리고 상단의 왼쪽 주먹에 붙여

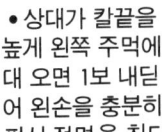

• 상대가 칼끝을 높게 왼쪽 주먹에 대 오면 1보 내딛어 왼손을 충분히 펴서 정면을 친다

오면 상단으로 상대의 얼굴을 좌우에서 노리고 공격해서 얼굴을 지키려고 하는 상대의 죽도 절선을 왼쪽 주먹으로 정확히 2개로 갈라 찢는 듯한 기분으로 1보 앞으로 내딛어 왼손을 충분히 펴고 정면을 친다. 왼손으로 정면을 칠 때에는 오른손으로 뗄 때에 오른손으로 죽도를 세게 밀어 떼듯이 하고 그 오른손을 하복부로 세게 끌어 당기도록 할 것. 오른손의 잡아 당김이 한 손 치기의 타격을 보다 강하게 하고 자세의 무너짐을 막기 때문에 중요하다.

□상단 얼굴(좌측 얼굴)

상대가 중단으로 칼끝을 높이 올린 '안개의 자세'로 달려 오면 상단에서 상대의 우측 얼굴을 도중에 공격하여 상대가 왼쪽 옆으로 막는 순간 상대의 좌측 얼굴을 오른쪽 비스듬히 위에서 왼손을 펴고 1보 나가서 친다.

□상단 얼굴(기선제압 얼굴)

상대가 중단으로 칼끝을 내리고 멱 찌르기를 공격해 들어오려고 하는 순간을 포착해서 상대의 칼끝을 왼쪽 주먹으로 두 개로 갈라 찢는 듯한 기분으로 날카롭게 정면으로 쳐들어 간다.

• 상대가 나오려는 순간을 포착해서 날카롭게 정면으로 쳐 들어간다 ▼

▲ • 상대가 안개의 자세로 오면 오른쪽 얼굴을 공격하여 왼쪽 옆으로 막는 순간의 오른쪽 비스듬히 위에서 1보 나가 왼쪽 얼굴을 친다

상단으로부터의 팔뚝 치기

상단 기술에서의 승부는 얼굴 기술과 함께 팔뚝 기술이 있기 때문에 변화 있는 다채로운 것이 된다. 얼굴 기술만으로는 단조로와지고 막혀 버려서 승부에는 이길 수 없다. 충분한 연구가 필요해질 것이다.

상단으로부터의 중단에 대한 팔뚝 치기는 얼굴 치기와는 왼쪽 손목의 스냅 사용법이나 죽도의 코스가 다르다.

□제수 좌상단으로부터의 한 손 팔뚝

중단 자세의 상대에 대해서 제수 좌상단의 자세로 위에서 기압하여 상대의 얼굴을 공격한다. 상대가 얼굴을 막는 기분으로 칼끝과 죽도를 잡은 손목을 올린 순간을 포착해서 오른쪽 팔뚝을 친다. 오른손은 날밑을 다소 남기는 기미로 새끼손가락을 움츠려서 손잡이를 앞으로 밀어 내고 왼손은 손잡이를 누르듯이 해서 손목을 조르는 것이 중요하다.

□제수 좌상단에서 제수 팔뚝

중단의 상대의 칼끝을 제수로 세게 쳐서 떨어뜨리고 더욱이 상대가 나오려고 하는 순간을 포착해서 제수로 오른쪽 팔뚝을 친다. 팔뚝을 치는 타이밍은 '메기 팔뚝'의 요령과 같다고 생각해도 좋을 것이다.

• 상대의 칼끝을 두 손으로 쳐서 떨어뜨리고 나오려는 순간을 포착해서 오른쪽 팔뚝을 친다 ▼

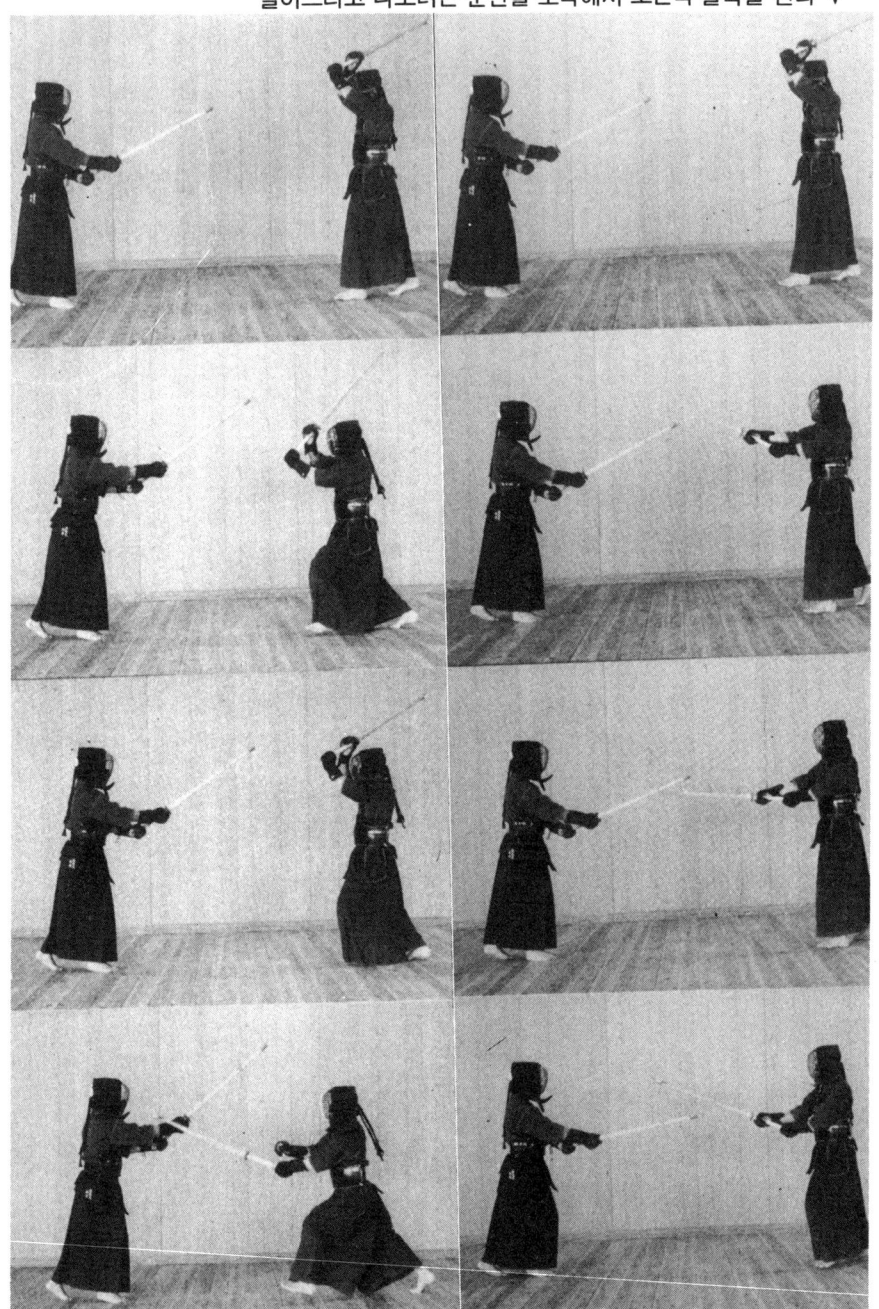

▲ • 두 손 좌상단의 자세에서 기를 제압하여 상대가 칼끝과 죽도를 잡은 손목을 올린 순간을 포착해서 오른쪽 팔뚝을 친다

제3부——검도의 완결편 569

• 상단에서의 팔뚝의 칼줄기 · 상대의 죽도와 평행히 휘둘러 내린다. 또한 상황에 따라서 몸을 왼쪽으로 놀려서 치는 경우도 있다

상단으로부터의 몸통 기술

상단 기술 뿐만 아니라 중단 기술의 경우에도 얼굴 치기, 팔뚝 치기의 죽도가 통과하는 코스는 세로로 휘둘러 내리는 경우가 많아 그 학습이 중심이다. 따라서 상대도 거기에 대한 준비를 하고 있는 것이 보통이다. 그런데 몸통 치기의 죽도의 코스는 사선이나 가로로 변화한다.

상단의 자세에서 '얼굴' 혹은 '팔뚝'으로 간다고 연상시키는 듯한 공격에서 도중에 코스를 바꾸어 죽도를 가로로 흔드는 '몸통'으로 쳐 나가는 것이 효과적인 경우가 종종 있다. 단, 상단 뿐만 아니라 중단의 경우에도 몸통 기술만 해서는 진짜 검도의 실력향상은 늦어진다고 한다. 주의가 필요하다.

□제수 좌상단으로부터의 몸통

중단의 상대의 얼굴을 우측에서 공격하여 상대가 오른쪽 옆으로 막는 순간 크게 왼쪽 앞으로 내딛어 우측 몸통을 친다. 왼쪽 주먹이 너무 올라가서 칼끝이 내려가 아래로 빗나가게 치지 않도록 할 것. 또한 머리를 너무 숙이거나 상체를 앞으로 너무 쓰러뜨리지 않도록 하는 것이 중요하다.

제3부──검도의 완결편 571

• 상대의 얼굴을 오른쪽으로 공격하여 상대가 오른쪽 옆으로 막는 순간을 왼쪽 앞으로 크게 내딛어 우측 몸통을 친다

상단에 있어서의 응수

상단 자세의 본질에 대해서는 이미 설명했듯이 항상 활활 타는 불과 같은 격렬한 기성을 가지고 몸을 지키는 것보다도 몸을 버리고 내리치는 전형적인 '걸기 수'로 이어지는 자세다. 그러나 상단의 자세에 대해서 중단의 상대가 공격을 걸어 오는데 대응하는 '응수'도 몸에 익혀야 한다.

□ 팔뚝 빼기 얼굴

중단의 상대가 왼쪽 팔뚝을 쳐 오면 제수를 과감히 위로 올려서 빼고 얼굴을 친다. 상대의 첫발을 내딛는 여하에 따라서 1보 후퇴하여 빼고 나서 나가 얼굴을 치거나 경우에 따라서는 얼굴을 친 후에 후퇴하는 경우도 있다. 상체를 뒤로 젖히는 정도로 빼려고 하면 상대에게 이용당하는 경우가 많기 때문에 주의해야 한다.

□ 팔뚝 쳐서 떨어뜨리고 얼굴

중단의 상대가 왼쪽 팔뚝을 쳐 오면 제수로 날카롭게 쳐서 떨어뜨리고 즉시 정면을 친다.

□ 멱 찌르고 쳐서 떨어뜨리고 얼굴

제3부—검도의 완결편 573

• 상대가 왼쪽 팔뚝을 쳐 오면 두 손을 과감히 위로 올려서 빼고 얼굴을 친다

중단의 상대가 제수의 멱 찌르기로 오는 것을 동시 치기의 요령으로 날카롭게 가르듯이 쳐서 떨어뜨려 무너뜨리고 즉시 앞으로 나가 정면을 친다. 멱 찌르기를 두려워하지 말고 강한 마음으로 상대의 칼끝을 쳐서 떨어뜨리는 것이 중요한 포인트다.

● 왼쪽 팔뚝을 쳐 오면 두 손으로 쳐서 떨어뜨리고 정면을 친다

제3부——검도의 완결편 575

• 두 손으로 멱 찌르러 오는 것을
날카롭게 가르고 쳐서 떨어뜨리고
즉시 앞으로 나가 정면을 친다

학습에 즈음해서—'걸기 수'와 '응수'의 정리

상단으로부터의 '걸기 수'

검도의 모든 기술은 우선 '마음'으로 상대에게 공격해서 이기는 것이 철칙이라고 한다. 상단 기술은 특히 이 '마음'이 차지하는 비율이 크다. 단순히 모양만 당당한 상단으로 준비하는 게 아니라 안에 자신으로 가득찬 활활 타는 듯한 격렬하고 강한 기성을 가지고 상대를 위압하는 것 같은 자세가 아니면 안 된다.

상대의 공격을 받고 마음이 동요하거나 당황하거나 하는 것 같아서는 안 된다. 상대가 어떻든 언제라도 먼저 치고 나갈 자신과 칼끝을 주먹으로 가르고 쳐 들어가는 강한 마음을 가지고 준비하는 것이 중요하다.

검도의 유효한 치고 찌르기는

'충실한 기세, 적법한 자세로서 죽도의 치고 찌르기부에서 치고 찌르기 부위를 칼날 줄기 바르게 치고 찌르고 잔심이 있어야 한다. 단, 한 손의 치고 찌르기, 쫓기면서의 치고 찌르기는 특히 확실해야 한다.'

라고 있지만 상단 기술에는 한 손 기술이 매우 많이 포함되어 있기 때문에 자칫하면 손끝만 손목만의 치기가 되는 경우가 많아진다. 한 손만의 치기는 당연 제수 치기의 경우보다 약해지기 때문에 치기를 강화하는 연구가 필요하다. 그러기 위해서도 반드시 허리부터 공격해서 앞으로 나갈 것, 발의 사용법, 더욱이 한 손 기술의 장에서도 서술한 오른손의 사용법, 왼쪽 손목의 조이는 법, 몸과 팔과의 일치시키는 법, 치는 타이밍, 스피드 등 충분히 연구를 할 필요가 있다.

상단에 있어서의 '응수'

상단에 있어서의 응수는 상대의 치고 찌르기에 응해서 치는 것보다는 오히려 강한 기백으로 상대 치기의 기분으로 상대보다 먼저 치는 것 같은 '선수의 마음'을 잃지 않는 것이 무엇보다 중요하다. 응수의 마음 가짐은 중단의 경우의 마음 가짐과 다르지 않다.

중단의 상대의 치고 찌르기에 대한 상단에서의 응수는 표와 같이 분류된다.

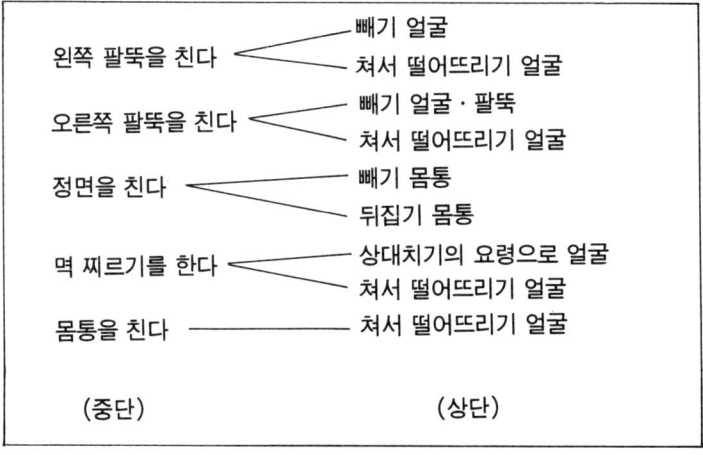

□응수의 유의점

• 상대의 공격에 대해 마음이 동요하고 자세가 무너지지 않도록 특히 멱 찌르기를 공격당했을 때에 죽도를 잡은 손목을 내리지 않도록 유의하는 것이 중요하다.

• 상대의 팔뚝 치기를 뺄 때에는 원칙적으로 죽도를 잡은 손목을 위로 올려서 빼든가 발을 사용해서 신체를 뒤로 놀려서 빼는 것이 좋은 빼기 방법이다. 손을 뒤로 당기거나 상체만을 뒤로 젖혀서 빼려고 해도 상대에게 이용당해 충분한 빼기 기술로는 이러지지 않는다.

상단으로부터의 기술은 상대와의 관계에 따라서 아직 여러 가지 치기법이나 공격법을 생각할 수 있다. 현재는 별로 사용하지 않는 것 같은 기술도 있다. 그렇지만 그런 기술들을 배워서 아는 것은 가령 그 기술이 몸에 배지 않더라도 알고 있음으로서 주의할 수 있고 뜻하지 않은 실수를 하는 경우도 적어진다. 또한 그 기술을 몸에 익히려고 노력하는 중 검도의 폭이 넓어지고 나아가서는 인생관까지 넓어져 갈 것이다.

제12장

상단에 대한 기술

상단에 대한 중단 기술

다시 상단을 취하는 상대, 특히 제수 좌상단의 상대와 대했을 때 중단에서의 대응 방법의 기본적인 방법에 대해서 검토한다. 그렇지만 그 전에 지금까지 설명한 '응수'의 일반적인 유의점 및 '상단의 상대를 대했을 경우'의 마음 가짐이나 자세 몸이나 죽도의 놀리는 법 등에 대해서 간단히 뒤돌아 본다.

응수(應手)

상대도 공격하려고 하고 있기 때문에 일방적인 '걸기 수'만으로 승패를 결정할 수는 없다. 상대의 공격에 대응하는 기술, 즉 '응수'가 필요하게 된다.

'응수'에서는 상대가 치고 찔러 오는 것을 '예지하고 있는 경우'와 '예지하고 있지 않는 경우'가 있다. 그렇지만 어쨌든 상대가 치고 찔러 오기를 기다리고 있는 듯한 마음이나 자세로 있는 것을 위험하다. 어떤 경우라도 '선수'의 마음을 잊어서는 안 된다. 만일 상대가 치고 찔러 오지 않으면 '언제라도 공격할 수 있는' 왕성한 공격 정신을 가지고 대응하는 것이 중요하다. '기검체'가 일치한 공격에 의해 상대가 치기를 발휘할 수 없는 것 같은 상태로 만들어 버리는 것이 '응수'를 성공시키는 가장 좋은 방법이라 말할 수 있을 것이다.

□ **응수의 유의점**

① 상대의 동작에 좌우되는 일 없이 '공격'의 마음 속에 정신적으로도 신체적으로도 여유를 갖게 해서 무리없이 여유있는 상태로 대응할 것.
② 허리를 넣고 등줄기를 펴서 언제라도 맞이하는 듯한 적극적인 마음으로 대응할 것.
③ 물러나서 대응하는 경우 몸은 물러나도 마음은 물러나지 않고 대응할 것.
④ 발놀림이나 몸놀림을 유효하게 사용해서 간격을 헤아려서 안전하고 효과적인 간격으로 대응할 것.
⑤ 상대의 기술을 충분히 이끌어 낸 순간 대응할 것.

제수 좌상단에 대한 중단에서의 대응

상단은 차분히 노리고 내리 치거나 쫓아 들어가서 치는 것이 기본적인 공격 방법이다. 상대의 자세를 취하는 상대와 대했을 때 제자리에 주저 앉거나 죽도의 움직임이 멈춰 버리거나 규칙적인 움직임으로 대응하는 것은 상대에게 공격의 계기를 주게 된다. 상대에게 '노리고 틀림없이 치는' 계기를 주지 않도록 칼끝이나 몸을 한 군데에 머무는 일 없이 발놀림을 효과적으로 사용하여 자유 자제로 움직이고 충분한 간격을 헤아리는 것이 중요하다.

□ **중단에서의 대응의 유의점**

마음가짐

① '상단의 자세'는 공격적인 자세이기 때문에 거기에 지지 않는 오히려 그 이상으로 강한 '선수'의 '공격의 마음'으로 상대하는 것이 중요하다. 마음상으로 '소극'적이 되지 않도록 항상 유의해야 한다.

② '어디부터라도 쳐 와라'고 하는 자신과 상대의 공격에 끄덕도 하지 않는 '부동심'을 갖는 것도 중요하다.

자세, 움직이는 법

① 제수 좌상단의 상대에 대해서는 평소의 '중단의 자세'에서 죽도를 잡은 손목을 조금 올려서 칼끝을 상대의 왼쪽 주먹에 붙이는 소위 '평청안(平晴眼)의 자세'가 기본이 된다. 물론 칼끝이 왼쪽 주역에 고정되는 게 아니라 상대의 왼쪽 주먹과 인후부(멱 찌르기)를 반복해서 공격하고 있는 것이 기본이다.

② 제수 좌상단의 상대에 대해서 자신의 오른쪽 팔뚝을 감싸는 듯한 '안개의 자세'로 상대하는 경우도 있다. '안개의 자세'는 원래가 수비 자세다. 따라서 수비에서 곧 공격으로 바꾸는 것 같은 심신의 준비가 중요하다.

③ 보통 제수 좌상단의 상대에 대해서는 상대를 중심으로 우측으로 우측으로 돌아서 이동하면서 팔뚝과 멱 찌르기를 공격하는 것이 효과적인 움직임이라고 한다. 직선적인 후퇴나 어중간하게 좌우로 움직이거나 규칙적인 움직임은 상대에게 공격의 기회를 주게 되기 때문에 주의가 필요하다.

④ 최종적으로는 하나의 자세에 구애되는 일 없이 상대가 공격해 오면 곧 막고 반격으로 바꿀 수 있는 '공방 일치'의 임기 응변적인 대응을 할 수 있는 것 같은 심신의 상태에 있도록 유의하는 것이

중요하다.

□ 얼굴 비벼 올림 얼굴(겉)

제수 상단에 대해서 죽도를 잡은 손목을 올려서 평청안 자세를 취하고 기회를 봐서 상단에서 정면으로 내려쳐오는 순간 몸을 약간 오른쪽 비스듬히 앞으로 돌리면서 자신의 죽도 좌측(끝)에서 비벼 올려 상대 죽도의 방향이나 자세가 무너진 순간을 포착해서 날카롭게 얼굴을 친다.

① 비벼 올리는 위치는 자신에게 가장 먼 곳에서 비벼 올릴 것. 비벼 올림의 간격, 기회의 포착 방법 등의 기본을 습득할 것. 단, 모양 으로는 1보 후퇴하면서 비벼 올리고 있지만 현재와 같은 한 손 치기 로 앞으로 내딛어 뻗쳐 오는 얼굴 치기에 대해서는 후퇴하면 오히려 얼굴을 맞아 버리는 경우가 많다. 따라서 오히려 전진하면서 비벼 올리고 얼굴을 치는 방법이 유리하다고 생각되기 때문에 많이 이용되 고 있다.

② 비벼 올릴 때 왼쪽 주먹을 몸의 중심에게 가능한 한 떼지 않도 록 하는 것이 중요하다. 중심에서 벗어나면 상대의 얼굴 치기를 막아 내는 형태가 되어 효과적인 반격으로 바꿀 수 없게 되는 경우가 있으 므로 주의해야 한다.

```
상단에 대한 중단 기술(응수)
   (거는 측)                        (응하는 측)
   두 손 좌상단에서 기회를 ← 비벼올림 얼굴(겉·뒤) 비벼올림 왼쪽 몸통
   봐 얼굴을 친다            뒤집기 좌측 몸통
                            빼기 얼굴

   두 손 좌상단에서 기회를 ← 빼기 얼굴 · 한 손 얼굴
   봐 팔뚝을 친다            비벼 올림 얼굴
                            뒤집기 얼굴
```

● 상단에서 정면으로 내리치는 순간을 오른쪽 비스듬히 앞으로 몸을 놓고 죽도를 비벼올려서 얼굴을 친다

□ 얼굴 뒤집기 좌측 몸통

제수 좌상단의 상태가 기회를 보고 정면을 쳐 오는 죽도를 자신의 죽도 우측(뒤)으로 맞이하듯이 대응하여 몸을 왼쪽으로 돌리면서 날카롭게 손바닥을 뒤집어서 상대의 좌측 몸통을 친다.

① 맞이하듯이 전진하면서 대응하도록 유의할 것. 물러나서 대응하면 반격할 수 없게 되는 경우가 많아진다.

② 손바닥을 부드럽게 해서 죽도를 충분히 뒤집어 평치기가 되지 않도록 유의할 것.

③ 몸통 치기의 순간 허리를 넣고 자세를 가다듬어서 확실히 '자세'에 충분히 유의하는 것이 중요하다.

□ 얼굴 빼기 얼굴

제수 좌상단의 상대가 기회를 봐서 정면으로 쳐들어 오는 순간 몸을 뒤로 빼든가 오른쪽이나 왼쪽으로 벌려서 빼고 상대의 자세가 무너진 순간을 포착해서 그대로 크게 앞으로 내딛어 얼굴을 친다.

① 몸을 뒤로 물려서 빼느냐 벌려서 빼느냐는 상대의 보폭의 대소나 내리 치는 법을 잘 확인하지 않으면 판단할 수 없다. 그러나 평소는 벌려서 빼는 경우가 많다고 생각된다.

② 효과적인 발놀림을 유의할 것.

□ 팔뚝 빼기 얼굴

제수 좌상단의 상대가 기회를 봐서 쳐 오는 것을 몸을 빼든가 왼쪽이나 오른쪽으로 벌리는 등 놀려서 빼고 그대로 크게 앞으로 내딛어 상대의 얼굴을 친다.

상단으로부터의 팔뚝 치기가 아래로 쳐서 떨어뜨리는 것 같은 경우에는 몸을 뒤로 빼고 뻗치고 쳐들어 오는 경우에는 좌우로 벌리는 등해서 빼서 임기응변식 대응을 할 수 있도록 학습한다.

□ 팔뚝 비벼 올림 얼굴

제수 좌상단의 상대가 기회를 봐서 오른쪽 팔뚝으로 쳐들어 오는 순간 자신의 죽도 우측(뒤)에서 비벼 올리고 날카롭게 앞으로 내딛어 상대의 얼굴을 친다.

물러나는 기분으로 응하는 일 없이 항상 전진하는 마음 가짐으로 앞으로 비벼 올리도록 할 것. 비벼 올림의 타이밍 맞추는 법, 그 밖의 유의점은 중단의 경우의 방법과 거의 같다.

□ 팔뚝 빼기 한 손 얼굴

제수 좌상단의 상대가 기회를 봐서 오른쪽 팔뚝으로 쳐들어 오는 순간 오른손을 손잡이에서 떼고 왼발을 앞으로 내밀고 반신으로 몸을 벌려서 한 손으로 상대의 우측 옆얼굴을 친다.

팔뚝을 빼는 타이밍과 좌우의 발 바꾸기 칼날 줄기를 바로 한 한손 얼굴 치기를 충분히 학습할 필요가 있다.

• 정면을 쳐오는 죽도를 뒤에서 대응하여 몸을 왼쪽으로 빼고 손바닥을 뒤집어 좌측 몸통을 친다

● 정면으로 쳐들어 오는 것을 몸을 물러나든가 좌우로 빼서 크게 앞으로 내딛어 얼굴을 친다

• 두손 좌상단에서 쳐 오는 것을 물러나든가 좌우로 벌려 빼고 크게 내딛어 얼굴을 친다

● 기회를 봐서 오른쪽 팔뚝으로 쳐 오는 것을 좌측(뒤)으로 비벼 올리고 내딛어 얼굴을 친다

● 기회를 봐서 팔뚝으로 쳐 오는 것을 오른손을 자루에서 떼고 왼발을 앞으로 내딛어 반신이 되어 왼손으로 우측 옆 얼굴을 친다

제13장

실전에 있어서의
마음 가짐

알아두기 바라는 기본적 마음가짐

검도의 시합은 그저 단순히 죽도를 휘두르고 있으면 된다든가, 기술이 교묘하면 된다고 하는 게 아니라 '시합'이라고 하는 말을 올바르게 이해하고 있어야 한다. 그렇지 않으면 단순한 '막대 휘두르기'라든가 '맞히기'라고 불리는 시합이 되어 버린다. 시합을 위한 기초적인 지식을 알고 있으면 훌륭한 시합을 할 수 있고 생애를 통해서 검도와 친숙해져 그 내용을 깊게 할 수 있다. 또한 인간으로서 중요한 여러 가지 경험도 할 수 있다.

지금까지 '칼끝의 작용'이나 '공격의 원칙', '선수' 등에 대해서 설명을 해 왔다. 여기에서 시합에 임해서 알아 두기 바라는 '허실'에 대해서 설명을 한다.

허(虛)와 실(實)

허실은 중국의 병법서인 「손자병법」에 나와 있는 말로 검도 시합의 공방 이론에 많은 영향을 주고 있다고 한다.

손자에 따르면 허실이란 '실은 피하고 허를 친다'고 하는 것이다. 시합에 있어서는 상대에게 양보하는 일 없이 항상 주도권을 잡고 충실한 자신의 태세(실)로서 상대의 약점(허)을 치는 것이 가장 효과적으로 승리로 이어지는 방법이라고 해석된다.

허실의 활용에는 '알고 공격하는'것과 '유도해서 공격하는' 두 가지의 방법이 있다고 한다.

① 알고 공격한다

상대의 몸이나 죽도의 움직임에는 반드시 강점과 약점이 있는 법이다. 그 강약의 극에 달하면 반드시 반대로 이동해 가는 것을 반복하고 있다. 예를 들면 '나가면 반드시 물러나고', '오른쪽으로 움직이면 반드시 왼쪽으로 이행하고', '칼끝이 올라가면 반드시 내려간다'고 하는 것 같이 강약의 반복이 이루어지고 있다. 상대를 대하면 상대의 강약의 움직임을 알고 그 변환의 경계를 치는 것이 실을 피하고 허를 치는 것이 된다.

만일 칼끝이 상하하고 있다면 상대의 칼끝이 올라갔을 때에 얼굴을 치고 내려갔을 때에 팔뚝을 치는 것은 '올라가면 내려간다, 내려가면 올라간다'고 하는 자연의 이치를 알고 치는 것이 된다. 또한 뛰어들어가서 얼굴을 치는 것 같은 경우에 상대가 나오거나 물러나거나 하고 있는 경우를 상대가 나왔을 때에 앞으로 내딛으면 '나가면 물러난다'고 하는 원리로 상대의 대응을 당하는 일도 없이 쳐들어 갈 수 있다. 시합 때에 심판의 '시작'이라든가 '2판째' 등의 신호 직후에 뛰어 들어가서 성공하는 경우가 많이 있다. 이것도 신호로 긴장한 후의 마음의 해이함을 치기 때문에 '허실의 이치'에 근거한 것이라고 말할 수 있을 것이다.

검도에서는 이 허와 실의 현상이 매우 많이 나타난다. 초보자에게는 이 현상이 특히 기계적으로 나타나기 때문에 주의해야 한다.

② 유도해서 공격한다

유혹하는 것은 일종의 공격이라고도 생각할 수 있다. 여기에는

'허를 공격해서 상대가 실로 변화하는 순간 치는 경우'와 '상대의 실을 알고 실로 유도해서 실이 되었을 때 그 허를 치는 경우'가 있다.

허(虛)를 공격한다

예를 들면 팔뚝을 막고(실) 얼굴을 비어 두는(허) 것 같은 경우에 기회를 봐서 상대의 얼굴(허)을 공격하면 그 얼굴을 막으려고 죽도를 잡은 손목은 올라간다. 그 때에 팔뚝을 치면 성공한다.

실(實)을 공격한다

상대의 강점(실)을 공격해서 치는 방법도 있다. 예를 들면 죽도를 무턱대고 누르는 사람과 대했을 경우 기회를 봐서 누르려고 하는 방면으로 힘을 주면 무심결에 되밀어 온다. 그 때 너무 눌러서 반대측에 생긴 허를 치면 성공은 틀림없을 것이다.

어쨌든 상대의 움직임이나 버릇을 잘보고 공격법을 생각해야 한다. 만일 공격법을 모를 경우에는 '상대의 입장에서' 생각해 보고 자세도 움직임도 자신의 약점을 자각할 수 있다. 상대의 그 약점을 찔러서 치면 된다.

공격과 방어의 확인

공격측에서 생각하면 얼굴이든 팔뚝이든 자신의 죽도가 상대의 치고 찌르기 부위를 유효하게 잡는 순간은 자신의 죽도와 상대의 죽도가 평행해졌을 때다. 방어측에서 생각하면 자신의 죽도와 상대의 죽도가 교차했을 때는 방어(수비)의 형태가 되어 있음을 확인하는 것이다. 공격하는 측에서라면 상대가 막기 어려운 방향에서 공격해서 죽도가 평행해지도록 치면 되는 것이다.

① 칼끝이 중심에 붙어 있을 때──똑바로 팔뚝을 친다.

② 왼쪽으로 기울어져 있을 때──비스듬히 왼쪽 위에서 평행히 팔뚝을 친다.

③ 왼쪽으로 기울어져 있을 때──비스듬히 왼쪽 위에서 평행히 좌측 얼굴을 친다.

④ 오른쪽으로 기울어져 있을 때──비스듬히 오른쪽 위에서 평행히 팔뚝을 친다.

⑤ 오른쪽으로 기울어져 있을 때──비스듬히 오른쪽 위에서 평행히 우측 얼굴을 친다.

⑥ 멱 찌르기──날밑으로 찌른다.

상대의 공격 방향이나 상태를 찰지하는 단서

시합에 앞서서 상대에 관한 정보를 수없이 입수하는 것은 '상대를 아는'데 있어서 중요한 점이다. 물론 잘못된 정보나 정보 과다로 소화 불량을 일으키면 아무 소용도 없다. 수많은 정보중에서 적절 유효한 것을 골라 내서 이용해야 할 것은 당연하다.

시합에서 직접 상대와 대했을 경우 상대의 공격 방향이나 버릇 등을 알아내는 일반적인 단서에 대해서 생각하자.

'그 사람의 자세를 보면 그 사람의 장기를 상상할 수 있다'라든가 '칼끝에 대는 정도로 상대의 의도를 찰지할 수 있다' 등이라고 한다. 그럼 구체적으로 예를 들면서 그 일반적인 특징에 대해서 설명해 본다.

① 일반보다도 신장이 큰 상대는 얼굴에 약점을 갖는 경우가 많다. 신장이 큰 사람은 팔뚝이나 몸통을 잘 공격당하기 때문에 수비가 탄탄한 경우가 많지만 얼굴에는 면역이 없어 공격하기 쉬운 경우가 많이 있다.

② 일반보다도 신장이 작은 상태. 얼굴에 대한 수비는 탄탄하고 오히려 팔뚝이나 몸통 등에 공략의 실마리가 있는 경우가 많다.

③ 보폭이 넓고 양손의 간격을 길게 해서 죽도를 쥐고 있는 상대. 중간이나 가까운 거리가 득의로 소위 측면 기술을 득의로 하는 경우가 많을 것이다(사진Ⓐ).

④ T 자 발의 상대. 적극적으로 공격해 오는 것보다도 대응하고 나서의 기술에 특색이 있는 경우가 많다(사진Ⓑ).

⑤ 보폭이 좁고 양손의 간격을 짧게 해서 죽도를 쥐는 상대. 먼 간격에서 팔의 스윙폭을 좁게 해서 뛰어 들어오는 경우가 많다. 응수는 별로 득이라고는 할 수 없다(사진Ⓒ).

⑥ 중심이 비교적 뒤에 실려 있는 상대. 이쪽의 치기에 맞춰서 나중 선취하는 경향이 있다.

⑦ 중심이 비교적 앞에 실려 있는 상태. 기선제압 기술 등을 노리고 먼저 기술을 거는 경우가 많을 것이다(사진Ⓓ).

⑧ 상단의 자세의 상대. 원래 적극적 공격형의 자세이지만 그 중에는 차분히 기회를 노려서 맞춰 치는 방어형의 사람도 있다. 내리칠 때 왼쪽 주역을 한 박자에 내리치는 사람과 왼쪽 주역을 한 번 가슴 언저리까지 내리고 틈을 두었다가 쳐오는 사람이 있다. 그 확인이 중요하다.

⑨ 하단의 자세의 상대. 무턱대고 얼굴로는 쳐 들어갈 수 없다.

얼굴로 꾀어서 되받아치기를 노리고 있는 경우가 있기 때문이다.

⑩ 약간 뚱뚱한 기미로 양발의 보폭이 넓고 왼쪽 주먹을 띄워서 칼끝을 벌리는 기미로 준비하고 있는 상대. 겉 대응이나 뒤집기가 강하다. 때로 기선 제압 기술을 득의로 하는 경우도 있다. 허실의 지식을 응용해서 상대할 필요가 있다(사진Ⓔ).

• Ⓐ 보폭이 넓고 양손의 간격이 너무 벌어져 있다

• Ⓑ T자 발로 준비하고 있다.

• ⓒ 보폭, 양손의 간격 모두 좁다

• Ⓓ 앞 중심의 상대

• Ⓔ 양 보폭이 넓고 왼쪽 주먹이 떠서 칼끝이 벌어진 기미

⑪ 왼쪽 주먹을 조여서 죽도를 잡은 손목을 낮추고 칼끝이 높은 상대. 직선적인 얼굴 치기나 멱 찌르기를 득의로 하는 경우가 많을 것이다(사진Ⓕ).

⑫ 왼쪽 주먹을 앞으로 내밀고 칼끝이 높은 상대. 직선적인 얼굴 치기나 멱찌르기를 득의로 함과 동시에 쳐서 떨어뜨리기 (베어 떨어뜨리기 수) 득의로 하는 경우가 많다.

⑬ 죽도의 쥠이 단단한 상대. 후려치기 수 등을 효과적으로 사용할 수 있다(사진Ⓖ).

⑭ 죽도의 쥠이 부드러운 상대. 유연한 대응이 가능하기 때문에 무턱대고 쳐들어 갈 수 없는 상대라고 봐도 좋을 것이다.

⑮ 이쪽 공격에 대해서 특별한 방어 자세를 취하는 버릇이 있는 상대(죽도를 잡은 손목을 올리고 칼끝을 올려서 막거나, 대응하는 자세를 취하는 상대). 그 버릇을 잘 확인하고 대응하는 것이 중요하다(사진Ⓗ).

⑯ 오른쪽 옆구리를 특히 조이고 오른쪽 팔뚝을 막는 것 같은 자세의 상대. 이쪽의 칼끝 공격에 대해서 상대는 반드시 얼마간의 반응을 나타낸다. 1판 치기로 팔뚝 등을 쳐 가려는 것이라면 반드시 뒤집히기 때문에 연속 수를 이용해서 공격해 보는 것도 효과적인 공격법일 것이다(사진Ⓘ).

⑰ 왼쪽 주먹을 몸의 중심에서 떼고 칼끝을 낮게 더구나 벌려서 준비하고 있는 상대. 응수 특히 뒤집기를 득의로 하는 경우가 많고 1판 치기는 위험한 경우가 많을 것이다(사진Ⓙ).

⑱ 왼발(뒷발) 뒤꿈치가 바닥에 닿아서 준비하고 있는 상대. 상대 치기로부터의 두 칼로 쳐서 이기는 경우가 많다. 그러나 쳐 낼 때에 반드시 뒤꿈치가 올라가기 때문에 치고 찌르기의 기회를 파악하기

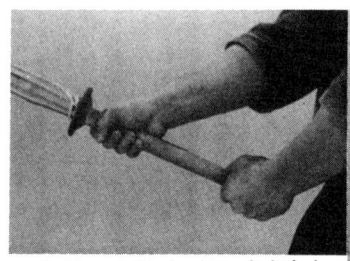

• ⓖ 죽도의 쥠이 너무 단단하다

• ⓕ 왼쪽 주먹을 죄고 죽도를 잡은 손목이 낮고 칼끝이 높은 상대

• ⓗ 특별한 방어자세를 취한다

• ⓙ 왼쪽 주먹을 몸 축에서 떼어 칼끝을 낮게 또 벌려서 준비한다

• ⓘ 오른쪽 옆구리를 특히 조여서 오른쪽 팔뚝을 막으려고 한다

쉬운 경우가 많다.

⑲ 양발의 뒤꿈치가 너무 올라가서 발의 움직임이 많은 상대. 상하 움직임이 격렬하거나 공격의 기회를 포착하기 쉬운 경우가 많다.

정리

이 책 속에서는 여러분이 각각 평소의 학습이나 시합 등에서 경험해 오고 있는 내용을 '교전'이라고 하는 관점에서 파악해 보았다. '공격한다'고 하는 것은 매우 어려운 일이다. 그러나 관점을 바꾸면 흥미 있는 다른 해석도 나온다. 그것은 앞으로의 여러분의 연구·궁리를 기다리고 싶다.

일본의 무도나 예도에서는 연습을 '학습'이라고 한다. 단순한 기술이나 체력의 습득을 위한 연습 뿐만 아니라 '옛날을 생각한다'고 하는 자의대로 '선인의 가르침을 생각해 본다' '옛 것에 배워 이른다' 등 선인의 가름침에 대해서 궁리·연구한다고 하는 의미나 '생각한다'고 하는 의미가 다분히 포함되어 있다. 올바르게 시합에 이기기 위한 궁리·연구가 학습이며 이것을 통해서 모든 도로 통하는 참진리를 탐구하고 인간을 만들어 내가는 것이다. '공격의 정석'이 여러분의 '학습'에 조금이라도 도움이 되면 다행이다.

| 판 권 |
| 본 사 |
| 소 유 |

정통 검도

2018년 5월 25일 인쇄
2018년 5월 30일 발행

지은이 | 현대레저연구회
펴낸이 | 최　상　일

펴낸곳 | 태 을 출 판 사
서울특별시 중구 신당6동 52-107(동아빌딩내)
등　록 | 1973 1.10(제4-10호)

ⓒ2009. TAE-EUL publishing Co.,printed in Korea
※잘못된 책은 구입하신 곳에서 교환해 드립니다

■ 주문 및 연락처
우편번호 100-456
서울 특별시 중구 신당 6동 제52-107호(동아빌딩내)
전화: 2237-5577　팩스: 2233-6166

ISBN 89-493-0287-X　　　13690